开台先驱郑芝龙

海峡枭雄

陈福郎 著

九州出版社
JIUZHOUPRESS

图书在版编目（CIP）数据

海峡枭雄：开台先驱郑芝龙 / 陈福郎著. —北京：
九州出版社，2007.9
ISBN 978 - 7 - 80195 - 711 - 5

Ⅰ. 海 …　Ⅱ. 陈 …　Ⅲ. 郑芝龙 - 传记
Ⅳ. K827 = 49

中国版本图书馆 CIP 数据核字（2007）第 134240 号

海峡枭雄：开台先驱郑芝龙

作　　者　陈福郎　著
出版发行　九州出版社
地　　址　北京市西城区阜外大街甲 35 号（100037）
发行电话　（010）68992190/2/3/5/6
网　　址　www. jiuzhoupress. com
电子信箱　jiuzhou@ jiuzhoupress. com
印　　刷　北京毕诚彩印厂
开　　本　720 × 1050 毫米　1/16 开
印　　张　21
字　　数　287 千字
版　　次　2007 年 9 月第 1 版
印　　次　2007 年 9 月第 1 版　第 1 次印刷
书　　号　ISBN 978 - 7 - 80195 - 711 - 5/K·116
定　　价　38.00 元

这是一位鲜为人知的人物

这是一段壮丽雄奇的历史

这是一首惊世骇俗的挽歌

——作者题记

目 录

海峡枭雄

海
峡
枭
雄

第一章

家庭叛逆

一、闯荡日本平户

明朝万历四十七年。

初夏的阳光，温柔地抚爱着大海，折射着绚丽的波光。大海的姿容，显得楚楚动人。

在茫茫净澜中，一艘帆船，孤独地行驶着。

这是一艘双桅商船。海风扬起了一面黄色旗帜，上面赫然写着"致富号"三个篆文大字。

"致富号"从澳门驶来，装载着白糖、奇楠、麝香、鹿皮等货，前往日本平户交易。现在，船已过了南澳，开始进入福建海域。

船主颜思齐，雄健魁梧，面容黝黑，那鼓囊囊的肌肉，那犀利的眼神，都在显示着他的力量。他用牙撕扯着手里的一条鸡腿，嘟嘟嚷嚷地对立在身旁的总管说："铜山寨的巡海船，不好打发，传令弟兄们，收拾收拾家伙。"

忽然，储藏食物的后舱里，传出酒瓮的碰撞声。颜思齐开舱望了望："活见鬼!"他下意识地又拉上舱门，回身咕噜咕噜连喝了两大海碗酒，出了尾楼，来到甲板上。

初夏，南风盛发。帆船兜满了劲风，鼓浪劈波。

颜思齐坚实粗硬的脸膛，像海空上渐渐聚拢来的乌云，阴沉了下来。

"龙卷风!"船上的水手惊叫。

碧蓝的海水，变魔术似的，眨眼间混浊了；阴沉沉的天空，像铅块般沉沉地扣在人们头上；远处的天际，一条白色的长龙，翻滚而来，已经依稀听到它的咆哮声。

颜思齐下令缩帆。

水手们：大缭、二缭、左橹、右橹、直库、头碇、二碇、杉板工、阿班、押工等，七手八脚地忙乱着。

娴静的大海，撕破了她温情脉脉的面纱，变得狰狞、丑恶。她

郑芝龙列传

郑芝龙福建南安人明末入海冠颜思齐辈为盗后
受抚为官总兵
由游击总兵守瓜州兵败南还与明阁部黄道周拥立
唐王朱聿键於福建封芝龙为南安伯掌平国公之
龙尝亡命日本娶倭妇生子森以厚币迎归引谒隆
钱赐姓朱败名成功封忠孝伯而芝龙以非键立非
本朝顺治二年大军定江南芝龙弟鸿逵为明福王朱
已意目与文臣忤又以我招抚大学士洪承畴御史

犹如一个魔鬼，怒吼狂叫，张牙舞爪，暴雨与波涛相接，水天融成昏黑的世界。"致富号"像沸汤里的菜屑，在浪峰浪谷里听凭主宰。

颜思齐在尾楼舱里，叉开的脚趾，铁钉般地钉在船上。他双手攥住舱板，微闭双眼，沉着而虔敬地向"关帝圣君"求告。

"妈祖救命！妈祖救命！"水手和随员们，趴在舱板上，歇斯底里地呼叫。那凄惨的声调，任何铁石心肠的人，听了都会心碎。

他们期待着出现红光，期待着手提红灯的仙女：大慈大悲的妈祖——万能的海神。

与此同时，储藏食物的后舱里，有一个二十岁的青年，却在向上帝祷告。他埋身在蔬菜堆里，一遍一遍地呼叫：我们在天上的父，愿人都尊你的名为圣，愿你的国降临，愿你的旨意行在地上，如同行在天上……他的神态十分平静。他信心十足：上帝一定会救我渡过难关的，上帝是无所不在，无所不能的。一阵失重感，使他的五脏六腑如同刀绞一样。好在他身体强健，没有呕吐出来。船，像顽童手里的皮球，被随意抛掷着。他脸上的平静慢慢消退掉，他的信心坍了。天堂，地狱，种种幻象，一齐在他眼前乱晃乱闯……免我们的债，如同我们免了人的债。不叫我们遇见试探，救我们脱离凶恶……他试图重新树立信心，反复地向上帝祈求护佑。他虔诚地呼叫，那音域浑厚的声音，一出口就被风浪的呼啸吞噬了。

龙卷风过去了，船渐渐平稳下来。他脸上浮出了高深莫测的微笑。

他长得十分英俊：硕大的头颅，宽阔的脸庞，眉眼、鼻子和嘴巴，像刀镂过一般，很有雕塑感。两扇大耳，使人一见就会联想到"三国"里的刘备。他确实十分钟爱《三国演义》，但并不喜欢刘备，倒是对曹操更为偏心。他那栗壳色的肤色，增添了勃勃英气。

他疲惫地躺在舱板上。他蠢蠢欲动，很想走出这黑暗污浊的闷舱，吸一口新鲜空气，看一眼众人劫后余生的模样。他终于还是按捺住，警告自己：老实点，过了湄州湾再露面。

暴怒了一阵的大海，还在喘着粗气。波涛虽然不似刚才那样狰狞，但还不时闯上甲板，抖着余威。到了傍晚时分，云层渐渐上升，淡化。太阳不时从云缝里探头探脑。海水的鱼腥味很浓。众水手穿着宽大的裤衩，在擦洗甲板。大家说说笑笑，互相戏谑刚才的狼狈相。

正在这时，铜山塞的三艘双帆艍船①，正尾随"致富号"，联

---

① 艍船，居兵之船。

艍①紧追。

铜山寨把总茅宗宪，站在中军船的甲板上，得意洋洋地对左右说："有鱼撞网了。"②

颜思齐得到了报告，迅速披挂带甲，提着一把宝剑，走上甲板，下令准备器械弹药，抢占上流上风。

船头的斗头烦，船腰的连环烦，褪下了罩衣，装好了火药。水手、随员都身佩刀箭，有的还端着神机铳、千花铳等。

要不是这场该死的龙卷风，则不至于撞上这些老活鳖！嘿，真晦气！颜思齐有点紧张：花点"买水"钱是过不了这一关的，今天可有好戏看。

艍船见"致富号"欲抢占上风上流，明白来者不善。把总茅宗宪下令开炮威胁。颜思齐也下令开炮还击。茅宗宪傻了眼。糟啦，今天碰上了真贼！双方驶近了，烦失去作用。"致富号"的轻武器发挥了近战功能，铳子像飞蝗般泻到艍船上。艍船上没有这类轻武器，茅宗宪下令射箭回击，但箭手们被对方的铳子压得直不起身来。

茅宗宪气得胡子直翘。他娘的，鸡没抓着，反倒蚀把米。他直着嗓子叫喊："靠上去，登上贼船的有重赏。"

一艘艍船终于靠上了"致富号"，兵勇们冒死用搭钩搭住，十几个兵勇跳上"致富号"，展开了短兵相接的战斗。

颜思齐奋力砍断了搭钩。一个瘦精精的兵勇，持刀扑向颜思齐。颜思齐用刀一架，臂膀麻酥，暗自吃惊：好刀法。

甲板上刀光剑影，鲜血横流，喊杀惊波。

一个兵勇直取掌舵的太工，看罗盘的伙长横里跳过来接战，相交几合，臂被砍伤，兵勇奋起一脚，将其踢下海去。管理银钱的财库倒是刀法甚精，交战几合就将那兵勇砍倒。

颜思齐虽然武艺不凡，但那个瘦精精的兵勇却越战越勇，像蛇样缠住了他。颜思齐渐渐难以支持。其余的人都被兵勇战住，无法

---

① 艍，指船队。联艍，即编队的船队。

② 海上黑话，指发现商船。

抽身相助。眼看颜思齐被逼到船边。

在这千钧一发之际，忽见一后生从后舱徒手冲了出来。他两耳生风，一双飞腿"呼"地降至瘦精精身后，将他踢倒。那瘦精精的刀亦被踢下海去。当后生的拳头离瘦精精只有几寸远时，瘦精精就地一滚，一个"鲤鱼打挺"架住后生的拳头。后生运足气力，使出一招"毒爪锁喉"，瘦精精亦回敬了一招"老君封门"，接着一个单飞腿，将后生踢倒在地。后生又一个"饿鹰扑食"冲过去，瘦精精顺势来个"后跨虎"闪身躲过，而后生则用"游龙飞腿"招式将瘦精精扫翻，一阵拳腿，动作迅猛，打得对方再无招架之功。颜思齐趁势上去，一刀结果了瘦精精。

颜思齐惊喜地问后生："你是——"

后生操起一把宝剑，说："快，快杀官兵。"

杀上船来的兵勇，非死即伤。"致富号"终于冲破重围，坐潮远遁。

铜山寨把总茅宗宪的指挥船，被"致富号"拦腰一烦打中，遂无意追击。

"致富号"上，众人叽叽喳喳地围着那从天而降的后生。

"老弟，请告以尊姓大名。"颜思齐按着他的肩头。

"小弟姓郑，家里取名'国桂'，现名尼古拉斯·一官。"

"好，一官，真是汉。"颜思齐瞟了一眼正在呼天叫地的受伤兵勇说："要不是老弟，今天差点被这些菜货、饭桶送下海。老弟什么时候上的船？"

一官说："澳门亚细亚商行的黄程，是小弟的娘舅。他不是有货在大哥的船上吗？"

颜思齐说："哟，是黄程兄派来押货的，那你怎么不来见我？你娘舅有书信吗？"

一官显得不自在："娘舅倒没有派我押货。我，我也不知怎么就上了你们的船。"

一官是福建南安石井乡人。父亲郑绍祖，本在泉州府里任库吏，现已告老还乡，退居林下。

郑绍祖对长子原本极为失望，及至后来，更是深恶痛绝。现在到了风烛残后，不免勾起舐犊之情。谁叫你生下这孽障！这个不肖子，离家去澳门已经两年了，若不去找他，他定无归梓之心。在家时，他就无法无天，现地更是没有辔的马，不知野到何等田地！

郑绍祖带着两名家人来到澳门。澳门三面环海，风光旖旎，有着很浓的南国味。这里既有粗犷古朴的泥屋，更有鳞次栉比的洋房，他这才真切地意识到：这里已是红毛番的天下。那些女人，袒胸露臂，同男人勾膀搂腰走在街上，体统何在！风化何在！他像吃了臭花生，不住地向地上啐着，急急地侧过脸去。那随处可见的榕树，须髯飘飘，倒是与他心心相照。他下意识地抨抨胡须。唉，要不是国桂这忤逆，花甲之年，何须吃这风尘之苦。

人，如果对下一代寄予厚望，那已是到了十分可怜的境地。郑绍祖曾有过这种朦胧的意识，但他决不甘心承认自己是个可怜人。可是，现在已经老了，一切已成烟尘，还须待盖棺论定么？他不得不冷静地审视自己的一生：当年何以对国桂抱以那么大的期望？

郑绍祖一生很不得志。他天资不愚，但也无过人之处。不过，他做事有恒心，有毅力，读书从不怠惰，没有受过戒尺之苦，私塾先生虽然严厉，对他却无可挑剔。绍祖虽然把"子曰诗云"之类烂熟于胸，可是一辈子连个秀才也没捞到，够惨的了！可怜他做了半辈子状元及第的美梦。末了，他心灰意懒，到泉州府做了一名小小库吏，碌碌磨遣生涯。谋事在人，成事在天，谁也拗不过运气。这都是命呵，不要作践自己，命运就是这样不公平！下一代，郑家祖坟庇荫的是下一代。可是，妻黄氏也太不争气了，已经三十挂零，尚无子嗣。郑绍祖急了，续纳一妾。同样连个屁都不放。再纳一妾时，妻黄氏竟出乎意外地咯咯"下蛋"了。

那是万历甲辰年三月十八日晨时，妻黄氏惨叫了一天一夜后，终于平静了下来。接生婆守候了一天一夜，正疲惫不堪，这意外的平静，把她吓了一跳。她凑到孕妇脸上，只觉得呼吸平缓，正暗自吃惊，孕妇睁开了眼睛，说："我刚才睡着了吗？我看见三位妇人，引着一片红霞，堆放在我怀里，冲我笑了笑，就遁进地下。"孕妇话音刚落，腹中又猛地剧痛起来。婴儿终于呱呱坠地，母亲脸上呈现着幸福，父亲脸上洋溢着希望：瞧，他眉目清秀，气宇轩昂，日后必成大器。叫"国桂"好吗？国桂，国桂，国家之精粹。

绍祖的希望并不是痴人做梦，他始终相信祖宗葬了好风水。

石井乡同其他村镇一样，都有几篇关于风水的美妙传说。这些传说给乡里人增添了生活的佐料和希冀。

相传绍祖的曾祖郑达德时代，朝廷派江夏侯周德兴，往东南沿海勘踏地脉，建立水寨，以卫海疆。一日，他过石井安平地方，见山环相顾，水潮有信，大有龙势飞腾之状。周德兴徘徊瞻玩了好一阵，心中揣摩：此地风水，当出奇才，应为斩断。是夜，周德兴梦见二人从白鹤山飘然而至，跪在他面前，说："公奉旨勘踏地脉，斩除孽穴。公观此处飞腾踊跃，疑惑于怀，欲为开断，以镇国患。但此地不然，发脉于临汀，起伏于紫帽，蟠腾隐现，实归安江。其左辅右弼，气象万千。上天命余保护此土，以俟后来有德者葬其中，应出五代诸侯，为国朝叹气。幸勿轻为开断，以违帝命。"周德兴被惊醒，久久不敢动弹，心下思虑：这不是土地公阻我行事吗？看来不可造次。翌晨，他带着仆役，亲登白鹤岭上。遥望波涛汹涌，环视山势嵯峨，但见一巨石上，镌刻着"海上视师"四个大字。近前一看，原来是南宋时，朱熹任同安主簿，经过此地，见海潮汹涌，五马脱气，遂书"海上视师"四字，令匠人勒于石上。

自此后，当地传开了民谣："白鹤山，珠屿案，谁人葬得着，天下得一半。"绍祖的曾祖郑达德，遇见一位异人廖明师，异人自谓通晓风水地理。郑达德重金延聘他，异人为之在白鹤山指葬，并为其地取名"五马奔江"。达德买下这片山地，以为郑家子孙的陵地。

郑绍祖为大公子取名"国桂";尚意犹未尽,又取字"飞黄",显然是寄望儿子"飞黄腾达"。

国桂长得虎头虎脑,郑绍祖时常喜形于色。国桂天性好动,把乳娘折磨得苦不堪言。别的婴孩成天价日都睡在摇篮里,可以自个躺半天。国桂则十分警觉精灵,一把他放进摇篮,就歇斯底里哭叫,非得抱着东瞧瞧,西望望。他整日在人怀里扭来扭去,没有一瞬安宁。白天不睡觉,夜里还非得到三更半夜才会入眠。乳娘受不了,不出二个月就换了一位。小国桂的一双脚也特别出奇、有劲。无论躺在床上,或坐在竹轿椅里,他一高兴起来,便绷直小腿,咚咚咚,叭叭叭,似乎要把床板、竹椅擂穿,那频率之快,足以使戏班子的擂鼓手逊色。乳娘夸奖道:"有这双铁脚,今后不愁没饭吃,上马征战,下海踏浪,能着哩。"乳娘也太不会说话了,绍祖听了面露愠色,没好气说:"他是挑大粪的命。"心里则想:我们岂是征战踏浪的人家!国桂应金榜题名,中状元,招驸马,钦差巡按,光耀门第。国桂不到一岁就会说话,二岁已能认不少字。绍祖喜不自禁。虽然国桂刁顽不驯,常使绍祖动气,但人们说聪明的小孩都是如此,也就转怒为喜。可是,国桂上私塾启蒙后,绍祖心中的烦恼便有增无减。国桂虽然聪明过人,可对于诗书一道,实在是无缘,不是浪野玩耍,就是嗜读武侠邪书,对于四书五经总是不入耳目。有一次绍祖动了大气,将他痛打一顿,然后耳提面命教导他:"你也得争气,不为祖宗也得为自己……"父亲动了感情,触到自己一生郁郁不得志,禁不住热泪纵横。他叨叨絮絮,论理道情,讲得唇焦口燥。突然,他听到鼾声。原来,儿子已经呼呼入睡,颊上还留着泪珠,嘴角却绽出甜甜的微笑,或许正在做好梦哩。父亲气得说不出话,恨恨骂道:"这畜生!"

"老爷,舅老爷府邸到了。"仆人的话打断了郑绍祖的遐想。

耸立在他的面前的是一座豪华的洋房,悬挂着"亚细亚商行"的大招牌。这座三层洋房,有宽敞的骑楼,屋顶有尖塔。一楼是办事厅,五、六个办事员正在忙碌着,有穿西服的洋人,也有着汉装的中国人。绍祖知道舅老爷是做通番买卖的,老家石井安平一带也有吃这种饭的人,但那是犯禁的,只能偷偷摸摸,而这里却如此堂而皇之。办事员讲的都是葡萄牙语，他好像到了另一个天地，浑身感到不自在。

二楼是货栈，三楼才是舅老爷的住宅。宽大的客厅，悬挂着几幅西洋油画，嚄，还有光屁股的女人，还搔首弄姿哩。完了，国桂丢进个灰堆里，还拍得干净？他甥舅沆瀣一气，这个儿子算是完了。

"姐夫，你来也不先报个信。"黄程迎出来。

绍祖哼哈两声，故意拿板拿势。他一向看不起这个妻舅，好好的人不去争功名，走正道，却去做末流勾当。俗话说，万般手艺，不如锄头落地。就是脸朝黄土背朝天拿锄头，名声也比干买卖强。

黄程大腹便便，绍祖干瘦如柴，相形之下，使仆人忍俊不禁。黄程吩咐仆人："到教堂去，把尼古拉斯·一官叫回来。"

"尼古拉斯·一官？"绍祖十分吃惊。

黄程知道失言，只好解释道："这是国桂的教名。"

绍祖再也矜持不住，勃然作色："你早就该叫人押送他回去。"

黄程无可奈何地摊开双手，说："当初他来我这里，我也教训他：当此富年，正宜潜心，博取功名，怎么能无故远游，擅离父母。他诡称说：阿母思慕娘舅，让甥儿来恭候起居，怎敢擅自浪游。后来接到你们的信，才知道他干了不轨的勾当。可是，他已结交了许多朋友，羽翼丰满，我也就没奈何了。"

绍祖的目光又触到油画上的裸女，急急移开视线。事隔两载，他本已宽恕了儿子的荒唐事，现在又腾地怒火中烧：随他去吧！

三、台湾的诱惑

教堂里漫出如诉如泣的歌声。

做礼拜的人鱼贯走出教堂，唱诗班的少女也互相道辞了。一官还沉醉在圣歌里。

牧师向他走来。

"尼古拉斯·一官，我的孩子，你这一阵去什么地方啦？"

"我到马尼拉去了一趟。神父，我走之前还特地告诉过您，您想想。"

"噢。"牧师敲敲脑袋，"没错，没错。一官，你的葡萄牙语有长进吗？"

"神父，我正要向您请教。"一官恭恭敬敬地站在牧师面前。他在学外语方面，有极高的禀赋，这连他自己都非常吃惊。其时，葡萄牙语是亚洲国际贸易上的通用语，大概是由于急用的缘故，他的智力迅速开掘出来，获得了驰骋的原野……如果当年也这样用功读书，说不定父亲的黄粱美梦还真的兑现了，当时怎么就那样怕啃书呢……当年的国桂，的确让先生头痛，时常一转身，就不见他的踪影。"把手伸出来。"先生十分威严。他伸出手，还要冲先生做个鬼脸。他的一个手掌被戒尺打肿了，痛得嘴唇咬出了血，却又伸出另一手掌，说："还有这边。""你怕不怕？""太痛了。""你还敢不敢？""太痛了。""我在问你！""我说过了。"他抵死也不说出个"怕"字或"不敢"。他最崇拜的英雄是剿灭倭寇的戚继光，常在同伴们面前，神气活现地装扮戚继光。有一次被绍祖撞见了，要捉拿他。他却飞舞着棍棒，使老子不能近身。绍祖理想的肥皂泡破灭了……别指望了，这种孩子还有救？你说他屁股坐不下来念书，可是什么《三国》、《水浒》又看得入迷，味同嚼蜡的医书，他却一看就记入心里。他每天背着书包出门，不过是做做样子的，不是到巷子里看人撬海蛎，就是上舢板同人家去掏小海，要不就去练拳棒，一身武艺倒是十分了得。大概是祖宗的坟头陷洞，风水荫给别人，才生出这臭蛋……绍祖彻底失望了。

一官正与牧师搭话，黄程派来的仆役找到教堂来。

"一官，你阿爸从福建来，正在家里等你。"

一官愣住了，血直往脑袋涌，脸上麻麻的，辣辣的。那已渐渐淡漠了的情影，从心底深处挤钻出来，在他眼前晃荡着。她，她还活着吗？

两年前，绍祖告老还乡，从泉州回到老家石井，还带回一个新纳的妾刘氏。先前纳的两个妾，脾性很倔，绍祖不太称心。他新纳这个妾，意在作为贴身丫头，服侍自己，安度晚年……叫我唤她阿母，真是活见鬼，只不过多我半岁。两个浅浅的酒窝，盛满甜甜笑意，那莲藕一样白嫩的脖颈，多可人呵。老头子也真是罪过……十八岁的小青年，有点愤愤不平，心底产生了一阵骚动。这骚动像发面一样膨胀开来，他有点扼制不住。他害怕起来：天饶恕我。

有一天，国桂随父亲、刘氏一道去郑家祠堂看戏。家里搬来了太师椅。父亲与刘氏并排坐着。国桂与其他村里的伙伴们凑在一块。他坐在刘氏的前面。坐在一旁的肝胆朋友，悄悄地附在国桂耳边说："后面这位娘子，是不是你阿爸说给你的媳妇呀？"国桂"呸"了他一声，心像小鹿一样怦怦乱跳，一时面红耳赤。台上在咿咿呀呀在唱着，他视若无物，一切音、像都没有进入他的眼耳。他脑海里不住地晃动着：明眸、皓齿、酒窝、袅娜的身段，莲藕般的颈脖……什么在颤动？是她的脚尖。胡思乱想什么，不小心碰到了你的脚跟。不，她的脚尖怎么总是不小心碰着我呀……他周身的血液，像着了火一样。背后飘来了浓郁的香味。她疲乏了，交叉着手臂，把头支在他的椅背上。额前的长刘海拂着他的脖子。他像雕塑一般，久久地一动不动……她的脚尖。她的头发。脖子痒痒的，真受用。这就是……他脑子里忽地跳出"男欢女爱"几个字。他突然像掉进冰窖。他不敢再想了。脖子不痒了。她靠回了自己的椅子。他期待着，等待着。他失望了，愤怒了。

他，一个十八岁的毛头小伙子，坠入了情网。

他见刘氏侍候绍祖，就像被人剜了心，难受得急忙闭上眼睛。父亲那苦瓜似的皱脸，刘氏那桃花般的俊容，这算什么呀！每逢在桌上吃饭，他总是埋着头吃，时不时地瞟一眼坐在对面的刘氏。有几次他俩的目光相撞了。她以她的本能，意识到那是一种什么目光，她的心扉鼓进了春风。她感到愉悦，又十分害怕。他再也没能同她的目光相撞，她在他面前，总是勾着头走路。他恨得牙根发痒。

刘氏在家里既是绍祖的妾，也是丫环，亦是厨娘。这天，刘氏做好午饭，便用篾篓提着饭菜，给地里干活的长工送午饭去。国桂决心豁出去了，远远地盯着她。

当她送饭归来，路经一块墓地时，他挡住了她的去路。"国桂，你怎么来这里。"她慢声细气地说，可心里的弦却绷得紧紧地。她不敢抬头看他，两腿瑟瑟发抖。他粗鲁地将她抱到一个隐蔽处。她蹬踢着，却没有叫喊，身子却不由自主地贴紧着他厚实的胸膛。"国桂，别、别……不行呐！"她眼里盛着晶莹的泪珠。他见她那可怜巴巴的样子，悠地升腾起一股豪气。他放松了她，坐在地上直捶自己的脑袋。

"我，我要娶你。"

"你别说傻话，这是行不得的事呀。"

"你就心甘情愿这样过一辈子？"

她的泪水"哗"地倒出来。

"你不要怕，有我哩！我什么都不怕，人嘛，做人何必怕这怕那，怎样合心意就怎样干。"

她摇摇头，爱怜地看着他。他抓住她的手。她挣脱了出来，慢慢往回走去。

他伏在地上，嘴里啃着一把草茎，火辣辣的眼睛，目送她消逝在视线之外。

绍祖见他总是没精打采，很是惊讶：这小子怎么搞的，平素像个跳蚤，不停地蹦跶，这阵子怎么像晒蔫了的菜叶，抬不起头来。

小青年正孕育着一个惊人的计划。他要挟持刘氏下海，到海峡对岸的台湾去。他听人说过，那里虽然是尚未开化之地，却是皇帝也不爱管的自由自在的乐土。这天，绍祖吃过早饭，又照例到茶馆去消遣时光。母亲亦去走亲戚了。刘氏正坐在房间里做针线。他觑着机会，避开家人，溜进房间。刘氏吓得脸煞白。他拴上门，一把将她搂住。

"我们走，我们渡海到台湾去。那里皇帝老子也管不了我们。"他俨然像个小将军，脸上凝聚着决战前的坚毅。

她把脸腮贴在他的额上摩挲着，激动得身子微微发颤。

"怎么，都死绝啦，一个人都没有。"绍祖突然返家。

像末日来临，她的眼睛顿失光泽。但是，她很快就恢复了冷静，示意他躲进床下。他皱了皱眉头，竟大大咧咧地自去开门。她绝望地瘫软在地上。

眼前的情形，把绍祖气懵了。他狠狠地给国桂一个耳光，牙齿"的的"直打颤，一句话也说不出来。国桂回身望了望她，用如椽的手臂，把绍祖拨到一边："让开点。"说着，小青年飞快地冲出家门。

他来到海边，见左右无人，把衣服、鞋子散乱在海滩上，取道投奔在广东澳门经商的母舅。他"死"了。

两年来，刘氏的面影偶尔也曾在他眼前闪现过，可新的生活对他有着巨大的吸引力，时过境迁，他不能老想着过去的缺憾。如今父亲寻来，勾起了他已经淡漠了的往事，一股酸楚漫上他的鼻尖，眼眶潮湿了。

他走出教堂，往"亚细亚商行"走去。他脚步沉重。倒不是他羞于见到父亲，他只觉得这样去见老子不够味。怎么样才够味，他也觉得迷茫。他在"亚细亚商行"附近徘徊，这种举动与他的年纪、他的性格很不相称。他平生第一次出现了矛盾的心情……见了老子怎么样呢？回到石井老家，继承祖业的田地，鸡鸣狗吠，了此一生。这多乏味！还是舅舅的日子有味道，虽然没挣得什么功名，可他气豪手阔，不在封疆大吏之下……他决意走舅舅的道路。这次他为舅舅押货到马尼拉一趟，对于追波逐浪的海商生活，觉得十分惬意。不过，他也隐隐觉得，舅舅在陆上为番人经营进出口，虽则财源炙手，总还缺点什么。他感到自己不应仰人鼻息，应当顶天立地。

远远地看见舅舅站在窗口上俯望。他急忙躲开舅舅的视线。在这一瞬间，他看清了自己前面的人生道路：闯海洋去。

他坚定地走向码头。

"致富号"商船在夜海里破浪前进。

颜思齐和众水手、随员都齐聚在后舱里豪饮庆贺。大家频频端起酒碗,向一官敬酒。昨天,在铜山附近海面与官军的遭遇战中,从天而降的一官,救了颜思齐的命。今天,他们在海面上,洗劫了一艘小商船,得了三千多斤生丝、一百多篓德化产细瓷器。在这次行动中,一官又表现出非凡的英勇。那艘小商船被"致富号"追上,并被打中了一炮,为了保住人命和船只,只得升挂白旗。风吼浪激,"致富号"无法靠上那艘商船。那艘商船见机就要溜走,一官纵身一跳,飞了过去。那边的水手见他只身过船,一齐持着利器围了上来。一官一手持着宝剑,喝令"致富号"抛过缆绳。他一手系缆绳,一手与众人交锋。"致富号"靠了过来了,这边的船主才喝令众人住手。颜思齐命人搬过货物,放走了人、船。

一官开怀畅饮。这日子太逍遥自在了。乡里那些人过得是什么日子呀,人多地少,那丁点黄土地能榨出多少油来!那些"讨海鸭"的,日子就更可怜巴巴,单桨小船出不了远海,能捞到几条破鱼?且不说风暴、海匪,仅渔税一项就快要把人勒死。双桨大船又是犯禁的,一人触禁,连甲同坐,官府怕的是百姓下海通番。买卖往来,于民有利,于国何损?二十岁的一官,他实在想不通,官府为何如此惧怕百姓与外国人往来。听老辈人说,元朝时候,泉州府可热闹哩,泉州府是世界东方第一大港,东、西两洋的外国人,来来往往,通商互市。世界,世界有多大?天那么大吧。这朱家皇帝,也真古怪,订了那么多戒律。什么"不许片板下海",好在讲归讲,做归做,否则海边的人只好天天就着盐汤喝海风。

颜思齐喜欢一官,让他与自己同住在一个睡舱。

"大哥,你家在哪里?你是不是也同我一样,家里不能见容。"一官躺在铺上,手脚摊开成一个"大"字。

"我可不像你，有个娇滴滴的情人。我是杀人犯！"

"什么，你杀过人？"

"杀人算什么！你昨天不是也杀人了吗？干我们这行，白刀子进，红刀子出，是家常便饭。不过我这杀人犯，是被人逼出来的。"

颜思齐是海澄县人。他在家里以裁缝为业，祖上又有些田产，在乡里算得上个殷实富户。他生性好交结，仗义疏财，不久就把祖上的产业蹭踢个精光。他的邻居，是一位理发匠，日子过得很拮据。一次，理发匠偷偷地贩来一批桐油、硫磺和生丝，准备卖给泊在外洋的海商。刚要下海，便被里正探知。一人犯禁，通甲连坐。里正为了摆脱干系，报功请赏，欲株连同甲众人。那天，里正上县去禀报，路上被颜思齐拦住。颜思齐说：乡里乡亲，天天开门相见，何必做这断子绝孙的事。里正不听。颜思齐一怒之下，拳打脚踢，出手太重，竟将他打死了。

"大哥，你真是敢作敢为，有种！后来呢？后来你就逃到海上来？"

"杀人得偿命，不走也得走。我上了海盗船，干了一阵子，便到了日本。在那里，我还是干老本行——裁缝。积攒多年，就造了条船，在平户与台湾之间通贩。"

"就是这条船吗？"

"不。赚了钱后，船也就换成大的了。船大了，就开始通贩西洋，到过勃泥、暹罗、巴达维亚，安南和马尼拉就不用说了。这几门大烦和神机铳、千花铳都是在巴达维亚向荷兰人买来的。官军水师哪有这样厉害的家伙。"

一官听了佩服得五体投地，情不自禁地说："好逍遥啊，大哥，你就像海上国王一样。"

"哈哈哈。"颜思齐听到一官称他海上国王，像吃了人参果，每个毛孔都在畅笑，"一官，你真会奉承。中国法度太严，动不动就触禁。现在就是给我个巡抚，我也不当。还是'海上国王'来劲。活着，活得痛快；死了，死得利索。"

次日。太阳像一轮火球，从海面上冉冉升起。海鸥上下翻飞，欢畅地向着船舷和桅樯冲刺。碧波万顷，浮光掠金，使人觉得置身于梦幻的世界，一官正在观赏风景，忽见船上忙忙碌碌，升降帆的辘轳声响起来，前后大桅上的帆落了下来。颜思齐站地甲板上，喝令道："开到左前方的荒岛去。"众水手开始拼命地摇橹。

一官上前问："大哥，怎么啦？"

"前面有海盗船。"颜思齐指着远处十分模糊的黑影说，"那边有船联艎而来。这里不会有官军的水师，肯定是撞上了哪股海盗。"

一官用手遮着对射来的阳光，瞪圆眼睛也没瞧见什么。他感到好笑：大哥一口一个"海盗"，官府不是也把我们视为海贼吗？同是天涯沦落人，何必互相轻蔑。他知道，有的不过是以盗为主而兼商，而像"致富号"这样，则是以商为主而兼盗。亦商亦盗，如此而已。看到众人脸上严峻的神色，他的心脏也不由地紧缩起来：难道我运气如此不济，就此葬身鱼腹吗？

第二章

聚义日本

一、平户田川家

平户，是日本的南大门。

港湾，风平浪静，碧波泱泱。

七八只抛锚下碇的双桅帆船，零零落落，浮荡在码头近处的水面上。这些大抵是乘东南季风而来的中国商船。也有一两艘西班牙和荷兰的商船。

夕阳西照。水面上飘散着袅袅炊烟。船上不时飞出鸡鸣狗吠声，和着波浪拍船的汩汩声，别有一番风味。

"致富号"披着如血的晚霞，驶入平户港湾。下碇，落帆，下舢板。颜思齐望着眼前这熟悉的一切，好似穿过一道长长的峡谷，面前突然扇开了一片开阔地，一阵畅快，从心田淌过。

码头上停泊着许多小舢板。近处还有不少破旧的双桅大船，船篷百孔千疮，有的几乎要倾覆。颜思齐告诉一官，这些都是废弃的日本商船。日本现在的德川幕府，实行洋禁，不许日人出海，过去的商船都被去了舵，弃在海边任风浪剥蚀。

"日本也行洋禁？"一官感受到吃惊。

"日本眼下的洋禁，同我们中国的洋禁不一样。他们禁本国人出洋，却不拒外国人来通贩。我们中国的洋禁，又禁里，又禁外，大门紧闭，不许百姓出去，也不许外人进来。真是铁桶江山，万岁万万岁，哈哈！"

颜思齐开怀大笑着。

一官想想他的话，觉得有趣，这李大哥的言语，太对我的口味。好，跟着他走，没错！

一条日式舢板花叶，驶离码头，朝"致富号"的停泊处驶来。

"准备礼物。洋事厅的官员，验货收关税来了。"颜思齐叫喊着。与大海为伴的人，总是大喊大叫的。

洋事厅的当事山本，带着两名随员登上"致富号"。颜思齐与山本已是老相识，互用日语交谈，很是亲密。一官两眼滴溜溜地在他俩身上转着，对颜思齐肃然起敬：他能讲一口漂亮的葡萄牙语，日本话也顺溜溜地，真神！

两位随员到货舱里查看估算货物，山本自己则与颜思齐在甲板上对饮。

山本等人临走时，在甲板上铺开了一幅耶稣像，令众人一一踩踏。其时，日本严厉禁止基督教。一官畏畏缩缩地躲在一旁，颜思齐狠狠地瞪了他一眼。他的脸直红到耳根。

山本走后，又有一只小舢板驶近前来。上来的是一位中等个儿，双目凶悍的壮汉。他自谓海澄人，名叫陈衷纪，是停泊近处的一艘商船的船主。他得知颜思齐亦是海澄人，越发显得热络。陈衷纪指着那驶回码头的洋事厅的小花叶，愤愤地说："这洋事厅的当事，为人极刁滑不过，老子宁可多交关税，让他们勒索，也不让他自个揩油。把老子惹怒，一把火烧掉他们那几间鸟板屋。"

颜思齐陪着他大泄其愤。

一官看在眼里，对颜思齐更是佩服得五体投地。他刚才明明瞧见，颜思齐与山本那份亲热，胜似肝胆朋友。山本走时，颜思齐送了一个金盘子给他。转眼间，颜思齐又与陈衷纪同仇敌忾，一官心里感叹道："真是世事洞明皆学问呵！"

陈衷纪走后，颜思齐留下几名水手守船，其余人等，乘着两只舢板，驶向码头，上岸安顿去。

码头上伫立着许多男女，先是齐齐向颜思齐等行注目礼，待他们一上岸，便呼啦啦拥上前去。每逢有唐船到来，总是如此，这些人多为旧唐人①，有些是来瞧热闹的，更多的则是来拉客寄宿的，唐船乘东南季风而来，非到冬天东北季风起时，才能返回。因此船上众人均得上岸寄居数月之久。

颜思齐是熟门熟路，将众水手、伙计分派已定，散居各处人家、客栈，独留下一官与自己，前往"稻香村"大客店下榻。

一官斜背着布包袱，与颜思齐一前一后，形同主仆，慢慢地在

---

① 旧唐人，指定居的华侨。

街上行走。

市面上的房屋，为板木构筑，与闽南乡镇，大相迥异。一官看了十分新奇。他正东张西望，忽见一日本少女，跣足蓬头，穿着和服，背上像驮着个包袱，飘然行走他俩面前。

"李叔，你打唐山来吗？"少女楚楚动人，说着含混的闽南话。

"这不是田川美子吗？哎呀，越发出落得灵秀了。请转告田川翌皇兄，我明天上府拜访。"颜思齐乐呵呵地立定脚步。

"请多关照。"田川美子垂下那长长的睫毛，像丝丝蜜蕊衬在粉红的花瓣上。她那黑葡萄似的两颗瞳仁，悄悄地飞速朝一官瞥了一眼，低下头。她两脚像生了根，望着他俩渐渐走远了的背影，痴痴发愣，直见到一官回身张望了一下，她才慌乱地离开原地。

"大哥，这日本人的穿戴挺好玩的。"一官两眼凝视前方，踩到了颜思齐的脚后跟。

颜思齐在他肩上擂了一拳："小老弟，你怎不说日本娘子挺好玩的？"他见一官发窘，哈哈大笑，说："日本的娘们，头发日日梳洗，用奇楠熏蒸，不像我们中国的娘们，用香油抹发。她们个个待男人如同皇上，礼仪十分周全，真够味。"

说话间，他们来至"稻香村"客店。

第二天，颜思齐带着一官到上库街找田川翌皇。

这田川翌皇在上库街开着一爿中国丝绸店，这仅是他的表面生意，他的主要生理是中日贸易的居间人。他原名叫翁翌皇，本是泉州的一名铁匠，后来经商到了日本，娶了日本妻子。因妻子姓田川，于是，他亦改用日本姓。他财势显赫，人视他为"平户岛主"。

颜思齐同一官穿过店面，行至田川家的住宅。这是一座宏大的日本老式住屋。他俩掀开青麻条的门帘，进到堂屋。这间房有十个铺席大，中间有地炉，四周铺着席子，作为家里人日常起坐、饮食、会客之用。地炉上的炉灰整理得光光洁洁，悬在上端的铁钩子也擦得雪亮。堂屋的头顶有一根大梁木，横托在屋顶上，当地俗称"鹰梁"。这是用直径二尺光景的方形大松木做的，好像没有经过细工刨削，显得非常粗糙。全梁有半截伸进后面的大厨厅。一官好奇，去探看后面的大厨厅。这厨厅全部铺有地板，有三丈见宽，中央也有一个大地炉。地炉上方的粗硕的"鹰梁"上，悬下一根系缚吊钩的大绳子。吊钩上斜吊着一尾尺许长的木雕鲤鱼，被烟火熏得黑不溜秋，整个厨厅也是熏得一片乌黑。地炉上面没有出烟装置，火烟袅袅地在整座屋子里缭绕，然后从天花板的竹席缝隙里，慢慢透到瓦顶外面。

颜思齐发一声喊，田川翌皇从卧室的榻榻米爬下来，打开纸橱门，走到堂屋。他穿件条子布夹衣，围着藏青色围腰，在地炉边上的主人座上，屈了双膝坐下来。一官亦随颜思齐，屈了双膝在客宾位上坐着。田川翌皇唤出女儿田川美子，与客人见过。田川美子取下地炉上挂着的铁壶，给客人斟了茶。

一官偷觑着田川美子。她脸上的轮廓，并不是太漂亮：圆团团的脸，稀薄短蹙的双眉，细长长的眼睛。但那长长的睫毛下的瞳仁，却乌黑闪亮。她的身材极其匀称，一举手一投足在身体各部都形成一个协调的曲线，十分窈窕动人。而且她的皮肤细腻白净，使得圆团团的脸蛋，宛如成熟的苹果，红润而饶有香味。

她斟过茶后便走出堂屋。颜思齐正和田川翌皇谈着生意上的事。一官的思想随着地炉上袅袅升起的轻烟，满屋缭绕飘散着。

前程茫茫，他好似依然置身于汪洋之中。颜思齐与田川翌皇用日语交谈。他像傻子一样怔怔地呆坐着。一种失落感沉沉地压迫着他。举目无亲，将怎样在这里闯出道路呢？要紧的是学日语，他对此有信心。颜思齐有一技之长，靠做裁缝，打开了生路。可我呢？我什么谋生本领也没有呀？看样子只能随颜大哥漂泊大海。可是，想起那次侥幸避开海盗船队，心里还有点后怕。一个多月来的波涛之险，使他现在双耳还在哗哗鸣响，他掏了掏耳朵。大海的脾性，挺对他的心眼。不过，颜思齐的生活似乎太空虚了，他觉得不满足。颜思齐终年这样南北闯荡，虽然发了大财，可终究是在玩命呀！发了大财，无处使唤，又与穷汉何异？当然，他的钱财，也不是一点使唤处也没有，上岸后恣意酒色，也就仅此而已。这个二十岁的青年，陷进了深深的懊恼中：要随便混一口饭吃，哪里都可以混得上，何必要把自己绑在颜思齐的刀鞘上呢？天无绝人之路，走着瞧！

颜思齐与田川翌皇的谈话，不时插进一些闽南话。一官不由心里一动。

颜思齐与田川翌皇谈妥了生意。田川美子出来送客。她用头发擦拭着茶杯，然后斟上茶，端至颜思齐、一官面前。一官接过茶杯，无意间触到了她那笋尖般的手指，心底忽地升腾起一个强烈的意念：天赐我也，我何不打进这"平户岛主"的家！波涛之险终不是个了局。我应像舅舅一样，不，舅舅的生活好像还短缺了什么。我要在平户开创一番通洋事业，日后的"平户岛主"，不就是我尼古拉斯·一官吗？

翌日，一官独自朝田川家走去。他弄清了田川家的底细，步点显得坚实有力。

"田川先生，小人老家亦是泉州府，与先生祖家只相距几十里地。这几年，家乡闹饥荒，连草根树皮都快吃光了。家里打发我出洋来谋生。我们颜大哥，昨天带小人来见先生，本来向先生求告，收纳小人于店中，给碗饭吃。昨天因生意谈得欢洽，竟忘了此事。颜大哥今打发我来见先生，还求先生不弃小人，早晚恭候膝下。"一官屈膝坐在地炉边，那桀骜不驯的双眼，此时却柔顺得像绵羊。

田川翌皇见他伶牙俐齿，又一表堂堂，心下欢喜，又是颜思齐推荐来的，也不好推托，便有意收他在店里做伙计。

"一官，我们店里不缺人手呀。"田川翌皇不想痛痛快快地答应他。

一官心猛地一沉，糟啦！他本想拂袖而去，突然发现田川匆匆地用眼角扫了他一眼。他从那眼神里发现了小小的诡谲。

一官连连磕了三个响头，说："田川先生，看在唐山祖家的分上，给小人一口饭吃。只要您老肯收留，叫我做牛做马都可以。"

田川绷着脸，慢慢地呷茶，终于慢吞吞地说："那你就留下吧。"

一官回到"稻香村"，对颜思齐说："大哥，田川先生店里缺少伙计，我已答应他了，就此向大哥告辞。"

颜思齐沉吟半晌，说："我本想留你在身边，辅我一臂之力。你既有去意，大哥也不好强留。你在那里若不顺心，可随时来找我。一官，你少年英勇，又兼有心计，不是屈居人下的料子，也好，你还年轻，做一做伙计，学点生意上的勾当，也是我们这行当中必备的本事。"

一官见他如此器重自己，不免动了感情："大哥，若需用我时，无须大哥吩咐，小弟定为大哥两肋插刀。"

二、"平户岛主"的乘龙快婿

一官在田川家深深扎下了根。

他虽然身处异地，孑然一身，却有如潭中鱼，优哉游哉。

每天一早，照例是他去下门板。在噼噼啪啪的下门板声中，又开始了一天的生活。在物资交易中，他像个魔术师一般，为自己的变幻本领，自豪得意。他有时也有一种寂寥感，这是因为他的过剩精力无处发挥。可是，想到自己的宏图大略，对未来美好的憧憬，又使他对现状感到欣慰。

田川美子的一顾一盼，把他撩拨得奇痒难耐。他以他这个年龄少有的冷静，权衡着时机。他时常目不转睛地大胆盯视她，使她面红耳赤，手足无措。他从她的窘态中，读出了少女的情愫。后来，她总是找点因由来同他搭讪几句话。这种小把戏，我还识不透？他不想再压抑自己。没错，她早已动心。

昨天，是清明节。她提着篮子，盛着几块清明粿，穿过店铺时，对掌柜的说："我要去胜尾山，给外公上坟。"说着，向一官飞了个热切的眼神。

一官躺在榻榻米上。蜡烛的火光，映照着他极富雕塑感的脸庞。他独自笑了。他想起昨天在胜尾山的情景，那少女头发和奇楠混合的香味，好似还在唇边滞留着，他不由地咂了咂嘴。

田川美子走后，一官便向掌柜的告了假，说是颜思齐找他有事。

田川美子一路上低声唱着歌。满山的樱花，啾啾鸣啼的小鸟，融融的春日，湛蓝的天空，这一切是那么的和谐。她始终没有回过头来。他故意与她保持着一段距离。她虔诚地在坟前磕头。他蹑手蹑脚地站到了她的身后。

"是一官吗？"她以她的第六感官，明白身后有人，而且定是他。他不敢造次，蹲在她身旁，帮助她拔草。她也机械地拔着草。

忽然她的手被小草划破了，"唉哟"地叫了一声。

"美子，你怎么啦？"他抓住了她的纤纤细手，她欲趁势把头靠到他的肩上，一官却急急地避开了。她的脸羞得通红，连忙用手捂住。

"美子，我，我两手空空，田川先生不会要我做他的女婿的。"

泪水从美子的指缝间流了出来。她呜咽了几声，禁不住号啕大哭起来："你不是人，你骗我！"

"你不嫌弃我？今后可不能吃后悔药！"

美子机械地擦拭了一下泪水，说："我不想再看见你，你快走。"

"美子。"他搂抱着她丰腴柔软的身子，强烈的快感，使他微微发颤，但神志却异常的冷静。他感到非常惊异，当他的双唇贴上她那红扑扑的脸腮时，自己的嘴唇是那样的冰凉。在这一霎间，他想到石井家乡的刘氏，当时那种近乎狂颠的样子，如今却没有再现。他想，那种心与心的撞击，人生中大概也只能有一次。

她为幸福所陶醉。长睫毛上挂着晶莹的泪珠，脸上溢满了甜甜的笑意。好一个"梨花一枝春带雨"！他又用力在那绯红发烫的脸颊上亲了一下。

"一官，我会一辈子好好服侍你的。"

写真の大樹は成功手植えといわれるナギの木である

"美子，我如果变心，就像这断草一样，被太阳晒死。"他折断了一根草茎，扔到远处。

蜡烛"噼啪"一声，爆出一个灯花。一官想到昨天的山盟海誓，心里甜丝丝地。

"一官，一官。"声音像一缕轻烟，从纸槅门缝挤进来。是美子。一官跳了起来。

田川美子没有穿木屐，仅着布袜。她把一官拉到佛堂里。这佛堂是个深长十铺席子的房子，佛坛安置在壁龛里，金色灿然，放置着祖先牌位。

田川美子紧紧地抱着一官，把脸贴在他的胸脯上抽泣。

"怎么啦？"一官十分着急。

四周黑魆魆的。佛堂的幽静神秘，更增加幽会的冷峻气氛。一官意识到事情不妙，极力压制着慌乱。

"一官，我们回唐山祖家，好吗？"她唔唔哭诉着。

"回唐山？"一官机械地重复了一句。

原来，今天下午，田川翌皇兴冲冲地回到家，脱下和服，取过长烟管，在地炉上坐下来，说："秀忠将军的夫人过世了。"

夫人田川氏于头顶略后结一扁椭圆形之髻，束着素净的围裙，屈了双膝端端正正地坐着，说："人家死了老婆，你高兴什么？你这人，真是！"

田川翌皇意味深长地瞟了一眼女儿田川美子，说："妇人之见！祸福因人而异，其中奥妙，你哪里晓得？"

田川美子并没有介意。全家围坐在地炉边吃饭，田川翌皇再也没提秀忠将军的事。

晚饭后，田川翌皇把夫人叫进卧室。田川美子想起吃晚饭时父母的对话，觉得今天的事情有点蹊跷，便立在纸楜门外偷听。

"我想把美子嫁进藩王府去。"

"什么，把美子送给秀忠将军？亏你想得出。"

"这有什么。秀忠将军手操一方生杀予夺大权，我们若没有他的庇荫，哪有今日这个局面。他死了夫人，总得续弦。还不晓得我们能不能攀上哩。"

"对那种王府人家，我总是不放心。我们又没有儿子，就这么个独女，招个入赘女婿倒是正理。"

"妇人之见，妇人之见。"田川翌皇走下榻榻米。田川美子急忙闪身避走。

一官听了田川美子的讲述，蹙起了眉峰。眼看自己的计划就要泡汤，他十分焦急，鼻尖沁出了汗珠。

"一官，你快拿主意呀。"她眼里盛满了焦急和期待。

回唐山显然是不行。现在离东北季风来临还差几个月，想飞也飞不走。他一官带一个日本婆娘回到祖家，且不说不能见容于家人，就是乡邻乡亲也会把他当妖孽看待的。委屈了田川美子还是次要，他一官将更有何颜安身立命？二十岁的青年，有一个执著的愿望，做人就要轰轰烈烈一番。他对失败向无准备，他对自己充满了自信。

"美子，我去向颜大哥求教，他一定会助我一臂之力。我救过他的命。"他掰开她紧钳着自己的双手，悄悄走出佛堂。

颜思齐听了一官的叙说，逗笑道："小老弟，还真是一位多情种呀！要想做个顶天立地的汉子，可犯不着儿女情长。一官，不要急，有你大哥在，你愁什么！你既然有如此艳遇，大哥还能不助你一臂之力吗？"

一官微微红了脸。他见颜思齐说得如此轻巧，不免略略放心。可是，颜思齐的话，也勾起了他的一丝怅惘：莫非英雄就该无情么？他当然做梦都想成为英雄，对于"情爱"二字，亦心驰神往。他不信这两者就那样水火不相容……大哥他是过来人，过来人对后来者总是横挑鼻子竖挑眼。过来人若想想自己当初的光景，就不会如此了。后来者若都按过来人的训诫去行事，那整个世界不是太乏味了吗……想到这里，一官对自己又充满了自信。

一官见颜思齐沉吟不语，追问道："大哥，你有什么高见？"

颜思齐笑眯眯地附耳对他说了一阵。一官听了不住地点头，随后又问："秀忠将军那边怎么办呢？"

"秀忠将军夫人新丧，田川翌皇断不会那样冒失，等不得床凉就去提亲。只要这几天你把事情做出来，你就算是'平户岛主'的东床快婿了。"

一官回到田川家，已是半夜时分。他溜到田川美子的房间门口。他轻轻地敲着纸槅门。没有得到丝毫反应。他赤着脚站在地上，一时无计可施。他想待明天再说，可又怕田川翌皇明天就去提亲，那就一切都无法挽回了。以自己一个流落他邦的毛头小子，怎能与藩主将军较量？

田川美子坐在榻榻米上，并没有入睡。她正一个人独自流泪。她听到纸槅门轻微的晃动声，她以为是猫在玩耍，因此不以为意。过了不久，果真的听到了猫的咪咪声和抓门的声音。她忿忿不已，拉开纸门。一个黑影窜了进来，一把抱住她。她吓得魂飞魄散，本能地努力挣扎着。黑影吭声了："我是一官。"她轻轻地"啊"了声，瘫在榻榻米上，绷紧的神经突然松弛，她几乎晕眩过去。

她清醒过来的时候，正被他紧紧拥在怀里。她坐了起来，焦急地说："一官，你快走，这，这不行。我害怕。"

他重新拥抱着她，火烫的双唇贴在她耳边："小傻瓜，不要太老实！我们生米煮成熟饭，你爸爸妈妈也只好哑子吃黄连，公开招我入赘。"

"这办法行吗？"她那本能的自卫防线坍塌了，紧紧地搂住他的颈项。

田川美子每天起床都有一定之规。妈妈见她过了时辰，便来开她的门。突然，她像中了魔一样，转身大叫："翌皇，翌皇，快来呀！"佣人以为出了什么事，急忙奔来。她连忙把门拉上。田川翌皇来了，她附在他的耳边嘀咕着，他顿时傻了眼。

一官与田川美子开门出来。田川美子好像换了一个人。她没有羞涩怯懦之态，一切都豁出去了，细长的眼睛，流露出咄咄逼人的光芒。田川翌皇见此情景，倒是心安神定：这是命中注定的。

一官倒头便拜："泰山在上，恕小人无礼。实在对不起，事已至此，还请多多关照。"

从此，日本人因他是"平户岛主"的女婿，都称他"平户老一官"。

三、"国姓爷"郑成功降世

海澄人陈衷纪躺在榻榻米上。房间十分狭窄，棚顶被烟熏得漆黑，榻榻米上的草席子，已经陈旧发红。一位年轻女子，从可伸缩的吊钩上，摘下铁壶，沏上茶水。陈衷纪呷了口茶，味道发涩，他皱起眉头，在女子腮帮上捏了一把，骂骂咧咧地走了出去。

他迎面碰上一位瘦猴头，叫道："天生哥，你也逛窑子去？走，没意思，到我船上泡茶去。"

这瘦猴头叫杨天生，晋江人，也是一位商船的船主。别看他貌不起眼，却精熟大刀，而且胸有城府，桀黠多智。六月十五，颜思齐和杨天生、陈衷纪等二十八人，曾大结灯彩，香花牺牲，列齿序行，结为兄弟。他们祷告天地："不能同日生，但求同日死。"众人拜颜思齐为盟主，一官年龄最小，列为尾弟。这二十八人，均为通贩日本的船主和船上的力士猛将，除了颜思齐、杨天生、陈衷纪外，个个也都有自己的杀手锏。南安人张弘，刚直勇敢，人称铁骨张弘；莆田人洪升，为人慷慨豪迈，好使藤牌；同安人林福，手足便利，善使标枪火炮，人称深山猴；南靖人李俊臣，风流洒脱，精熟钯头。

陈衷纪让伙计把茶几搬到甲板上。小小的茶杯，只能盛两匙水，里里外外结上一层厚厚的茶垢。瓷盘和茶壶也是如此，黑不溜秋。那茶杯，那茶壶的精致小巧，与他们粗犷的生活，粗犷的人，显得很不相称。

陈衷纪和杨天生，上天入地，生意女人，谈得很入港。杨天生眼透狡黠，望着陈衷纪说："衷纪，我们这样成年追波逐浪，说不定那一天就沉下水晶宫。我常想洗手不干，赚一笔钱，买点田产，守着老婆孩子，舒舒服服过一辈子。"

"这是没屌人讲的话。谁有我们逍遥？皇帝老子还得被纲常管束。大块吃肉，大碗喝酒，大秤称金银，三百六十行，哪一行有我

们这样气粗手阔？人嘛，活着就要活得痛快，死了拉倒。恼就恼在这洋事厅的当事，老是克扣勒索。"

杨天生打断他的话："衷纪，这平户乃鱼米之乡。我们弟兄们若得占据，足以称霸，你意下如何？"

"什么，你是说我们占了这鸟地方？"

"当年的徽州商人王直，不就占过平户，自称'徽王'吗？我们怎么就做不得？这平户，上通辽阳、北直，下达闽、粤、交趾，我们既可坐收平户的钱粮，又可出洋通贩。我们众兄弟，坐享富贵，无拘无束，岂不赛过神仙？"

"妙呀。走，我们找大哥商量去。"

他俩兴致勃勃上岸来。途经炮台时，见守台的兵勇，操练整肃，如斗的炮管，虎视海面。

杨天生扯住衷纪的衣襟，说："衷纪，你看，这炮台好不坚固，兵勇也个个慓悍，看来难以下手。"

陈衷纪不以为然，说："天生哥，不要又想吃又怕烫。他们不过是见我们唐船快要南去，加意提防些罢了，何必介意？两个炮台的倭兵，不过百把人。小弟倒有个主意，每个炮台，我们用五六十胆勇，趁黄昏他们交班时，一股气冲入，砍倒守炮的，把炮车扭转开，放他数响。倭兵见炮为人夺走，还有战志？我们另选择骁勇者，从中赶杀，再分百人两边放火喊杀。"

杨天生见他信心十足，重又鼓起劲头。

颜思齐听了杨天生、陈衷纪的一番话，不免也动了心。他自幼便有领袖欲。因有徽州人王直占过平户的先例，又见有这么一帮弟兄拥戴自己，被杨天生一说，顿生起天命所归的感觉。

"大哥，何乐而不为呢？"杨天生竭力撺掇。

颜思齐说："凡事当料己料人，不可造次。倘画虎不成反类犬，可就卖屁股贴草纸啰。"

杨天生说："大哥，你是怕人心不齐吗？"

颜思齐说："只要大伙肯豁出去，我当大哥的总不能贪生怕死，浇了众人的兴头。"

"好。过些天，弟设数席，宴请诸位弟兄，共商大计，令各人书名押号，严守密约。"

数日后的一天傍晚，莆田人洪升来到田川府上。田川美子挺着圆鼓鼓的肚子，躺在榻榻米上。她的脸白得像一张纸，痛苦使她的五官都挪了位置。每隔数秒钟，她就要惨叫一阵，死死地掐住母亲的手臂。一官站在纸槅门外，不时地开门张望一下。一种自责感紧紧地攫住他的心。他既感到羞惭，又痛苦异常。我若能分担她一些痛苦就好了。他知道这是办不到的。他不禁对上帝的造物不公忿忿然，为什么一定叫女人吃这种苦头呢？这念头一闪现，他打了个寒噤。倒不是觉得自己有渎神之嫌。他想起颜思齐的话："要想做个顶天立地的汉子，可犯不着儿女情长。"

洪升来到田川府上，通知一官即刻前往杨天生船上。

"什么事？我走不开。"

"李大哥召集众兄弟，有要事商量。"

一官很为难：她正在生死关头，我怎好独自去逍遥。转念一想：与其在这里空着急，还不如一走了事，眼不见心静。反正是死是活，上帝早有安排。他随洪升走出门外，把美子正要临盆生产的事告诉洪升。洪升急忙道喜，便让一官回去。

一官耸耸肩膀说："男子汉大丈夫，义无反顾。"

洪升在他肩上重重拍了一掌，说："好，一官小弟，看不出你小小年纪，竟有这等气概，日后定有大造化。"

杨天生船上好不热闹。二十八位弟兄，在甲板上围着三张大圆桌，大鱼大肉，纵情豪饮。杨天生、陈衷纪和颜思齐，是这场戏的导演。其余众人，并不知底里。

酒过数巡，杨天生对陈衷纪说："衷纪兄弟，今岁我们船只不知交易几多？货物配搭不知几多？篦金①计搭几多？板银计搭几多？何船得利？何船亏本？"

陈衷纪说："别船不知。就小弟船中计算，虚头多，大约获利无几。"

杨天生叹气道："我们冒波涛，涉风险，不能得利，有什么干头！"

陈衷纪正要发话，洪升冲口说道："生意还都好，只是当事的勒索，实在可恨。洋事厅不让我们亲自贩货给买主，凭他当事操纵，害苦了我们。"

陈衷纪愤愤而起："我们冒生死，在波涛上讨生活，在这里反被倭奴束缚。放一把火，将他们几间板屋烧掉，怕他钱粮不归我们！"

大家对洪升、陈衷纪的话亦深有感触，趁着酒兴，纷纷摩拳擦掌，嚷嚷叫叫。

颜思齐不动声色。杨天生只是摇头。

陈衷纪说："天生兄不用摇头。小弟久有起事的计算，只愁没有首领提调。今日大哥肯出头，又有弟兄们协力，什么事成不了？大哥，冲锋破敌的事，小弟包了！"

颜思齐见火候已到，便故意说："莫非弟兄们醉了？竟出此鲁莽话语。"

杨天生有些沉不住气，大叫："大哥，你也太固执了。弟兄们

---

① 日本出金，样如篦，故曰篦金，色八成。

就看你的了，别作妇人之仁。"

颜思齐进一步激大家："贤弟今日大发醉言，等明早酒醒，统统忘得精光，岂不白白招来杀身之祸！"

杨天生说："大哥言之有理，应立个规矩方可。"

陈衷纪从怀中抖出一张纸，说："各人姓名均在此，弟兄们，来画押，看大哥还有什么好说的！"

众人欢欣雀跃。各在名下画押。

轮到一官时，他也果断地画了押。当大家在嚷嚷着要谋反时，他却十分焦虑。若能占地为王，也不失为一场轰轰烈烈。可是万一失败呢？他们众人可以拍拍屁股一走了事，自己可是有家有室的呀！而且，自己日后是当然的"平户岛主"的继承人，犯不着去干这种谋反的勾当。但是，若拂了众意，今日就难以活着下船登岸。万一起事成功，因自己参与其事，至少可保住田川家的家财。若起事失败，有泰山大人的庇护，谅可无事。想到这里，他释怀了：脚踏两只船，海阔任我行。最初，他显得不太自在，但很快就与众人融成一片，跟着嚷叫。

乌云慢慢聚拢，星星隐没了。眼看就要下雷阵雨，天气十分燥闷。

酒席散了。各人下到舢板，驶回码头。刚踏上岸，天地已成一团漆黑。紧接着，雨箭风刀，飞沙走石，鼓浪兴波，令人震怖。

一官像只落汤鸡一样回到家里。田川翌皇狠狠地瞪了他一眼。一官装着没看见，急忙奔向产房。

"哇哇哇"，婴孩降生了。接生婆开门报喜，"恭喜，恭喜，生下一位少爷。"

一官给孩子取名森，字大木。这郑森就是后来为南明隆武皇帝赐姓，并赐名"成功"的国姓爷——郑成功。

四、逃离日本

　　转瞬间到了八月十三。众弟兄中有个叫杨经的，这天是他三十岁生日。弟兄们纷纷备礼作贺。杨经免不了留弟兄们畅饮。其中有个弟兄李英，嗜酒如命。颜思齐伯误事，一再劝他少饮一点。

　　"大哥，我这个酒桶，不醉不痛快。"李英一碗酒刚到唇边，就全滑进嗓子眼。

　　颜思齐叫一官送他回家。那李英亦在当地娶了妻子，是个姓王的旧唐人的女儿。

　　一官把李英送到家门口，那王氏出来接了丈夫。一官见那王氏十分妖冶，心中不免咯噔了一下。他附在李英耳边说道："英哥，讲话留点神，不要多嘴多舌，免得酒后失言。"

　　那王氏见一官有点鬼鬼祟祟，待一官走后，对李英倍加殷勤服侍。擦洗，解衣，上床。她依偎在他身边，百般柔情。李英酒性大发，如腾云驾雾般。她搂住他的脑袋，像哄小孩一样，叽叽哝哝道："刚才那个弟兄，给你讲什么悄悄话？"

　　"没什么，我头痛，要睡觉。"

　　"我看他没安好心肠，那眼神好像长出手来要剥我的衣衫。"

　　"别瞎扯。他叫我说话留神。"

　　"什么，在家里说话也要留神？你一定同他在外面寻花问柳。我，我碍你的眼，好，我去死。"她掀开被单，拍打着两腿，鼻涕眼泪糊满了脸。

　　李英转过来哄她。他毕竟是醉酒的人，又一头栽在枕头上，喃喃说道："我们商定后天八月十五要起事，他叫我留神这个。"

　　她心猛地揪紧，抹干鼻涕眼泪，转身抱住他："乖乖，你们要起什么事呀？"

　　他那有点僵直的舌头，断断续续，把老底全端了出来。

　　颜思齐和杨天生计划八月十五中秋节早上发难。计划已告知二十八个弟兄。近日来，各条商船，一应索绳帆席，收拾齐备。各船的舢板，不断地运送柴米蔬菜和淡水上船。这些都是做给炮台上的守兵看的，使他们以为通贩的唐人就要扬帆回国了。与此同时，各船的军器炮火也在擦拭准备，以应万一。颜思齐派定：陈衷纪统一队人马，杀向将军衙门；洪升夺西炮台，并将炮钉死；李俊臣抢入东炮台，并督人扭转炮身放炮；张弘由东南率众喊杀；林福从西北角抄入，放火喊杀；颜思齐自己与一官领一队沿海接应；杨天生与李英统人分路接应。

王氏听了李英的话，慌了手脚，说："炮台兵那么多，炮又大，你们如何做得？"

李英说："你真是痴妇，我们这些唐船有几百人，还不用说你们这些旧唐人，更是不可数计。有这许多人，合做几路，放火的放火，占炮台的占炮台。几筒倭兵，算什么！你不用惊慌。"

王氏心里怦怦跳着，结结巴巴说："有，有你做主，我，我才不怕。"

到了第二天，李英依旧梳洗出门，调理诸事。昨夜的醉语，没有在脑子里留下半点痕迹。王氏在李英走后，即把兄弟王六平请到家里，将李英的话统统告之，说："这一闹可就不得了，你把货物收拾好，免得临时慌张误事。"

这王六平开着一爿大店铺，财富颇饶。他暗自忖度：这些强盗如此折腾，定会妨害我的生意，不如去出首。他面上装着十分焦急的样子，对妹妹王氏说："我这就去收拾。"出门后，他转身到了值日街，找到值日。

"你可知道这些唐人做的勾当吗？"王六平把他拉到僻处。

"你说什么？你怎么这样慌张？"

"唐人结党，约好在明日就要起事，焚杀抢夺。"

"你有什么证据？你怎么知道的？"

王六平将事情始末说了一遍。值日这才紧张起来，说："事不宜迟，你同我一道去见当事山本先生。"

山本正同田川翌皇在商谈生意上的事，得到禀告后，走出门来。

"你今日值日，来此做什么？"

"可有唐人在此吗？"值日左右顾盼。

"没有。"

值日让王六平将其所知，一一陈说。

田川翌皇在堂屋里听说此事，大吃一惊。待值日和王六平走后，他急急奔回家中。

一官正在榻榻米上，同田川美子一道逗孩子。

田川翌皇推开纸楹门："一官，不好了！你们唐人做的勾当，被李英妻舅王六平告发了。山本已去禀告藩主，就有兵来擒拿你们。你快快下船逃生。"

田川美子吃惊地望着一官。一官负疚地避开她的眼睛。俩人像泥塑的菩萨。小孩直着嗓子哭叫。

一官狠狠地跺了一脚，一声不吭地跑出门外。

颜思齐同杨天生正在"稻香村"里议事。一官的告急，像一盆凉水从他俩头上浇下来，半晌透不过气来。一官催促道："大哥，我们快下海吧！"

"不，我们现在就同他们干。"杨天生十分懊恼。

颜思齐摇摇头："不行，我们说好明天干的，现在临时变动来不及。本来是要靠出奇制胜，既然事泄，难以成功。快通知各位弟兄，速速上船。旧唐人有愿走的，一概收纳。"

他们三人分头前去通知。

各条街市都沸腾了。突然的事变，使得旧唐人猝不及防。他们想到将受到的牵连、报复，充满恐惧，手足无措。有的强作镇静，听天由命；有的收拾细软，奔向码头。有号叫，有哭啼，有道别，有咒骂。一切都乱了套。唐船上的水手、伙计们，他们无牵无挂，拔腿就走，迅速地赶到码头。

一官又回到田川府上。

田川美子抱着婴孩，哭得像泪人儿。她把戒指脱下来，交给一官，哽咽着说："一官，你这一去，还能回来吗？"

田川翌皇急得直搓手："一官，快走，再不走就没命了。"

一官抱了抱孩子，对美子说："你要好好抚养孩子。事平之后，我一定会回来的。"

田川美子含泪点首，说不出话来。

一官取出大刀，给田川翌皇夫妇磕了个头，说声"拜托了"，便转身奔了出去。

八月十四，正值大潮。未刻时分，潮水满满的。码头上停泊着各船的舢板和本处花叶。碧蓝的海水，汩汩地拍打着船舷。矫健的海鸥，上下翻腾追逐嬉戏。

颜思齐奔到海边时，已有许多旧唐人在纷纷乱窜，俱各争着上船。

颜思齐喝令道："船未坐满，不许解缆。"

陈衷纪同十几个胆勇守着一只舢板，不许任何人上去。这是给颜思齐等首领们备用的。

各只舢板、花叶陆续驶离岸边。但岸上还有许多人在团团乱转。哭声、叫声搅成一片。

"大哥，快走。"陈衷纪叫道。

颜思齐同一官上了舢板，一些人涌了过来，陈衷纪就要提刀砍杀，被颜思齐喝住。颜思齐叫道："一人做事一人当，倭奴不会把你们怎么样的。现在正在火头上，你们快快散开躲藏。事平之后，你们再回来做生理，必无妨碍。"众人见状，纷纷离开了。

各唐船俱各升帆、起碇。

秀忠将军带领士兵赶到码头，四散擒拿砍杀。

那东西两炮台，见码头上熙熙攘攘，不知何故。秀忠将军派人去传令："谨守炮台，放打唐船。"他们这才紧急行动，涌进炮台，装药放炮。

颜思齐携一官上了自己的"致富号"，坐潮急驶。炮声响了。

第三章

开基台湾

一、台湾的新家园

台湾。北港溪水，袒露着清澈的胸怀，带着永不休止的欢唱，自鸣得意地穿林出谷，归向大海。这里，原始性的静谧，为一队人数不少的来客所侵扰。大树哗哗的倾倒声，"嘿哟""嘿哟"的号子声，惊动了飞禽走兽，惊醒了沉睡的土地。

一官骑在高头大马上，环视着栅寨和新垦出的土地。好个寨主——山大王！他心头涌起君临万物的空灵，也掺和着几缕惆怅。十名亲兵，簇拥他出了寨门，朝附近的麻豆社驰去。

在一个山坳里，错落点布着十几栋粗陋的房屋。这是番族人聚居的麻豆社。自从一官分了一支人马，在此安营扎寨，常受到附近的原居民——番族人的袭击。他们长于在丛林里攀援出没，时不时飞出冷箭伤人。部曲多愤愤请求剿灭之。一官不与理会，他的对策是——抚，他今天就是来拜访麻豆社的长老的。

番族的生活十分原始。一官来到村落近处，只见一些妇女、小孩，用木杵在耕作。他们没有铁器工具。他们种植极有限，粮食类有稻、黍、稷、大豆，蔬菜只有姜、葱、芋。他们计日而耕，从不多种。男子多出入林中狩猎。

长老是一名壮年勇士。他戴着带鹿耳的鹿头皮帽，裸着肌肉鼓鼓的身体，只用一条苎麻织的粗布，围着下体。一官送上两坛好酒。长老饶有兴味地打量着陶瓷酒瓮。他开了酒瓮，用木剀成的大碗，盛上酒，敬请一官。

房屋用粗竹架成，上覆茅草。室内有土床，无椅桌。四壁挂满了鹿皮。一官与众人席地而坐。他发现几只鸡，这些鸡显得十分苍老，在屋里自由活动。嗬，好像挺有寿的。他的目光重新回到鹿皮、鹿角上。他想到与番人的贸易。当初他们逃离平户，他建议到台湾来，就是考虑到，立足台湾，可以经营闽、粤、西洋贸易。

那天，他们如漏网之鱼，急急逃出平户。他们起碇、升帆，坐

潮驶出港湾。炮台上，大炮连连发放，由于平日武备松弛，倭兵临事慌乱，虽炮声不绝，却没有损坏一只船。几个时辰，众船均已驶到外洋。

颜思齐站在尾楼上，令人发放号炮，招旗传令：今晚暂泊此处议事。

颜思齐知道日本船只均已去舵，料他们无以追赶，因此出港不远，就大模大样地停泊下来。

各船听到号炮，一条鞭似地停住，落碇，各摇舢板到颜思齐船中。

他们共十三艘船，计千余人。

二十八位弟兄，人人痛责李英。李英这才知道，是自己捅出大娄子。他羞愧难当，痛不欲生，就要跳海自尽。

颜思齐拉住他，说："富贵还没有染指分毫，哪有自寻短见之理？这是天意，不必计较。"

众人个个脸色阴郁。功败垂成，谁不懊丧？颜思齐说："今晚我们暂泊此处，各船要分派人值更。听到我的号炮，便一齐放洋到舟山，到舟山后再作商议。"

"到舟山去？"一官不免踌躇起来。那里离大陆太近，又远离家乡，能成什么气候？当他们逃离出平户时，他就在思索出路。"台湾"这两个字眼跳进了他的思屏。他曾听颜思齐说过台湾的详情。

不应当让弟兄们小看我，我当在这节骨眼上讲话。一官挺身出来，说："众位兄长，小弟以为，去舟山还不如乘此秋风，将船直驶台湾安顿。那里，土地膏腴，可以屯兵自给。稍作安顿后，便可通贩闽、粤和西洋。"

杨天生喜形于色，说："到舟山是多此一举。若到舟山，人都散了。人散则孤立，难以济事。一官小弟言之有理，我们不妨到台湾去，进战退守，可我行我素。我们即使无力再图平户，亦可在台湾建立家园，称霸一方。"

去台湾，颜思齐并不是没有想过。那里是荒僻去处，历来是海盗的藏身之所。若不想再图平户，那里倒是个安身立命的地方。看来，卷土平户已难兑现，也只有走这条道。他挨个望了望各位弟兄，说，"弟兄们还有什么妙计？好，就到台湾去。"他随即安排道："袁纪、天生，你二位为头程，日升号带，夜放火箭，以便观望跟踪。"

十五日天明，颜思齐船中号炮三响，各船鱼贯随行。计八昼夜，抵达台湾北港。颜思齐分众安设十个寨寨。一官虽为尾弟，颜思齐亦命他自领一寨。

一官同长老对饮了数碗，向他表达了相安共处的意思。长老自然满口应承。

回去后，一官令工匠将日本带来的生铁，打造锄头和浇铸犁耙，以教番人耕作。数日后，一官携带这些物品又前往麻豆社。番人有狗有猪，却没有牛、羊、驴、马。没有牲畜，犁耙使用不便，只能靠人拉纤，但总比用木杵前进了一大步。番人得了这些，欢喜异常。一官对长老说，今后还将常常带些陶器、食盐、布匹等物，换取他的鹿皮。长老笑得合不拢嘴。

当一官与长老在屋内相谈时，厨房里传来鸡的号叫声，显然是鸡被逮住宰杀。其间还伴着一阵争执声。一官心中产生了疑惑，又不好探问。

中午时分，长老的妻子端出酒菜放在地上，请一官用饭。

一官的亲兵，亦从厨下端来一钵头的鸡肉，得意洋洋地说，"他们不吃鸡，养的鸡都是让它长大老死，为的是拔尾毛装饰。我杀了一只大公鸡给寨主下酒。"

真是岂有此理！到人家里做客，哪有自己动手宰杀烹饪的？这何止是让人难堪，简直是欺人太甚。一官正要发作，那长老见到鸡肉，禁不住连连作呕。一官悻然变色，喝令："将这畜生拿下。"

那亲兵霎时被左右绑了。

一官心里明白：上上下下，都萌生滋长着山大王的思想。如此下去，能有多大出息呢？他想起刚才来的路上，曾拐进杨天生的寮寨。在杨天生那里引起的烦恼，又涌上心头。

杨天生也是一个寨主。一官进去时，他正在独自饮酒。两个抢来的番族姑娘，正在他面前跳着番族舞蹈。他色迷迷的两眼，目不转睛地盯视着番族姑娘。

"天生兄，这是怎么回事？"一官好生诧异，杨天生怎么竟敢把番族女人弄来，激起事变如何得了！

"一官，你来得正好。"杨天生没有离座，"要不要尝尝野味？不会比你的日本婆娘差。"他招呼番族姑娘过来，把一个推至一官怀里，将另一个揽至自己膝上。

一官躲开了。杨天生哈哈大笑："还假正经呀？不要脸皮薄。这里没有皇帝老子，也没有纲常礼义。我们就是皇帝老子，这里的天地万物都是我们的。"他见一官不高兴，只好叫两个番族女子到后厅去。

"天生兄，侵扰番社的事做不得！你就不怕激起事变？相安共处，两相得利；互相摩擦，唇亡齿寒。为兄的行事该检点些才是。"

"一官，我看你心太软了，成不了气候。我们是山大王，又不是父母官。就是那些县令、太守，还不是嘴上满口仁义道德，内里贪赃枉法，男盗女娼。人嘛，一个样，有的做得无遮无拦，有的做得羞羞答答。天地之间，就是弱肉强食，那些番社，有什么本事？轰他几炮，叫他们魂都找不到。"

"天生兄，这日子挺合你的胃口，是不是？"

"到哪山砍哪山柴。在这里当然不会有大富贵，但总不像终日漂泊海上，不是缉拿，就是遇盗，更不用说风浪。不知哪天就葬身鱼腹。现在我们有地可种，又有船在海上，碰上了，抢他一把，不就全了？"

一官总觉得心里空荡荡的。他虽然钻不进书本，不能博取功名，走上仕途。但他对于这样不明不白的生活，并不迷恋，更不满足。在这丛林里，对着千百个人称王称霸，有什么意思？一个人跑到杳无人烟的荒岛上，不更是老子天下第一吗？海，他依恋的海。他想：海上的生意不能丢弃。赚一大笔钱，回到乡里，广置田园楼宇，既富且贵，众人刮目，祖宗荣耀，这才不枉人生。人总得有点荣耀嘛。

一官不想同杨天生争执，告诉他说："我今天是带一些东西到番社去换鹿皮。天生兄，我们不能丢掉老本行。"

正说话间，颜思齐也来到杨天生的寮寨。颜思齐要各寨派人潜回大陆，招引乡人来此垦拓。一官见颜思齐也是偏安一隅的念头，顿感心灰意冷。他说："大哥，经营海外生理的事还得努力。现时通贩东洋是不可能了，日本对我们唐人一定防范甚严。可是，我们还可以通贩西洋。本岛上的土产是一大宗货源。还可派人到大陆上收购货物。这里地土肥沃，糊口不难，但要有进项，非得通贩海外。"

颜思齐听了很高兴，说："一官，还是你有心计。咳，这场变故，把我弄懵了。你看这里，举目都是山林，连心胸都变窄了。不过，现在大陆上海禁更严，货物难以下海，眼前的生计还得靠我们脚下的土地。船也得放洋出去，顺手牵羊，捞一点也不错。"

那被绑的亲兵，正可怜巴巴地瞧着一官。一官从遐思中收回了思绪。"山大王"几个字还在他脑子里跳荡，地上长老的呕吐物发出难闻的恶臭。他越发感到不可容忍，下令斩首亲兵。那亲兵"刷"地流下眼泪，没有恳求。当一官看到血淋淋的人头时，身上的血突突地加快了奔流的速度。他虽然曾手刃过数人，但还没有看到自己的权力与血腥结合在一起，既惶恐又神圣。长老见一官如此严明，深深地折服，表示一定和好相处。一官从亲兵又想到杨天生：兔子不吃窝边草的道理都不懂，还能成什么气候！

一官带了数百张鹿皮回到寨子。有一只单桅渔船从泉州湾驶来台湾，船老玳在寨里等到一官，呈上一封信。一官打开一看，原来是他的义子郑泰捎来的，说是安平有一艘旭远号商船，近日就要出海。财神送上门来了。

一官和陈衷纪各领一艘船，来到泉州湾外的洋面上。两艘船，相距五浬落帆下碇，成犄角之势。时值十月初冬，北风刚劲，众人均蛰居在舱里饮酒。一官站在甲板上，遥望西面，勾起了缕缕思乡之情。老父，刘氏，兄弟，还有那滩涂砺石，那荔枝龙眼，这些像琴弦弹出的一个个音符，撞击着他的心扉。

"有鱼撞网了。"爬在主桅上观察的水手，向甲板上的一官报告。

船上紧张、忙碌。喊叫声、轱辘转动声交杂着。起碇，升帆，向猎物迎上去。陈衷纪的船亦向他们靠拢过来。

"是渔船。"一官看清了他们的"猎物"。那渔船并不逃窜，而大摇大摆地向他们驶来。渔船上有人向一官、衷纪的船打旗语。原来那船上有他们派进安平的探子。

三只船聚拢来。那探子上了衷纪的船，一官亦越过船去。探子报告了禁止出洋贸易的情况。一官听了十分焦躁：果然海禁更严了。不过，他心里有数，海禁禁来禁去，只能禁平民百姓，至于有权有势的湖海大姓，他们依旧在禁令下，下海通贩。义子郑泰报告的旭远号商船，不就是违禁的双桅大船吗？只不过海禁一严，货物便阻塞了，有权有势又愿冒波涛之险的湖海大姓，毕竟是屈指可数的。海禁越严，那些权势者就更可以中饱私囊，更可以作威作福。"权势"二字，他既十分厌恶，又炙手可热。似乎是吃不到葡萄就说葡萄酸。他的仇视心理膨胀开来；我若得"权势"，非将"海禁"二字抹掉不可！

那探子报告说，近来巡海道的游哨，在海上出没无常，出海渔船，心存恐惧，不敢冒险捎带货物。前天有一只渔船出海，带了几匹绸绢，被游哨船的兵勇搜出，老舷被捕走，渔船也被拖回去扣了。

陈衷纪问探子："有没有听说，一艘新打造的双桅商船，叫旭远号，要从安平驶往广州，去广州当然是假的，肯定是去西洋通贩。"

探子说："有呀，船主叫颜旭远，已经走了两三天了。"

陈衷纪气得眼珠都快吐出来，破口大骂："郑泰这小子，耍弄我们。一官，都是你的妇人之仁，便宜了那杂种，害老子在这里喝北风。"

一官哑口无言。人心叵测，但总不能因此虐杀无辜。郑泰狗肏的，你也太叫人寒心了。

原来，半个月前，一官同衷纪亦驾船到这里"守株待兔"。郑泰初次出海通贩，便触了霉头。衷纪将郑泰船上的人全都俘了，把货物搬到自己的船上，拖着郑泰的空船，向一官驶来。

一官上了衷纪船，庆贺他走运。甲板上摆上酒宴，陈衷纪端着酒碗，走至被捆绑着的郑泰面前，踢了踢他："喂，小黄鱼，还挺嫩的嘛，大不了二十岁。"

那郑泰是个白净脸皮的后生，不太像海边生长的人。他那大大的眼睛，失去了光泽，吐露着无告的哀伤。两片薄薄的嘴唇，不住地哆嗦。他凄切地喊叫："大王饶命，让我做牛做马做猪做狗都行。大王，我才二十一岁，爹娘生我一场不容易。我是太阳刚出山，往后的日子还长着。大王，你也有孩子，你就把我当成你的孩子吧。"

陈衷纪噗哧笑了："放臭屁，我才三十岁，怎么就有这么大条的孩子啦。再耍贫嘴，我非宰了你不可。"

一官见郑泰一副精明乖觉的样子，又与自己年纪相仿，不免产生了爱惜之心。他上前问明，知郑泰是安平人。既是同乡又是本家，他在恻隐之心外，又添了一层打算。他决计救出郑泰。

当陈衷纪酒喝了七八分时，一官向他要求："衷纪兄，你把那个叫郑泰的小白脸，交给我发落好吗？"

陈衷纪眯着布满血丝的眼睛，说："你又来了，你怎么长了副菩萨心肠！你要放了他？好，算是为兄的赏给你。"

一官把郑泰带回自己的船上，令人给他松绑。郑泰扑通跪下，连连磕头，口中说道："谢谢大王恩典。此生此世报答不了大王的恩情，来世做牛做马也要还清大王的恩债。大王，我家有八十岁的老母，九十岁的阿爸，就我这么一根独苗苗。求大王放我回去，以尽人子孝道。"

一官喝道："不用胡说八道！再胡说八道，把你扔下海去喂鱼。你才二十一岁，老母却八十岁，你阿母六十岁还能下蛋生你吗？说什么孝道，你既懂孝道，为何不懂'父母在，不远游'的道理。本大王最喜讲真话，你从实讲来，饶你性命。"

原来，这郑泰亦是个不孝子。他父亲是安平的大户人家，颇有田产，家道殷富。其父只郑泰这么根独苗苗，在这点上郑泰倒是讲了真话。郑泰挥霍无度，不务正业，把老父活活气死了。父亲一死，他更是肆无忌惮。近来，又突然想出海冒险，把家当典当光，造了条双桅船。凭着他父亲在世时的面子，加上他在钱财上又肯花费，竟被他弄到一张到宁波的"商引"①，雇了水手，便贸然出海来了。

这杂种倒是同我一样，为家父所不齿。兔死狐悲，同病相怜，一官对郑泰不免产生好感，这更坚定了他原来的打算。

夜幕垂落。一官拦截住一只渔船。

郑泰被唤进尾楼舱里。一官把贼亮贼亮的鬼头大刀搁在舱铺上："郑泰，你是想死还是想活？"

郑泰知道自己有希望了，倒头便拜："为了大王，我肝脑涂地，在所不辞。"

一官把一布袋约有二千两的银子，掼到郑泰面前："你给我回去，在安平设牙行，收聚生丝、茶叶等货。见机通水报信，我会派人接货。"

郑泰不仅得了性命，还被委以重任，感激得不知如何是好。二千两的巨款，托付给他这样一个死囚，他实在感到意外，意外得有点不敢相信，他抬眼端详着这位英俊汉子，越发觉得对方不是等闲之辈。他倒头便拜，认一官为义父，一官笑纳了。

一官心中的小九九，郑泰当然猜不透。一官并没有把宝全押在颜思齐身上。人总得有退路。日后若不合意，他计划自立门户，做

① 海上通行证。

通贩海外的生意。在日本，这次虽受牵连，但泰山大人毕竟是平户岛主，况且澳门还有母舅。狡兔三窟，不愁没有生意做。他要把郑泰作为一枚钉子，安在贸易商丛集的安平。

一官把郑泰送到渔船上，放渔船驶回大陆。

陈衷纪还在咧咧地骂着。一官一声不响地离开他，心想：谅郑泰小子不敢讹我，此中定有变故。

安平。泉州港鼎盛时的宋元时代，安平作为泉州港的一个支港，是个繁茂的商埠口岸。到了明代，由于实行锁国政策，泉州港衰落了，不过，历史沉淀的结果，安平镇仍是南北商贾丛集之地。安平，最引以自豪的是安平桥，它始建于宋代，全部是花岗岩结构，有桥墩三百二十六座，桥面均为二至三丈长石条铺成，全长近五里，又称"五里桥"，是中国古代最长的桥梁建筑。镇西北的龙山寺，亦是安平的一大名胜。庙中供奉着千手观音。规模虽不够宏伟，但庄严古朴，香火不绝。寺内有一副对联："东汉初兴光佛刹，南朝重建迓神庥"，足见历史之悠久。

郑泰被一官放归安平后，十分用命，不敢怠慢。他刚出海不久就回来，里正、坊正少不了前来探问。郑泰说，船至澎湖附近，遭遇了海盗，独自己漏网，在海上漂泊了半日，遇到渔船，捡了条性命。因为他领了出洋的"商引"，进出便得核查人口。那坊正乃是镇上保甲系统头目，负责保甲簿（户籍）和治安，因此问得格外仔细。郑泰见职役系统头目里正和保甲系统头目坊正均在场，便说自己准备开设个陶瓷店为业。

不久，郑泰的陶瓷店开张了。他以此为门面，为一官收购囤积生丝、茶叶等通贩海外的热门货。

这天，郑泰到了石井，寻到一官府上，密告一官的近况。石井与安平仅隔着一个港湾，遥遥相望。一官的父亲郑绍祖已于春天逝世，几个兄弟听说大哥在台湾占山为王，都有下海投效的意思。郑泰见郑家兄弟，一个比一个英武猛悍，心想：一官有这几条猛虎辅佐，少不得成就一番大事。此后，他从未心猿意马，甘为义子，专心为一官效力。

郑泰从石井一回来，顺脚到镇中心的茶馆去泡茶。

这茶馆为两层石料垒砌的楼房。楼下的前厅是茶馆，后院是家人住所。而楼上则辟为客栈。这茶馆是小镇各种新闻汇集之所。

郑泰在座上刚坐下，老板的养女采莲，即端来茶具。别家茶馆，哪有用姑娘当伙计的？这也是这家老板的大胆独创处。这采莲生性泼辣，不仅没有抛头露面的羞涩，倒时常与客人打情骂俏，周旋得十分妥帖。如此一来，这茶馆终日座无虚席。

采莲来斟茶，郑泰在她白皙的手面上捏了一把，抬眼向她忽闪着。若换上另一个人，采莲定然嬉笑怒骂一番，可是对于这个小白脸，她却格外温顺。她莞尔一笑，在他对面坐下。

"听说你遇上强盗了，大难不死，必有后福。看不出你这副嘴脸，还命大福大。"

"托你的福呀。这副嘴脸怎么样，喜欢么？"

她挥手打了他一下，说："你肚里没有丁点墨水，却长着一副书生嘴脸，阎王爷的簿子上填错了名。"

他笑眯眯地，踩了一下她的脚面，说："坊正的保甲簿里可没有填错，他把你填到了我的名下。"

两人逗笑了一番，郑泰问她："近来可有从江南苏杭来的客人吗？我想要生丝。"

"有呀，楼上就住了一位嘉兴的商家。"

"好，采莲子，往后留心点。有这类生意都给我通个口风。"

"你还想出海呀？真是要钱不要命。"

坐在郑泰附近的两个茶客，正在谈论颜旭远建双桅大船的事。

"建双桅大船不是犯禁的么？"

"什么禁不禁。孔夫子不是说过，刑不上大夫，礼不下庶人。反正呀，不管什么条律，都是糊弄老实人。有本事的人，禁越多，越得利。"

"这话也对。人家有钱，能打通关节。小本生意的人，哪有办法去填满那么多的窟窿。"

颜旭远就坐在不远处。他听了人们的议论，也不无感慨。为了建这条商船，为了弄"商引"，他跑了多少处，花了多少钱。到现在，"商引"还没办好。唉，明日还得去找巡海道蔡善继大人盖关防！他正在筹划着明天的事。想到近来的种种活动，他不免也心寒：生意尚未做，银子已花了不少。那层层的关卡，更叫人气短。

　　颜旭远在镇上开了一家牙行，专门经销陶瓷、茶叶等德化、安溪的山里货。久坐思动，他想：眼下海禁特严，通贩海外更能获大利。于是，去年冬天，他从山区购来木料，请了工匠打造船只。开工的鞭炮刚放完，里正就一手持着水烟壶，走几步吧嗒一下，另一手牵条大狼狗，一步三摇，来到工场。

　　"旭远兄，恭喜恭喜呀。"里正那鼓突的嘴巴，长着一箍黑胡子，胡茬里黏着菜屑饭粒。鼓暴的金鱼眼，好像长着爪子，总是那样贪婪地盯着眼前的一切。

　　颜旭远将早就预备好的一百两银子，送到里正的面前。

　　"不敢当，不敢当。"语调客气而冰冷。

　　到了晚上，里正又把他传去问话。

　　"是单桅还是双桅？"

　　"这……"

　　"说实话哟。不是我不给你包庇，你叔叔是在外做官的，是体面人家。可是，造双桅船可是犯禁的事。"

　　"里正，以前不是也有人……"

　　"人家是人家，你是你。"

　　强龙不压地头蛇，他知道这小小的里正要是强着同你为难，上面也不好掩饰。他不再低三下四，昂首挺胸地说："再给你五百两，请多多包涵。"

　　"看你说哪里去，我是为你好。我这里可以替你包庇，如果上面追究，还得你自己担待。"

　　船造好后，他去府里申请"商引"。朝中有人好做事，申请批准了。但是，还得巴结派下来丈量水饷的官吏。明明是一丈五宽的梁头，塞了一百两银子，只收了"梁头八尺"的梁头税，在"商引"上盖了"梁头税已收"的印戳。办了梁头税，还得到坊正那里取保。一人出事，连甲同坐。邻里怎么肯轻易盖手印担保呢？当然得借重坊正。坊正也不会错过发财的机会。又花了三百两银子，坊正才在"商引"上画了押，出具了担保状。要不是有叔叔在外做官，就是花了钱也办不到。颜旭远心里很清楚。

颜旭远出了茶馆，慢悠悠地走回家。他有一个女儿，长得十分标致，他干脆取名颜如玉。这颜如玉从小娇宠，十分任性，加以在牙行里长大，什么"三从四德"，一概嗤之以鼻。她略通文墨，头脑机敏。

"阿爸，我要同你一道出海去。"

颜旭远简直不相信自己的耳朵。

"我要到海外看看大世界。"她揪住父亲耳朵。

"这不妥当。出海是为了赚钱，有什么好玩的？"

"我说要去就要去。"她索性撒起娇来。

父亲深知女儿的执拗，无可奈何了。

货物已装上船，巡海道也已派员来检查货物和随船武器。按《兵律》中的"私出外境及违禁下海"条，生丝、绸绢、缎匹等都是违禁货物。颜旭远花了一千两银子，封住检查官员的口，现在就看巡海道大人肯不肯在"商引"上盖最后一个印戳。

泉州巡海道蔡善继在客厅里会见颜旭远。他，方方块块的大脑袋，两鬓已经霜白，两颗镶金门牙，十分刺目。他佝偻着腰，戴着老花镜，在"商引"上嗅来嗅去。他是个又贪又懦的人。

"手续是全了。但省里总兵都督有令，商船放行出海，要限额控制。你明年再走吧。"这倒不是他故意拿权拿势，他怕出海商船一多，使得海盗有机可乘，上头会怪罪他缉拿不力。

颜旭远急了："我这是在国内沿海通贩。"

"那是自然，难道你要通贩外番？"蔡善继明知这些出海商船，多是前往东、西两洋通贩，有的甚至是接济海盗。

"大人若不放心，可以派哨船随行。"

蔡善继嘿嘿干笑两声："那倒不必，派哨船随行，岂不成了你的保镖了吗？嘿嘿，总得有个先后嘛，明年再说，好不好？"

颜旭远递上一张一千两的银票，说："小人实在拖延不得，货物囤在那里，银钱周转不过来。求大人开恩放行。"

"嘿嘿，你先回去吧。我禀奏过都督大人后，再转告你。"

颜旭远知道这是遁词，放心告辞了。第二天，蔡善继果然派人送来"商引"。为了这张"商引"，花了三千两银子。若是海上航行顺利，这点花费算不了什么。若是遇上海盗、风暴、触礁……他不敢往下想。要想赚大钱，就得冒险。他原定五日后开航。就在这时，郑泰来向他打听启航的日子，郑泰刚从海上不明不白地回来，他多了个心眼，"旭远号"便提前四天偷偷地扬帆出海了。

四、旭远号的美女

颜旭远这次出海，好像注定要出事。他躲过了陈衷纪和一官的截杀，却钻进了李魁奇的虎口。

李魁奇原是惠安的渔民，后来在海上专干杀人越货的勾当，他有几艘战船，常在澎湖附近出没。

这天，他自领一艘战船，在海上游弋。

"旭远号"发现前面有船，便想改变航向。李魁奇老于此道，驾风驭浪，十分娴熟，很快就咬上了"旭远号"。

颜旭远趴在尾楼舱口，不住地向观音菩萨磕头。船上携有二门烦，一个水手问他要不要发烦，但水手又补充说，对方的烦很大，又抢占了上风上流，打起来恐不利。

颜旭远脸色苍白。我的运气，怎么如此不济。这一下全部家当统统葬海了。他瞥见女儿颜如玉正若无其事地瞅着自己，一股怒气喷上来："都是你。"他没有再往下说，说了有什么用！颜如玉偎在父亲身边，说："阿爸，别急嘛。留得青山在，不怕没柴烧。还是保住人要紧。"

"旭远号"落了帆。颜旭远现在最大的愿望是保人保船。

李魁奇追赶过来。风浪很大，两船不能相靠。"旭远号"的人正在暗自庆幸，李魁奇已腾空而起，稳稳地落在"旭远号"上。众人见此，吓得战战兢兢，一个个手脚酸软，连连磕头："大王饶命，大王饶命！"

李魁奇的部众抛过缆绳，用搭钩搭住，随之跃过十几条大汉。"旭远号"被拉向澎湖。

李魁奇支着大刀，说："要想活命，就得入伙，李某决不亏待。"面对这些凶神恶煞，众人早都魂飞魄散，谁敢说个"不"字？只有颜旭远拉着女儿走出尾楼舱，浑身嗦嗦作抖，欲言又止。还是颜如玉胆大，说，"请放归我父女二人。"

李魁奇见了如此姿色女子，像触了电，周身麻颤。这，这是在海上吗？莫非是仙女降临。他的手几乎握不住刀。突然，他挥起贼亮的大刀，大吼一声："啊——"颜旭远父女吓得抱成一团。李魁奇乐了：原来也是血肉之躯。

一条大汉嘿嘿笑着，对李魁奇说："大哥，好运气呀！这姑娘多俏，白嫩得一捏水直冒。你'消除晦气'后，再给弟兄们'消除、消除'，好吗？"

李魁奇啐了他一口。另一条大汉忙奉承地说："这是老天赐给大哥的压船夫人。要'消除'，另寻娘们。"

颜旭远父女被关进尾楼舱。

李魁奇进到舱里。颜旭远痛苦地闭上眼睛。泪珠，成串地滚了出来。颜如玉倒不太害怕，女人嘛，总得经过那么回事。她只是厌恶，直想呕吐。她翻开眼皮，瞟了李魁奇一眼。这李魁奇没长胡子，不像他人那般，毛拉拉的胡子有几寸长，一副十足的贼样。这使他显得与众不同。他中等个儿，穿着一件青色短袄，外束粗粗的布带。宽大的裤管，只到膝盖。最引人注意的是，他那细眯眯的三角眼，眼皮总是耷拉着，好像处于瞌睡状态。但是，眼皮一翻，那小小的眼珠，却透出凛凛杀气。他武艺高强，刀枪拳棒自不必说，最为了得的是轻身术。将三张饭桌叠起，脚上缚着百十斤的沙袋，可以纵身一跃，跳上最高层桌面，再跳下来，全无一点声响。他可以在海面上踏浪如飞，如履平地。李魁奇一把抓过颜如玉。颜如玉厉声叫道，"放下。"他像抓住了烫手的东西，蓦地放开她。她的俏丽和泼辣，像一种无形的力量，使他的蛮劲暂时收敛。

"你不是要娶压船夫人吗？总得堂堂正正一点。不然，你可要晦气倒霉。"她声色俱厉地道。

他像中了邪，突然无精打采，从舱里退了出来。颜旭远父女感到十分意外。

颜如玉的"堂堂正正"一句话，勾起了李魁奇的一段往事，他那强烈的欲火，倏地熄灭了。他也曾盼望有一个堂堂正正的家，可是，可憎的乡俗，把他的企望撕得粉碎。当他十八岁的时候，家里给他娶了亲。他只知道女的叫安娘，并未见过面。这也不奇怪，中国多少人还不就是这个样，强拉硬扯，胡乱拼凑，不也都白头偕老么？怪就怪在李魁奇的家乡，有个荒唐绝伦的恶俗，叫做"长住娘家"。女的结婚一天之后，便得回娘家长住，直到生下孩子，才能住进夫家。天老爷，哪有那么神的本事，仅仅一夜工夫，就得叫人开花结果。八年过去了，李魁奇还是光棍一条。有一次，他出海一个多月才回家，翌日是镇上的墟日，他少不得上镇去逛荡。有一个姑娘，长得挺标致，头上包着红头巾，正在卖栗子。他蹲在她面前，专拣大粒的挑，趁机把姑娘看了个饱。他买了两斤栗子，站起身来，发现同村的一个后生，抿着嘴，忍俊不禁。

他同后生走了几步，那后生突然开怀大笑。

"笑什么，捡到金还是捡到银？"

"你那样正经干什么，莫非你连老婆也不认识？"

他惊呆了：那个俏姑娘是我的老婆？……洞房花烛夜，新娘罩着头巾坐在床上。灯熄了。她像一具木雕，任他摆布，只是一声不吭。三更过后，他想点燃蜡烛，是丑是俏总得瞅一眼。可是她发话了："不能点灯。"她是对的，他只好听从了。按乡俗，新郎是不能看新娘面容的，屋外有公婆等人彻夜看守呢！四更响后，新娘便起身开门，趁着黎明前的黑暗，回娘家去了。后来，安娘虽也回过几次李魁奇的家，但那只是逢年过节，而且必定冒黑才到，趁黑便走。一晃八年过去了，安娘还没有"下蛋"，李魁奇也就依然未识老婆真面目……他十分羞愧，脸上麻辣辣的。那后生还讲些什么，他一句也没听进去，恨不得钻进地缝儿。

自从那次赶墟见到安娘后，李魁奇决心打破这桎梏。数日后，正好是端午节。入夜了，全家人正在吃饭。安娘包着头巾，躲着众人，像贼一样溜进黑洞洞的房间。这一夜，他点燃蜡烛，父亲在外面骂得不堪入耳，他耸耸鼻子，置若罔闻。她流泪了。他把她的头巾塞到枕下，要她壮起胆来。她也是有情感、有灵魂的人，她再也抑制不住，放声痛哭起来。四更敲响了，他把她捺住。五更鸡叫了，他把她搂得更紧。天亮了，太阳那金色的手指，柔媚地触摸着万灵万物。她围紧头巾，匆匆走出门去。

村里的大姑娘小媳妇们发现了，先是叽叽喳喳，接着便恶语中伤："瞧，死不要脸的，这光景才回娘家。"

"臭，臭，臭货。"

"太痒了，熬不住了。"

"七八年还下不了蛋，说不定是阴阳人哟。"

啊，天可怜见，愚昧呵！在大姑娘、小媳妇们的唆使下，无知的孩子们，捡起土疙瘩，像追打叫花子一般，直把她追打到村外。她的心在淌血。她回家见了阿爸、阿母一面，便在附近的一个深潭中，找到自己的归宿——每年都有数人来此报到。

数日后，他又出海了，他的心也在淌血。他用仇视的心理，看待世间的万物，他抱定一个信念——为所欲为，直到尸横大海。

俏丽的颜如玉，唤醒了他冬眠过久的人性。泯灭了的往事，噬咬着他的心。他打消了蹂躏她的念头，决计建一个堂堂正正的家。

第二天，天刚放亮，李魁奇正拖着"旭远号"向澎湖进发的时候，遇上了在洋面上游弋的一官。陈衷纪对一官责怪了一通，已垂头丧气地回台湾去了。但一官不死心，果然遇上了"旭远号"，只不过"旭远号"已易了主人。

李魁奇上了自己的战船，分了一小部人，驾旭远号远遁，自己去迎战一官。双方炮火轰鸣。一官船上火箭齐发。李船的主帆着火了。一官船的斗头烦，又打中了李船的火药库，顿时火借风势，风助火威。李魁奇尚未遇到过如此劲敌。他见大势已去，令人放下舢板，让众人纷纷下船逃命。一官船上的箭，像飞蝗一样飞来，把许多人射到海上。李船余部，分乘两只舢板，急急摇橹。李魁奇没有逃命，待一官船驶近，即从自己熊熊燃烧的船上，跃了过来。一官屏退众人，持刀与李魁奇独战。两人你来我往，旗鼓相当。两人战至船边，双方的刀同时击落脱手。两人趁势扭打，战至船沿，扭成一团，一齐掉下海去。

船上众人忙放下舢板。

李魁奇踏浪如飞，水性极好。可是，一官更胜一筹，他在水面上的功夫，虽不如李魁奇，但他可以在水中潜伏半晌，而不必出水面换气。李魁奇与一官在水下扭斗了一阵，被一官死死拖住，终于支持不住，喝饱了海水。一官把李魁奇拖上舢板，众人将他捆了个严严实实。

一官轻而易举地俘获了急急逃遁的旭远号和李魁奇余部，兴冲冲地拉回台湾。颜如玉同父亲坐在旭远号的甲板上，望着一官船上被五花大绑的李魁奇，舒心地指点欢笑看。她发觉仪表堂堂的一官，正远远地注目着自己。她突然耳热腮红，心，突突地狂跳。

第四章

"飞黄将军"

一、"海上国王"的梦想

颜思齐的中央大寨。连日来阴云密布，寨子里弥漫着凄冷的空气。一种怅然若失的沉郁，积淀在人们的心头。

人们如同将失去爹娘的孩童一般，恐惧，忧虑，孤苦无告。颜思齐患了伤寒病，病势沉重。

颜思齐躺在病榻上，用牙咬着被角。他品味着上午与弟兄们的对话，不禁一阵心跳。

……我们弟兄相处了两年，本来要同弟兄们共取富贵的，想不到今日染此重病，只得中途分别……疾病人所难免，时加调养，自然会好，大哥何必过虑……话虽然是这样讲，但无奈天数已尽，难与弟兄们扬帆波涛了……

颜思齐眼角津出了泪珠。一阵高烧略略退了些，他的心绪比上午好多了。

一官守候在颜思齐身边，看到他睡得昏昏沉沉的，便蹑手蹑脚地退出卧房，来到议事厅。

一位亲兵进来禀告：陈衷纪、杨天生两头领要进来。

一官迎了出去："大哥正在睡觉，别惊动他。"

"一官，你别给我们来这一套，放我们进去。"陈衷纪拨开一官，闯进了议事厅。自从颜思齐病重之后，颜思齐便指定一官为他的传话人，与众弟兄头领联系。

一官拦阻了他俩。

"大哥病势沉重，至今尚未留下遗嘱，一旦归天，群龙无首，各奔前程，我等辛辛苦苦开创的基业，岂不统统泡汤?"杨天生一脸的焦虑。

"老实说，一官，我等担心你。大哥一口气上不来，你胡诌几句，说是大哥遗言，只有天知鬼晓!"陈衷纪毫不客气。

一官的脸陡地变青，按着刀柄的手微微颤抖。他心中隐秘深处的想法，被陈衷纪一语道破，面子上一时觉得十分难堪。他当然想继承颜思齐的地位。这二十八个弟兄，虽然有的机变狡诈，商贾之道十分圆熟，有的勇迈悍众，追波逐浪十分了得。但是，尚未发现哪个有决策千里、运筹帷幄的雄才大略，尚未发现哪个有能屈能伸、海量包容的气魄度量。要统驭这支人马，非我莫属！一官自信颜思齐对自己是刮目相待的。可是，颜思齐至今尚未明确指定嗣承者，别说陈衷纪、杨天生，自己也是心急如焚呀！看到他两位如此气焰，一官沉思着：得有非常手段，才能降服他们。

颜思齐并没有睡着。陈衷纪、杨天生的话，句句敲打着他。其实，他不愿意，也没有想到自己会就此了结一生。半个月前，他与众弟兄到诸罗山打猎。他们在山涧的溪水中，剥杀猎获的麋鹿、野猫、野兔，然后在山坡上架柴烤烧。绿水、青山、篝火。神秘的森林，自由的人们，甘醇的美酒。他们感到无限地快慰和惬意。就在那时，他发起高烧……我不过偶感风寒，故意说几句伤感的话，他们真的以为我不久人世。如此看来，我一旦不在人间，少不了有一场好戏……他深深地替一官忧虑，且不说杨天生、陈衷纪等人，今天又平添了奥古斯丁——他的儿子。他的儿子同一官一样，入了基督教，受洗后改用了这个教名。奥古斯丁漂洋过海到了巴达维亚，在荷兰东印度公司里当通事。他打听到父亲在台湾，便乘一艘渔船来到这里。他见父亲病得不轻，便提出了财产继承权的问题。颜思齐否定了什么财产继承权，他说这里的财富是集团的财产，他没有个人的遗产。奥古斯丁却威胁说，如果他得不到父亲的财产，他就要到澎湖去，带荷兰舰队来攻杀台湾。颜思齐被激怒了：这种忤逆，留他何用。他令一官把奥古斯丁扣起来。该怎么发落呢？颜思齐想不出个得体办法。

傍晚，一官抽暇回到自己的栅寨。自颜思齐染病之后，他还没有回过家。他已经有了新家。

那天，一官战败了李魁奇，又捕获了旭远号商船，驾船回到台湾的山寨。还在海上航行时，颜旭远见一官英俊魁梧，仪表堂堂，加以自己父女已沦为阶下囚，便劝说女儿颜如玉嫁给一官。可她没有吭声。

李魁奇被五花大绑着，颜旭远和女儿站立在他近旁。一官坐在鹿皮大椅上，得意地审视着自己的这些战利品。李魁奇望望颜如玉，又瞧瞧一官，心里酸溜溜地。

当一官犀利的目光停在颜旭远身上时，颜旭远跪下说："大王，小女颜如玉愿侍候大王左右。"

颜如玉拧紧柳叶眉，撇了撇嘴，浮现着嘲弄的笑意，说："你愿侍候，你自己去侍候。"

好个大胆女人！一官被震惊了。

颜旭远吓得傻乎乎地，张了张嘴，再也讲不出话来。

一官把目光从她身上移开，转向李魁奇，问："你服输不服输？不服输我俩还可以再到海里较量一番。"

李魁奇抱着必死之心，见一官话头活络，忙说："如不弃我这个菜货，愿为大王做牛做马。"

一官心中早已盘算好，笑着说："魁奇大哥，你武艺高强，乃是水上蛟龙，怎么说出如此泄气的话。你在澎湖还有四条大船，我给你本钱购货，你带着你的船去通贩东、西两洋。所得利钱，倒四、六分成。我不怕你要刁，既敢把金豆子撒出去让你啄，就有办法叫你吐出来。"

李魁奇还能有什么更高的奢望呢？忙说："大王气量这样大，往后小弟如亏负大王，让我睡刀尖、站红铁板。"

一官让人给他松绑，又对颜旭远说："你欲通贩海外，没有强力保护，难以成事。现在，你可领回你的船和货物，随魁奇一道航行，保管无事。"

颜旭远喜出望外，就要拉女儿一道磕头。颜如玉挣脱了父亲的手，扭动着腰肢，翻眸瞟了一官一眼，问："那我呢？"

一官笑着说："压寨夫人，非你莫属。"

几天后，一官的几个兄弟，亦从石井渡海来至台湾。一官羽翼丰满，又有颜思齐的垂青，难怪陈衷纪、杨天生担心他们这个尾弟会凌驾他们的头顶。

一官回到寨子，见颜如玉正在学骑马。她的坐骑见到一官，突然腾起前蹄长啸，将她从马背掀下来。她蜷曲在草地上哈哈畅笑，仅用眼角的余光瞥了一官一眼。一官很不高兴。倒不是觉得她不成体统。燕尔新婚，一别就是半个月，应当是相见之下，如胶似漆，卿卿我我。他在路上暗自描摹的一幅幅图景，全都化为乌有。倘若是田川美子，还不知怎样百般温存呢！这种不高兴，很快就消散了。颜如玉身上有一种特殊的魅力，立时驱散了他的不快。田川美子的钟情温柔，甜腻腻地，常使他胃口发涩。颜如玉的泼辣干练，辣乎乎地，却令他浑体通畅。他明白，他和颜如玉都是叛逆型的，都是与中国传统思想格格不入的人。他非常得意，居然也有这样的女子落在他手中。

"一官，一去半个月，把我晾在这里，不怕我……"她挥舞着马鞭，一蹦一跳地来到他身边。她走路总是这样，没有个安分的样子，这得感谢她的阿爸，没有给她缠脚，否则，三寸金莲怎能如此高视阔步？她对眼下的生活方式，似乎挺惬意，从她在海上见到一官的那一瞬间，她就看清了自己前面的人生道路，并感到满足和快慰。

一官捏了捏她的下巴，微微叹了口气。

"怎么啦，山大王有什么气好叹的。"她与他并肩走回屋里。

一官把眼下的局面告诉她。她伏在他的肩上，说："散伙还不更好？自己称王称霸。"

"你懂什么？要想成大事，就得把这些人马和船只，全拢在我的手中。"

"哟，你还想成什么大事？"

"你以为我就甘心当个山大王、海贼？古话说，要当官，杀人放火受招安。我要朝廷堂堂正正地封我做海上国王，做大官，赚大钱。"

他俩正情浓意蜜之际，颜思齐的亲兵奉命来告诉他，奥古斯丁逃走了，可能是到澎湖去找荷兰人。颜思齐要他立即追赶。

一官迅速赶到北港港湾。人们告诉他，奥古斯丁已乘来时的渔船，走了多时。

风平浪静，大海像酣睡中的婴孩，娇憨可爱。

一官全身披挂，站在主桅下。奥古斯丁搭乘的渔船，拼命地往前闯。就在这时，一艘荷兰夹板船隐隐出现，其帆如蛛网盘，不似中国船的桅樯。奥古斯丁向荷兰夹板船打旗语告急。荷兰夹板船放过渔船，向一官迎战而来。

荷兰是当时的世界海上强国。这荷兰战船，长约三十丈，横广五六丈。其四方船板，厚约二尺余，用硬木叠成，鳞次相衔。铁钉密密排列，重至斤外，长达二尺。板缝粘注马油，舱底灌以铅锡，十分坚固。其帆以布为之，分为三节，风稍利，则起两帆，风力不足，则三帆俱起。其帆八面受风，无往不顺。其碇索用纻线细结，用油浸晒累月，因此柔软而坚韧，经得起疾风恶浪的考验。其舵有遮拦，舵工不愁被箭射伤，可以放心操纵。船有三层舱，其前后左右俱各安装小炮，约有上百门。主桅之下置有长达两丈的巨炮。

两船尚相距三浬之遥，夹板船便开炮了。一官船的近处，耸起冲天水柱。船上众人，无不张皇。一官知自己势单力薄，遇到如此劲敌，难以制胜，便下令转舵返航。他明白：要想称雄海上，最大的梗阻就是这荷兰人。他的心头，添了一层黯淡的忧郁。

夹板船也不追赶，扳正航向，向南驶去。

这艘荷兰战船叫"熊号"，船长叫庞必古。"熊号"是从澎湖开来的。船上除载有货物，还有一千四百名中国人。这些中国人是他们在海上和沿海岛屿、大陆抢来的。他们先强迫这些中国人在澎湖为其筑堡垒，竣工之后，就将他们运往巴达维亚贩卖为奴。

夜色浓浓地包裹着"熊号"。

庞必古船长约有三十岁，红发红须，像一只猛狮。他的心情也不轻松。船上现有九十名水手，可是健康的不及五十个，而船上却有一千四百名中国人。他非常担心，一旦出事，难以制驭这些中国人。他让所有的中国人都关在船舱里，两个两个地绑在一起。舱盖上用杠杆顶住，到处挂着灯，连下层的舱板也照亮了。在舱盖旁边有五六个人持剑看守。

庞必古巡视了一周，回到船长室。这艘战船，现在如同一只火药桶。中国人一旦暴动，前景太可怕了。他不敢掉以轻心。他本以为这次到达巴达维亚后，有可能回国一趟。可是上司拒绝了他的请求。他铺开纸给荷兰的妻子写信，准备到巴达维亚后寄回去。

"……白天，这些中国人坐在舷樯上或舷侧的铁板上，梳洗头发，他们的头发很长，有的站起来时可以垂到腿肚子上。他们把头发绕成髻子，盘在头上，用一根别针插牢，又在髻上插一把梳子……早晨，我们打开舱盖，让中国人到甲板上来做一些必须做的事。为此，船上挤满了人。每当我走上甲板时，这些中国人马上让出一条路来，并且合掌跪在两旁，真像绵羊一般的驯服。据说他们当中有个预言家说过，他们的土地将被红毛人所征服，而我正好长着红胡子，所以看到我更是害怕。"

他们真的像绵羊一般的驯服吗？庞必古放下鹅毛笔。那一双双愤怒的眼睛，好像就在眼前探瞄着。他不禁打了个寒颤。不过，中国人倒是很能韬晦的，既那么仇视我们，又可以做出驯服的样子。如果我们荷兰人，愤怒了就尽情发泄，可没有这种压抑自己的本领。他想起了上个月的那场危险，觉得中国人还是善良的。他继续写道：

"……我们'熊号'在一个海湾内停泊，利用快艇烧毁了六七十只大大小小的中国帆船。当我们正忙于把抓到的两只中国帆船拉近大船来的时候，由于风力凶猛，不得不抛锚。我们是分乘小艇和一只帆船去拉那两条中国帆船的。前半夜，我们抛下的锚脱了，船就在漂流着。在一只船上有二十三个我们的水手和两个中国人。当时战船'熊号'泊于附近，但由于天气很坏，天色又很暗，所以无法帮忙，一只中国船终于漂走了。另一只帆船里的六个人下小艇去，把那只帆船放火烧掉。由于风大，小艇无法拉帆，又是在浅滩上，所以我们再把一个四抓锚抛下。但是用四抓锚碇泊了大约两小时之后，锚索断了，我们被漂到岸上去，几乎丧命。搁浅时，火枪的机件碰碎了，而岸上有的是敌人，我们只有六个人，人数太少，不能抵抗，因此危险更大，只好听天由命，求上帝拯救。我们在小艇里异常恐怖地等到天亮。不久，有一群中国人来到船旁。我们的人双手握住剑大嚷大叫，仿佛要向他们攻击似的。中国人在黑暗中看不清有多少人，他们被我们的叫喊所吓坏了，就跑开了。我们把这幸运归于上帝的怜悯。天亮时，看到小艇已不可能载我们下海去，我们把火枪背在肩上，把剑插在腰间，准备步行到我们两只战船停泊的河口。路上，我们看到一间小屋，住着一个男人和一个女人。我们就走进去，点了火绳，把枪都修整好，这些枪在小艇被冲上岸时全被弄湿了。在这小屋里，我们得到了食物，房子的主人给了我们一些米。我们看到六七具中国人的尸体躺在海滩上，成为狗和飞鸟的点心，这都是被我们的人杀死的。从这一点不难断定，万一我们被抓去，将会遭到怎样的报复。过后，我们又遇上一大群中国人，大约有二百人，一见到我们他们就都跑了。当天上午，我们终于走到我们战船停泊的地方。近船时，用火枪打了几响，让船里的人听到。但这枪声引来七八百个中国人，从附近的一个大乡村朝着我们的人跑来，手里拿着矛和刀。我们无路可逃，于是就向这群中国人开了几枪。中国人看到我们的人准备死拼，就退回去，有些站在稍远的地方扔石头。看样子这些中国人很少听过枪声，据说一听到枪声吓得要命。不久中国人表示了友好的态度，邀请我们到乡村里去。我们走进村庄，估计有上千的中国人站在那里惊奇地望着，仿佛一生都没有看见过荷兰人似的。中国人把我们带到寺庙里，给我们吃的喝的，还有一点烟叶。我们紧密地坐在一起，持枪戒备，不相信任何人，害怕会遭到突然的袭击。我们就这样坐着，燃烧火绳，并且把衬衫撕成许多布片，用心地搓成火绳。我们子弹袋里，这时剩下的子弹还不到四发……"

　　船，摇晃得厉害。庞必古放下笔，倚靠在铺上。在中国沿海的海盗行径，满足了他的征服欲。对此，他现在已十分厌倦。国内妻子、幼儿的面影，常常在他眼前晃动。他开始盘算这封信大概什么时候会送到妻子手中。

庞必古神经质地跳起来。他想起了奥古斯丁：那小伙子明明是中国人，竟然懂得我们的旗语，怪事！

三、荷兰人觊觎台湾

奥古斯丁摆脱了一官的追击，在澎湖见到了荷兰东印度公司派遣舰队司令官威特。奥古斯丁带着许多梦想到台湾去，没想到父亲颜思齐那样绝情，抱着金娃银娃，快死了也不肯撒手给他。什么"财产是集团弟兄们共有的"，一定是那个一官，买得父亲的欢心，企图占有父亲的财产。奥古斯丁把愤恨转泄到一官身上：我要让荷兰人踏平台湾，将一官那臭小子五马分尸。

"司令官阁下，这澎湖乃不毛之地，占据这里毫无意义。那台湾离此只七更海程，物产十分富足，可控制中国大陆和日本、东印度间的海上航行与贸易往来。我父亲他们原计划占据日本平户，事败后才来到台湾。他们手中掌握了大量金银财富。我可以为阁下效劳，引路去进攻他们。不过，条件是事成之后，将我父亲本人的财产归还给我。"

奥古斯丁的话，引起威特的强烈兴趣。他隐隐约约地知道，台湾那边有一股强大的武装势力。不消灭这股武装势力，荷兰在海峡的地位就难以巩固。但他也知道，那边的海道十分险要，不易进取。现在，这个奥古斯丁自己送上门来，哪有不取之理？

威特约有四十岁，长条脸像刀锋一样，鹰钩式的鼻子，眉骨高耸，眼窝深陷。灰色的双眼，每当沉思的时候，便发出一种深不可测的幽光。那两撇胡髭，整饰得十分考究，每当笑起来，髭须便颤动着，带有那么点幽默味。

威特对于自己在澎湖两年多来的活动是很不满意的。每当他独自翻阅自己的日记时，时常会发出轻微的叹息。

他有记日记的癖好，这是从中学时就形成的习惯。他这两年多来的日记，后来却成为殖民者们的血腥暴行的记载。这是他料所未及的。

他是 1622 年 6 月 29 日带着一支舰队来到澎湖群岛的。他受荷兰东印度公司长官评议会的委派，带着一支拥有九艘战舰的舰队，远征中国沿海。这九艘战舰是：维多利亚号、熊号、金狮号、山逊号、新加坡号、麦登号、赫伦宁根号、好望号和伊拉斯莫斯号。那天，他们驶到一个小岛的后面下锚。这小岛像一张桌子似的升出海面，是澎湖群岛中最高的一个岛。小岛中有些渔民，看见他们都跑了。那个小岛，平坦多石，长满茅草，没有可以烧饭的树木。天气十分干燥，井里的水虽然很清，却带有咸味。他开始了在中国领土上的征服活动。

威特对于血腥的活动，有一种天然的兴趣。有时他也会进行自我反省：我这种残忍心，是否是一种变态心理？但结论是否定的。要使这个古老的帝国觉醒，非得让他们流血，流血才能使他们心灵开窍。

有一次，他亲自参加了一次洗劫活动，回来后记下了一段日记：

"……我们拔锚起航，来到一个城镇，向镇里开炮，他们（中国人）也用小炮回击，打中我们两次。我们把一只中国帆船放火烧了。'熊号'领着一只海船绕到岛的另一边去，发现那里有两个大村庄。在第一个村庄的旁边，有两只还未完工的大帆船。我们决定进行袭击，便带领七十名火枪手进击这些村庄。居民都跑到一个碉堡里，我们也追到那里去，他们冲出来两次。那种可怕的哭声和喊声，真像世界末日来临似的。他们拼命想冲出来，但被我们挡住了。我们用刀砍他们的头。在我们用火枪射倒一些人以后，他们又退回去，急忙逃跑。我们又把中国人赶回碉堡，把他们全部杀死在那里。我们把两只大帆船以及两个村庄都放火烧掉。黄昏时我们又回到船上，并且带来了很多的猪、羊、鸡，还有家具和各种各样的东西。晚上，我们杀了牲畜，经过这场辛苦的战斗以后，我们准备在第二天快快活活地欢宴一番。"

威特认为这一切屠杀和抢掠是极其必要的，非如此不能达到通商贸易的目的……当然，我们的耀武扬威仅是个手段，为了达到某种目的，对于采用什么手段是不能吹毛求疵的。要使中国人惧怕我们的敌意和武力，而同意让我们自由通商……威特在各船船长会议上指令："不管是战争或是和平，我方船只都要控制漳州港口。"①

一个晴朗的日子，他带着战舰向厦门进发。舰队停泊在一个建有宝塔的岛旁，升起一面白旗，希望厦门方面来人谈判。

谈判通过书信往来开始了：

"我们是来进行和平贸易的。"

"要谈判首先得放回所有中国俘虏，并离开澎湖群岛。你们是为了掠夺中国人而来的，并没有带钱或商品来贸易。何况，中国皇帝禁止与外国人通商。"

"如若得不到通商目的，我们将继续洗劫沿海村镇。"

"如果你们是好意的话，就应该派一位船长前来详细谈判，以为今后几年和永久的将来签订条约或停战协定。"

"我们的代表必须乘战船前往厦门。"

得到同意后，威特决定，由庞必古率麦登号与伊拉斯莫斯号去厦门谈判。

威特回想起这次谈判，还心有余悸：中国人并没有因我们的敌意和武力而屈服啊！那天的事，至今还历历在目，他在日记中记述了当时的情形：

"下半夜，我乘小艇去厦门，看看谈判到底进行得怎样，因为他们去的地方并不远，而很久没有消息，使我们开始担忧。在驶近战船的途中，看到我们的一只战船正被大火烧着，另一只也处在巨大的危险中，当时不但有三只火船在旁边，而且还有很多船只包围着它，其中有舢板，还有几只中国战船。我们看到大约有五十来只的火船。我们驶向伊拉斯莫斯号，当时它已经英勇地毁灭了一只火船，并且把两只火船推开，奇迹般地逃出了危险。但麦登号的前帆和顶帆都着了火，看来已经没有希望挽救了。不久麦登号终于连人带船全部烧毁，这是一件最悲痛的事。我们马上带着伊拉斯莫斯号返回船队。"

想起那天的事，威特也有自豪感，因为当天夜里，他带着伊拉

① 荷兰人通常把厦门周围的河流港湾通称为"漳州港"，此处所说的漳州港实即厦门港。

斯莫斯号，逃避了一场灭顶之灾。虽然至今还有点后怕，但每当想到这事，总为自己异常的冷静和准确的判断而洋洋得意。他的日记当然留下了这一重要经历：

"我们在约五英寻米深的水位处抛锚。前半夜潮水较低时，在我们停泊的地方有一股强流涌出。当天晚上涨潮时，中国人向我们抛锚的地方放过来两只烈火燃烧着的帆船，漂近停泊在我们前面的"熊号"，其中一只仿佛即将朝我们这条船的船头直冲过来，这使船上的人惊慌失措。大家都站在甲板上，议论纷纷，但是我断定它不会碰上我们，所以不很苦恼。站在我旁边的商务员牛文来律对我说：'司令官，叫他们把锚索砍断吧。'我告诉他，我们的船是在滩上，砍断锚索是不适当的，那样船就会漂走。又告诉他，这些火船不会碰到我们的。但是火船越来越近了，商务员断定一定逃不开，所以大叫：'砍断索子！砍断索子！'而我却相反地叫：'不要砍，砍断索子船就会漂走。火船不会撞上，不要砍！'当商务员看到那些要动手砍断索子的人，听到我的喊声而住手时，他就对着我大嚷道：'司令官，看到没有！这是你的错，你将来必定要后悔的。'但是我还在担心那些人会把索子砍断，所以又喊道：'火船不会碰上我们，不会碰上我们，别砍！别砍！'事实证明我的看法是对的，火船离我们很远，连帆桁都没碰上，虽然它的桅比我们的帆桁高，但也没碰上。只有系在船边的两只小舢板着了火，我们就把着火的舢板砍掉，让它们漂走，庆幸火船没有漂得更近一些。那是多么可怕的一幕呀！那火船的火势十分猛烈，就像船上载满了硫磺，要来夺去我们的生命似的。我把舵转来转去，让船绕着锚旋转……"

情报员的报告，冲散了威特欣赏日记的情趣。情报员报告说，中国军队计划大举进攻澎湖。他想，退居台湾，使中国皇帝不致那样忧心忡忡，也许更明智，更有利于我们东印度公司的事业。他急忙传唤左右，要热情款待奥古斯丁。

颜思齐的中央大寨，连日来那种雷雨前的沉闷被打破了。各位头领齐聚在议事厅里，有的捋袖子，有的挥拳头，咆哮着，争辩着。

颜思齐脸色灰青，被搀扶到大厅的躺椅上。大厅里又倏然陷进死一般的沉寂。

各头领一齐上前请安。颜思齐吃力地抬起眼皮瞧了一眼，又合上双眼。眼缝渗出的泪珠，粘在干皱的眼角上。

真是祸不单行。颜思齐病势越来越沉重了，刚才又得到消息：荷兰人在奥古斯丁的引导下，已从澎湖出发。眼看就要发生大战。生死存亡之际，人人都显得很激动，但又不好在病人面前表露出来。大厅里的气氛实在尴尬极了。

颜思齐翕动着嘴唇，说：“如何退敌，各位发表高见。”

大家这才活跃起来，三三两两，重新接上刚才的话头。

“几个红毛番，还不够给我当下酒菜。用不着这样如临大敌，打了再说。”陈衷纪总是开头炮。

“红夷的夹板船不太好惹，他们船坚炮利，打起来我们不会有赢头。我看，我们的船还是避开他们，让他们上岸来好了。他们没几个鸟人，上了岸还不是由着我们，叫他们圆就圆，扁就扁。”洪升说。

“依你们这样说，就把台湾送给红夷？”陈衷纪十分恼怒，他看着杨天生，示意他表态。

杨天生倒背着双手，在大厅里来回踱了几步，说：“俗话说，兵来将挡，水来土掩。红毛番的夹板船虽然利害，但我们也艨艟高大，况且数量上又占上风。鹿死谁手，难以逆料。兄弟以为，理应拼个高低。不把红毛番驱走，我们将何以在海上安身立命？纵使是海上打败了，陆上还可以再见高低。”

"天生哥有种，就该这样。"陈衷纪拍拍杨天生的肩膀。众人也都随声附和。

一官始终没有吭声。他暗自庆幸：机会来了。能不能成功，那是上帝的旨意。但是，此时自己若不出头，那就是十足的笨伯。

"小弟以为，不能战，只能和。两虎相争，必有一伤……"一官语出惊人。

一官的话还没有讲完，就遭到群起攻之：

"什么，同红毛番讲和？你是不是须眉男子？！"

"一官，你还有没有中国人的骨气。我们堂堂大明国的臣民，去向外番人磕头？"

"在官府眼里，他们是夷，我们是贼，一路货。"一官轻描淡写地插了一句。

"不要再讲了，再不起碇升帆，红毛番就要打到眼皮下了。"

议事厅里，一片喊打之声。

一官不再争执，冷笑了一声，撮着嘴，独个吹着口哨。

杨天生、陈衷纪非常不满地怒视着一官。

颜思齐说话了："天生，由你调度这次战事。"

杨天生指派停当，独独没有安排一官。大家走出议事厅时，个个用特殊的目光盯着一官。一官恭恭敬敬地拱手送走诸位："恭候佳音。"

远处的海上，传来了隆隆的炮声。

不好的消息陆续传来。颜思齐用迷惘的目光看着一官，一官有意躲开他的视线。他暗自高兴着哩。

杨天生和陈衷纪带着枪伤，风风火火地闯进来。

"大哥，不好了。我们的船被打沉了五条。"

"大哥，我们走，到西洋去，马尼拉，暹罗，安南，走得远远的。"

"不。"一官蹙起剑眉，手持宝剑，"我去！我一个人就可以了！我可以退敌！"

颜思齐有气无力地说："现在讲和已经迟了。"

杨天生、陈衷纪打了败仗，垂头丧气，不敢吭声。

一官盛气凛凛，说："不迟。我刚才讲过，两虎相争，必有一伤。我们都是官府要剿灭的对象，我们都期望冲破海禁，以便通洋经商。我们之间没有理由互相争斗。只要讲清这些道理，他们一定会退兵。我能讲葡萄牙语，要去议和也只得我走一遭。大哥，我走了。如果红毛番退了，这第一大功可是——"他拖长声调，冲杨天生、陈衷纪眨眨眼睛，缓和了气氛。

颜思齐点点头："一官，小心为妙。"

一官走出中央大寨。他的心有点虚，谁知道此行能否成功！这可是赌博呀。但他有一种预感，这次一定能大出风头，使众人刮目相待。这些人的脑袋瓜怎么那样不透气？要收拾这些红毛番，也得等我们当家做主之后，现在乐得让他们与官府作对。鹬蚌相争，渔翁得利，这浅显的道理都不懂！也难怪他们，他们只想做自由往来的海盗，只想做无拘无束的山大王，只有这么点见识！

海面上战事已停了下来。威特司令官正在旗舰上召集船长会议，商讨下一步的行动。桅顶上的瞭望哨报告说，有一艘大船，插着白旗，向这里驶来。

威特同船长们走上甲板。

一官上了威特的旗舰维多利亚号。

"诸位先生们好。"一官一口流利的葡萄牙语，使船长们惊呆了。一官察言观色，心里像系了个秤砣，稳住了。是个好兆头！

"您是？"威特十分客气地握住一官的手。一官的仪表和葡萄牙语，使这敌对双方的心理距离缩小了。

一官说，"我叫尼古拉斯·一官，我受我的首领全权委托，前来同你们谈判。"

威特把他请进客舱。有十个水手，腰上佩着剑，紧倚在一官的身后。一官心想：这些家伙是欺软怕硬的，不可示弱。他站起来说："司令官阁下，这有点不像谈判桌嘛。"威特只好示意水手们退走。

一官逼视着威特那狡诈的眼睛，出语不逊地说："我以为阁下今天的举动是大大的失策。"

没想到他思考了好久的这第一句话，并没有使对方震动。威特故作矜持，微微笑了笑，没有作声，静待着这年轻人的高论。

一官压住了慌乱，又说："你们本来有一个天然的盟友，现在失去了，你们不觉得遗憾，反倒洋洋得意，这实在是可悲。"

"盟友？"威特的矜持消逝了，两眼射出贪婪的目光："你们算什么盟友？"

一官哈哈大笑："可见你们是在打瞎仗。你们远征中国的目的是什么？抢劫？掠夺人口？这你们已经干了。但是，你们并不满足这些。因为这些暴行只能引起中国人的愤恨，并不能震动当权的官僚。你们采用如此刻薄和残酷的手段，是绝对无法获得对华贸易的。我们是什么人？我们原来都是海商，也是从事海上贸易，为当局所不能见容，才在这里安下大本营。中国的官军是你们的敌手，也是我们的敌手，这不是盟友是什么？我们在大陆有无数的眼线，虽然大陆实行海禁，我们还是可以得到贸易的货源。你们有什么？有的只是中国人的仇恨。你们真要想对华贸易，还得靠我们！"

"靠你们？"威特很感兴趣。

"只要我们掌握了大陆沿海的制海权，我们就要开放海禁。这不是你们梦寐以求的吗？想让中国官府自动开放海禁，那是痴心妄想，想用武力敲开中国的大门，也只能适得其反。你们的所作所为，不是已经完全证明了这点吗？"

威特不由地对一官刮目相看，欲求得海上贸易的共同目标，使他撤除了心中的防护屏障。他问："你们能掌握沿海的制海权吗？"

"这就得看你们肯不肯助一臂之力。"

"怎么帮助？"

"起码，我们应在海峡地区和平相处。最好，你们应给予武器上的支援。"

"那代价呢？"

"我们可以供应你们台湾的鹿皮和白糖。我们可以不直接贸易日本，将大陆贩运出来的货物卖给你们，让你们转销日本。不过，西洋的贸易由我们自己直接进行。"

威特感到很满意，但又提出了个新问题："我们在澎湖群岛很可能站不住，届时我们要撤到台湾来。"

"到时可以租让一块地方给你们，不过得向我们纳税。"

"好，一言为定。"威特叫人拿好酒来。他同一官碰了碰杯，"你是中国人的开明派。听说你们的首领就要病逝，你能不能接任首领？"

一官说："这不妨碍我们的协定。"他很高兴地同威特干杯，心想，你们已帮了我的大忙。

五、大寨主易位

一官回到中央大寨才半日，颜思齐便留下一腔遗恨与世长辞了。

一官已多日没有回寨，颜如玉心急如焚。她听说昨日一官上荷兰船舰谈判，不知是否生还。这事本已够她心焦，今天颜思齐又死了，各寨军士全都披麻戴孝。谁知道有没有发生内讧，古往今来，此类事多的是。她知道许多弟兄头领对一官早有妒意，如今颜思齐不在人世，他们还不把事做出来？她令一官的几个兄弟严守山寨，并不断派人往中央大寨打探消息。

她在屋里如坐针毡，索性提着一木桶换洗的衣服，朝小溪走去。

溪水，欢蹦乱跳地在危石中闯荡，唱着永不休止的歌，从山寨旁穿行而过。擎天的椰树，在水中投下婀娜多姿的影子。

颜如玉跪在草垫上，使劲地槌打着衣服。每当身后发出什么响声，她都神经质地向后张望，是期待一官的突然出现？还是担忧有什么不测？她突然想起一官对她讲过石井镇的传说，心中的慌乱才慢慢平静下去……郑家的祖坟地"五马奔江"，可是一块风水宝地。土地公不是托梦说，有德者葬其中，应出五代诸侯。一官降生的时候，一官阿母就对人说过，梦见三妇人引来一片红霞，堆在她的怀中。吉人自有天佑……她如此想着，好像自己已做了诰命夫人。咳，什么诰命夫人，没意思。一举一动，要拿板拿势，别扭死了。她更满意眼前这种生活。她只是期望一官做大头领，不要受那帮弟兄的支使。

一件衣服被她槌破了，当她发觉的时候，不禁噗哧一声笑了："都想些什么！"突然，一双大手紧紧地蒙住了她的眼睛和嘴巴，两膝像螃蟹爪子一样，死死地钳住她的后腰。一官？如此非常时期，他虽顽皮，也不会有闲情逸致开玩笑！歹人？现时人心浮动，难免有人趁乱浑水摸鱼。她本能地挣扎着。算我倒霉，随它去吧！遇上这种事，还是不事声张好，免得徒送性命。我可不会那样傻，被人糟蹋了就去寻死觅活。不，他会弄死我的，他难道不怕一官找他算账？不对，不对，他肯定以为我不敢对一官说。是呵，我怎么能对一官说呢？背后那热烘烘的身体，散发出强烈的男人气息。她停止挣扎。手松开了，她眼前金星乱闪，耳边却响起一官的畅笑。是他？她白皙的脸颊，涌上了红潮。她顺势滚在他怀里。他回来了，他有这样好的心绪，好呀，肯定一切如意！

"我真替你担心，担心杨天生、陈衷纪他们谋算了你。"她继续搓洗衣服。

一官神采飞扬，坐在她身旁的一块石头上，两脚浸泡在水里。他用手沾了水，把水珠弹到她的脸上。

"谋算我？他们现在已拜倒在我的脚下了！"

"大哥传位给你了？他们甘心吗？"她急促地发问。

"你猜呢？"他长长地嘘了口气，好似如释重负。这是上帝的旨意啊，昨天荷兰人如没有来进攻，我也就无从表现出高人一筹。昨天上夹板船议和，若不成功，我也就休想再回到这里。这一切是那样地默契，这唯有感谢上帝。我得到大哥的青睐，这是谁都知道的。可是大哥迟迟不留遗嘱，他的苦衷，我这才明白……今天清早，颜思齐望着众位弟兄，断断续续地说："我走后，请诸位共同辅佐一官。一官天资聪慧，机变胜算都在你等之上，欲举大业，非一官不可。"他说这话的时候，虽然声音微弱，眼睛却突然变亮……大哥是毫无牵挂地走了。他的眼睛告诉了我，也告诉了大家。

众位弟兄，个个流着眼泪，不敢哭出声。杨天生跪在颜思齐面前说："大哥放心，我们若有二心，天诛地灭。"其余弟兄，一齐跪下，复述着杨天生的话。大家再也憋不住了，失声大哭。一官的心猛烈地颤动着。他想起昨天，弟兄们走出议事厅去迎战荷兰人时，对自己揶揄的目光。

一官把昨天同荷兰人议和前后的事，向颜如玉叙述了一遍。她张大嘴巴，像孩提时听大人讲故事一般，出神入化。

一官同威特取得谅解后，即匆匆返航回到北港山寨。中央大寨里乱哄哄地。几个军士抬着颜思齐的躺椅，后面随着杨天生、陈衷纪等人。军士个个披挂带甲，人叫马嘶，一派败象。

"一官回来了。"陈衷纪首先发现。一官昂首阔步，英姿飒爽。他见了眼前的情景，明白了：他们准备把颜思齐转移到山里去，打算在陆上同荷兰人战斗。

"大哥，荷兰人退回澎湖去了。"一官抢上几步，伏在颜思齐耳边说。

"退回澎湖?!"颜思齐朝一官赞许地笑了。杨天生、陈衷纪也舒展眉心，急切地探问究竟。一官绘声绘色地将经过告诉大家。

"想不到一官的番话倒派上大用场。"杨天生虽然心里有点酸溜溜，但还是佩服一官胸有韬略。

陈衷纪是毫无保留地服气了，他朝一官拱拱手："一官，这第一大功是你的，我甘拜下风。"

颜如玉心里喜滋滋地，但她还有点不放心："大哥虽有遗言，不过他们真的会拥你当大首领? 你别高兴得太早!"

一官正在设想如何拜坛的事。颜如玉见他没有反应，用棒槌敲了敲他的脊背。他猛然惊觉过来。她笑了："哟，真的在白日做梦呀。"

这是一官一生中，又一个重大的转折点。这天，天高云淡，风和日丽。以杨天生为首，带着诸头领到一官寨中，拜一官为大首领。

一官被众人扶到首位上。一官故作谦逊地说："弟年谱在诸兄之末，岂敢越分?"

杨天生说："大哥弥留时已有吩咐，弟兄们怎能违逆?"

一官不再谦让，说："既蒙众位兄长抬举，小弟只好从命。不过，我也不能虚坐此位。现在当务之急是要有一番整顿。上下要分明，赏罚无论亲疏。大哥在日，无上下之别，无赏罚之令，如此成不了大气候。过去的规矩如动不得，小弟决不敢承此座。"

一官出语不凡，震动了众人，弟兄们不知如何作答才好。

杨天生很不痛快，一官也太咄咄逼人了。不过，他觉得一官的话是对的。他说："吾弟年纪虽轻，议论却大有经济。今弟兄们既然举你为首，一切当听你约束。"

一官用眼朝大家溜了一遍："天生兄所言，各位兄长以为如何？"

"我们愿听约束就是了。"陈衷纪起身说，众人亦一齐应和。

"好。"一官将身子坐正，"今日初八，是戌日，与弟命不合。我看十八申日，申子辰会合，可从容备办物件。旗帜，可以显示军中威仪，不可不新，当一概更换。还应竖中军帅旗一面，以示尊严。粮饷，是军中命脉，不可不积，应有专人筹办。船只器械，赖此称雄抗敌，不可不坚，应广为添置，时常修葺。决策取胜，须得筹划佐谋之士。争先破敌，全赖奋勇胆略之夫。奖惩赏罚当明，升降荣辱必慎。如此，进可取，退可守，不但踞此蕞尔之土，就是横行天下，谁能敌我？我决定十八日承接大首领位，统辖诸军，除委任佐谋、督造、主饷、监守外，当另选十八位作先锋。我今为大首领，改名芝龙。季弟蟒二为芝虎、四弟为芝豹、从弟莞为芝莞，族弟香为芝鹏。余者芝燕、芝凤、芝彪、芝麒、芝豸、芝獬、芝鹄、芝熊、芝蛟、芝蟒、芝鸾、芝麟、芝鹗等，我写就放在盒内，待十八日各先锋当天拈就，即用新名。"

一官这番话，令众人耳目一新，想不到他们的尾弟，真是个帅才。连杨天生也钦佩至极。

十八日，金鼓齐鸣，三声炮响，中军船上竖起了帅旗，上书："飞黄将军"。飞黄，乃芝龙的字。昔日芝龙父郑绍祖，盼儿飞黄腾达，今日才见端倪，遗憾的是他没有等到这一天。

芝龙首先委令：杨天生为参谋，陈衷纪为总监军，陈勋、林翌为督造、监守，杨经、李英管理一应粮饷，杲卿为左右谋士。其余各人均有委任。各位先锋从盒内拈就纸团，改用新名。随后，各拜天地，祭献海岳及旧主颜思齐。

芝龙三让后才就座，随即掏出昨夜写就的誓书，高声诵读："芝龙非材，既承诸位推举，惟天在上，可表厥心：外则君臣之分，不敢借私恩以害公，内则兄弟之情，亦不敢假公威以背丈。倘有不及，仰赖诸公指示。若在行间，全仗诸公协力。山河带砺，富贵与共。凡事预则立，故天时、地利、人和，得一即可有为……"

第五章

出师沿海

一、郑芝龙进军海西

夜幕悄悄地消退，黎明女神在海天相接处，披上了青色的面纱。

十几艘大船，在曙光初现的海面上，连舻前进。像一群矫健的千里驹，在无边无涯的草原奔驰。那山丘般起伏的浪头被船首劈开，卷起雪白的泡沫，从船舷两侧奔向船尾，在昏黑的海水中，投下了一片闪亮的光带。

中军船上的"飞黄将军"大旗，在空中猛烈飘扬。船队缓缓坐风，半逆半顺，直向铜山扑去。

一个军士爬在主桅上瞭望。

"看到甘吉了。"军士向站在桅下的郑芝龙报告。这甘吉是铜山对面的一个小岛。

郑芝龙双眼焦急地搜寻着。他所要等待的，依然没有出现。

颜如玉从尾楼舱里走出来，海风把她的头发吹得很零乱。她问："快到铜山了吗？听说铜山有个风动石，风一吹就会摇动。"

郑芝龙没有答话。铜山，当年去日本时，他曾在这里救过颜思齐的命。旧地复来，此一时，彼一时，令人百感交集。那时，他偷偷溜到颜思齐船上的时候，前程是多么的渺茫。一个冒冒失失去闯世界的毛头小子，如今统驭着一支可观的船队。现在，虽然还上不着天，下不着陆，但他十分自信：这大明国已处处露出败象。世无君子，天下皆可货取耳！他内心有一团滚烫的东西，上下窜动，好似要冲口而出。他冲着大海大喝一声："我，郑芝龙来了。"颜如玉吃惊地望着他。随之，大眼睛一转，半开玩笑地补上一句："海龙王来了！"

年初，通商吕宋、暹逻、咬留吧各港的船只均回到台湾。郑芝龙得知漳、泉两府各县，去年以来，旱情严重，赤地千里，饿殍遍野。他决定留少量人马看守寨栅，大部离开台湾，到大陆沿海去活动。一则扩大影响，壮大队伍；二则广罗货物，通贩西洋。他寄望这次行动：劫富施贫，令沿海百姓为我所用，打出声威，使官府一听到"郑芝龙"就心惊胆寒。

船艕在甘吉抛锚。

一艘帆船直向船艕驶来。安平的郑泰在这艘帆船上。郑泰自从被芝龙放归后，便尽心竭力地为这个义父效劳。他一手建立了五商十行，为芝龙采办货物。他在杭州设立了金、木、水、火、土等五行，专门在苏杭一带置买绫、绸、湖丝等。这是陆路五商。同时又在安平、海澄等处设立了仁、义、礼、智、信等五行。这是海上五商。郑泰通过这海、陆五大商，结合采办货物，开始建立了一套情报组织。

"颜夫人，想不到在这里遇上你。小的有礼了！"郑泰向颜如玉请安。

"郑泰，你这包打听的，差点送了我父女的命。"

"夫人，若不是我成全了你，你怎么能有今日？"郑泰嘻皮笑脸地说。

郑芝龙有点尴尬，把郑泰叫到睡舱里。

郑泰告诉芝龙，现时沿海卫所，徒有虚名，海防渐已弛废。他手舞足蹈地说："铜山所内里早就蛀空了。把总茅宗宪，当年算得上是位战将，现在沉湎于酒色，再也没见他拉弓提刀。名册上有千多名兵勇吃粮，真正应卯点名的不过三四百人。当官的就懂得吃空额。造册的船只，大小有五六十，实则只有十几只破船。茅宗宪有他的算盘，平日吃空额，大操时临时征乡勇、渔船来充充数。"

郑芝龙心里踏实了。他下令打招旗，传众将到中军大船。

郑芝龙分派各队任务：第一号船任先锋，由芝虎、芝燕统驭，第二号船任先锋，由芝鹗、芝豸统驭，第三号船任援剿，由芝彪、张弘统驭；第四号船任援剿，由芝獬、李明统驭；第五号船任冲锋，由芝蛟、芝鹄统驭；第六号船为中军大船，主帅参谋杨天生、杲卿，左右亲军芝豹、芝熊，第七号船任护卫，由芝莞、陈衷纪统驭；第八号船任游哨，由芝麟、陈勋统驭；第九号船任监督，由芝麟、吴化龙统驭。海船各配六十人。第十号船为哨探，配艄子二只，由芝凤、芝鸾各统艄子一只，配二十五人。

三声号炮响后，各船相继竞发。

这铜山和福宁的烽火、连江的水亭、兴化的南日、泉州的梧屿，为全闽五大水寨，负东南海疆重任。铜山城，临海砌石，环山建城，设置水寨。

城中岵嵝山东麓的武庙，供奉着关云长。庙门用六根石柱，顶托数百支纵横交错、承力均匀的斗梁。梁上捧着一座宫殿结构、琉璃瓦屋顶的大亭阁，名叫"太子亭"。主殿下一块水磨青色的大陛石，有一条峥嵘露角、扬鳞舞爪的云龙浮雕。

铜山寨把总茅宗宪，正在庙里看戏。昨天，是他母亲七十大寿，恰好漳州来了个戏班子，茅宗宪请他们连演三天。庙堂里放置着十几张八仙桌，围坐着茅把总属下的百户及亲兵、哨官、捕盗、掌号、旗牌等人。有的嗑瓜子，有的喝酒猜拳，一片闹哄哄，乌烟瘴气的，并没有多少人认真看戏。倒是茅宗宪本人，津津有味地看一个旦角咿咿哑哑地唱。茅宗宪躺在虎皮椅上抽大烟，见那小旦眼含秋波，时不时地朝自己飞眼，乐得他口流涎水。

一幕终了，在休息的当儿，茅把总迫不及待地来到后台，班首赶忙巴结奉承。小旦正在换装，被班首唤来替他烧烟泡。小旦忸忸怩怩，其状越发叫人怜爱。茅把总心里急不可耐，终于见小旦磨磨蹭蹭，前来俯就。

一位亲兵闯了进来："禀告老爷，有海贼来犯。"茅把总心里凉了半截，捏了捏小旦的脸蛋，说："待老爷杀退海贼，再来听戏。"小旦一把揪住他的须髯，把烟枪又塞进他嘴里，嗲声嗲气地："不哩，我不让你走。几个海贼有什么了不起，派几只船不就行了吗?"茅把总觉得也是，让亲兵去传达他的命令，又把小旦拥到自己身边。那秋波，那脂粉，真是绝了。"小妹妹……"他刚哼了几句小调，隆隆炮声已在近处响起。他不敢恋栈，推开小旦，急急奔了出去。

茅宗宪哪里知道，这戏班子乃是郑泰运动来的。

铜山海湾，那星罗棋布的岛屿，如一串碧玉沉卧在净澜之中。战火，烧红了大海，受惊的海鸥，扑扑乱飞。茅宗宪急出了一身冷汗：莫非我在做梦？如此庞大的船艎，怎么像变戏法一样，突然开到我的鼻子底下！

第一号先锋芝虎、芝燕，第二号先锋芝鹗、芝豸，一路杀来；放炮，施放火箭，如入无人之境。不待官军升帆起碇，十几只船已被烧了三只。郑船陆续到达，一阵接舷战后，官军船只全被郑军俘了。

茅宗宪没时间弄清是怎么回事，他想逃入城中。这时，郑军第三号援剿船几十名军士已登上岸，一阵拼杀，把茅宗宪俘下船去。

郑芝龙令吹起退兵的螺号。他并不想攻占铜山城。

茅宗宪被反绑着送到中军船上。"飞黄将军？"茅宗宪很诧异，他还没有听说过有这么股海贼。哼，还装模作样，升挂什么将军大旗！他在铜山十多年，只有去剿贼，那只是例行公事，还从未听说过海贼来寻官军打仗的。

茅宗宪知道断无生还之望，当年的勇气重新甦醒，他昂首怒目着。

"将军，受惊了。小弟郑芝龙，从台湾来此向将军借点粮草。冲撞之处，请多加包涵。"郑芝龙亲自给他松绑。

当郑芝龙来到他面前时，他给弄糊涂了：这不像海贼呀！他知道台湾历来是海贼的藏身之所，那些人多是在沿海站不住了，才退居到台湾暂时栖身。眼前这股海贼可奇了，他们居然起自台湾，从台湾来这里攻杀官军。

"你们从台湾来？"茅宗宪还有点不信。他们的船炮比官军的坚利，军容旗帜也十分齐整，过去见到的海贼，哪是这个样！

"将军，得悉太夫人七十大寿，小弟特备办了一份薄礼，请笑纳。"郑芝龙叫人端出用红绸封好的银子。

"岂敢！岂敢！在下愿听凭将军发落。"茅宗宪怎敢去接银子，心想：谁知道他葫芦里卖的什么药？看光景，可能会放我生还。

"我只是来同将军交个朋友。俘获的船只、军士请一并领回。不过，日后兄弟若需要之处，我想将军该懂得怎么做。"郑芝龙软中带硬。

这不明明叫我通贼么？管他哩，捡回一条性命再说。不过，他若再来收拾我，也是易如反掌的事呀！唉，走到哪一步算哪一步。茅宗宪被迫同芝龙互换金兰，结为兄弟。他领回船只、军士，即命人送来猪羊酒肉，犒劳郑军。此后，茅宗宪不仅向芝龙提供情报，还不断地馈赠大量的船用物资。至于郑军从铜山面前自由往来，更不在话下。

二、劫富济贫的海贼

郑芝龙！海贼郑芝龙！告急！告急！告急文书飞向闽、粤两省的抚院。

郑芝龙陷铜山之后，又袭漳浦，进泊金门、厦门。四月，挥师南下粤省，连犯粤东靖海、甲子等卫所。五月后，又回师闽省，攻下漳浦县的旧镇。郑芝龙下令在这里休整。两个月来，他遵循劫富济贫的宗旨，大得人心，所向披靡，一时声威大震。

旧镇是个大集镇，处在两个半岛环抱的海湾内。这海湾腹大口小，形状酷似"宝葫芦"。旧镇水陆交通十分便利，物产富庶。

攻下旧镇的第二天，郑芝龙由监督吴化龙陪同，带着十几名亲兵，下船上岸，到镇上去巡视。镇上家家关门闭户，捕捉富户户主的行动正在进行。不时有肥头大耳或衣冠楚楚的体面绅士，被推推搡搡地拉到船上去。他们必须由家属用金银和粮食来赎身。

突然，传来一阵闹哄哄的嘈杂声，还伴着尖利的女人的哭叫声。接着，一股浓烟直冲空中，随之烈火哗哗剥剥地炸响了。

吴化龙追进巷子一看，原来是那风流洒脱、甚精钯头的李俊臣，带着一队兵勇，抓捕了十几名妇女。李俊臣正逮住一个漂亮姑娘，见了吴化龙，不禁吃了一惊，笑嘻嘻地说："这女人到底经不住烧，总算跑了出来。化龙兄，打这旧镇真是触了霉气，弟兄们流了不少血，把这些女人弄回船上消消晦气。"

女人们的家属不顾一切地上前抢夺，被兵勇们举刀横劈了几个。吴化龙喝令李俊臣制止兵勇的暴行。

李俊臣不听劝阻，依然抓住姑娘不放。

郑芝龙带着亲兵奔了过来。他揪住李俊臣的衣领，两腮突突地抽搐。李俊臣放开了姑娘，鼻孔重重地"哼"了一声。郑芝龙喝令亲兵放走掳掠的妇女，并将李俊臣绑了，带回中军大船。郑芝龙决心杀一儆百。

各位将领见绑了李俊臣，不免有兔死狐悲之感，个个阴沉着脸。

"吴化龙，你把我的军令重申一下。"郑芝龙手按宝剑，微闭双眼。

"严禁奸淫、焚烧、掳掠及宰杀耕牛，如有违法，断必尽法而行，通船连队，尽行枭示，该管大小将领，尽行枭示。"

"听清楚了吗？"郑芝龙向李俊臣吆喝道。

杨天生立起身，向郑芝龙拱了拱手，说："恕我直言，将军的军令，将士俱心怀不满。在下以为，治军一道，应以勇敢为上，束兵次之。只要带兵的能做到将勇兵锐，其他军纪的管束都在其次。自古用兵，焚烧掳掠，在所难免，这历来是招亡附众，鼓舞用命之妙法。在下以为，对焚烧掳掠应区别对待。若攻剿一处，遇到劲敌，攻破之后，应准许掳掠妇女，以鼓舞用兵，也是对负隅顽抗者的惩戒。若是遇到，虽反抗不服、但易攻陷的地方，只要不掳妇女在船在营奸淫，余者在所难禁。禁若过严，弟兄们怎肯拼命？争战就是争战，比不得平日。"

郑芝龙对杨天生的这一番宏论并不吃惊，其余将领心里大抵亦是这个意思。军纪，关系到事业的成败。郑芝龙甘冒风险，决意冲一冲这海寇的习气。他说："专靠掳掠以求生存，靠焚杀以惩顽抗，日子久了，百姓就离心离德。而且，靠掳掠以求生存，并用此鼓舞兵士，必有很多兵将，由此得富私家，兵将们腰缠一多，势必恋乡土、畏波涛。这就是富贵丧志的道理。至于奸淫一道，更是百姓切齿痛恨之事。若专事海贼生涯，倒无大妨。若欲成大事，切不可以此鼓舞用兵。我等日后若成功，称雄海疆，大开海禁，什么富贵没有？"

杨天生暗自冷笑：什么海贼，海贼，明明就是海贼，硬要往自己脸上贴金。什么不掳掠奸淫，人家入伙图个什么？假仁假义！他见众将都不吭声，亦不敢再分辩。

李俊臣见势不妙，忙跪下求告："将军，我们一同在日本结义，一向情同手足，你可不能如此绝情。"

众将领见机一起下跪求情。

郑芝龙心满意足，说："要不是念过去结义之情，今天定然枭首示众。不过，吃点皮肉苦总不过分吧？仅此一遭，下不为例。今后，若有谁触犯军令，本将军严惩不贷。"

郑芝龙立即召集了村民大会。瓦蓝瓦蓝的天，找不见半丝云彩。自开春以来，还没有下过雨，又是一个大旱之年。大地像着了火，路旁的野草，几同烧焦了一般，蔫黄地趴在地面上。天空是那样地晴朗，人们的脸庞却是那样地满布阴霾。往后的日子，人们已不敢瞻望。眼前正青黄不接，可怎么熬呢？

郑芝龙面对这衣衫褴褛、面带菜色的人群，不免产生了恻隐之心。他劫富济贫，并非完全出于解民于倒悬，而是为了招降纳附。他虽不是出身于富贵之家，但也没有受过贫穷之苦，每当看到穷酸相，他只是嫌恶，甚至滋生出自我的优越感。现在，当他面对这穷愁的群体时，他的心灵受到了猛烈地撞击：他们也是人！世界是不能公平的，不过，总不该如此呀！他望着死一般沉寂的人群，说：

"父老兄弟们，我郑芝龙治军不严，有几位弟兄侵扰了你们。你们本来就苦不堪言，他们还烧你们的房子，抢你们的妻女。这是强盗所为，我郑芝龙绝不能眼看父老兄弟们受罪。"

郑芝龙说到这里，让监督吴化龙公布了李俊臣的罪状，当场将李俊臣打四十大棍，并将李俊臣带去的军士全部枭首示众。

那穷愁木然的人群活跃起来，眼里闪出了惊异的光彩。郑芝龙接着说："父老兄弟们，你们或许还不知道我郑芝龙。你们或许以为我们这些人不过是海贼。我们是流落在海上的人，我们本是通洋经商的。可是，官府奉行片板不许下海的禁律，这坑害了我们海商，也害苦了百姓。我们沿海，地少民稠，生计全靠海上生理。海禁一严，货物就不通。货物不通，也就百业凋零，各项生理难以振兴。我郑芝龙并非以掳掠为业，我们为的是打通海禁，大家共享富贵。你们或许要说，打通海禁，只是你们商贾获利。不对！海禁一通，百业俱可振兴。父老们俱知，我们通贩海外的有：丝、糖、瓷器、茶叶、麻布、苎布、绸缎、绫罗、荔枝干等诸多货物。海禁一通，养蚕的、种蔗的、烧窑的、种茶的、织布的、栽种果树的，不都有利可图吗？何愁地少民稠，稻谷难收！"

郑芝龙意犹未尽，还待再说，芝豹走来对他附耳道："抢到五只广东的运粮大船，已开到埠头。"

郑芝龙喜形于色，对人们说："父老兄弟们，我们是一家人。我郑芝龙不忍心你们再食草根树皮。有福同享，有难同当。我郑芝龙拘走了你们镇上的财主，并不是通常的掳人勒赎，为的是劫富济贫，要叫他们打开粮仓，救济乡民。今天，我们从广东运来了五船稻谷，你们各人可回家拿箩提袋，到船上去装载。谁愿到我郑芝龙麾下当兵吃粮的，我一概视同手足。"

枯槁的人们，欢呼雀跃，各自奔回家去，又潮水似地涌向埠头。

郑芝龙见人们麻木的脸上现出活气，感到十分快慰。

一个瘦骨嶙峋的老者，拉着一个青年后生，来到郑芝龙面前。两人扑通跪下。老者颤巍巍地翕动着嘴唇："这年月，有口饭吃就好。我这孙子，老爷收留了吧。"

郑芝龙扶起老者，说："好，我亏待不了他。"

许多人见状，纷纷在郑芝龙面前跪下，要求入伙。

郑芝龙回到中军大船。郎中正在给李俊臣上棒伤药，杨天生站在李俊臣身旁在说什么，一付同情、愤懑的神情。郑芝龙看在眼里，不动声色。

"大哥，任功从石井带了几十个人，来投奔我们。"郑芝虎到尾舱里告诉郑芝龙。

"任功？"郑芝龙记起来。这郭任功乃是他儿时的伙伴。

郑芝龙来到甲板，一位面目黧黑、脸颊瘦削的青年，抢上前来，单腿跪下："大哥，还记得当年的任功吗？"

"任功，快起来，我怎么能忘呢？"

"大哥，乡里人都活不下去了。石井家乡的人都知道你到处劫富济贫。我带了一船人来投奔大哥。"

"去年石井一带也闹灾荒？"

"别提了。已经出现人相食的事了。你弟媳整天喝盐汤度日，得了鼓胀病，自己一个人走了。"郭任功哽咽得不能出声。

"她死了？"郑芝龙眼前闪现出一个女孩子的影子，整天挂着鼻涕随着自己及任功，经常一道到滩涂上捡小海。有一次，她的手被小蟹钳住，痛得大叫：国桂哥，快来。他高兴得拍手大笑，说：叫我一声大将军。大将军，大将军，大将军，那稚气而虔诚的呼叫，好似仍在耳边萦绕。郑芝龙叹息了一声。他难得叹息，他总是信心十足的人。

"任功，你就当我的随身侍从吧。"

郑芝龙的活动，惊动了官府，更惊动了纵横海上的刘香。这刘香拥有大小船只五百多艘，是东南海上最大的一股海上武装集团。他亦商亦盗，以盗为主。他常出没在粤东海上，也不时到闽浙沿海活动。刘香本是潮州府里的牢头，因奸女犯，事发后逃到海上。

日前，刘香在南澳附近，劫掠了郑芝龙十艘运粮大船。这批粮食是郑芝龙从广东买来作军饷的。担任护卫的郑芝莞，败走旧镇。郑军部将闻讯纷纷要求与刘香开战。

郑芝龙在一片嚷叫声中，安然不动。他安抚大家，说要先礼后兵。他派郑芝豹前去同刘香谈判。

数日后，芝豹带回刘香的口信，要郑芝龙亲自前往。

"刘香心狠手毒，大哥不能贸然前去。"芝豹劝道。

众将亦苦苦劝告。

郑芝龙对刘香的残忍早有所闻。他忖度了海上的情势，觉得非去不行。想称雄海上的大有人在，杨禄、杨策、钟斌与我实力不相上下，独刘香势最大。所谓称雄，无非你吃掉我，或我吞了你。这就要看谁的手腕高明。要想打破海禁，独擅通洋巨利，不扫尽这些海盗，生意是不会安稳的。可眼下要对付官兵，对这伙人只能取守势，特别是这刘香，万万不可冲撞他。大丈夫能屈能伸，该忍声吞气的还是得忍一忍啊！他对那十船粮食倒不大放在心上，他只是想同刘香会一会，采用对付荷兰人的老办法，争取一个和平相处的局面。哼，红毛番，以后也得收拾他们！

航行了一日，郑芝龙的坐船来到南澳外洋。但见桅樯林立，船舰蔽海。那刘香乘坐的中军舰，为四艘巨舰联舫，方一百二十步，容二千人，可驰马往来。楼橹高达四层。简直像一座海上庄园！郑芝龙好不惊异，一种压迫感在他心头游移着。

刘香，五短身材，方方正正的硕大头颅，紧紧地安放在肩上，显不出颈脖。像刷子一般的浓眉，阔大的嘴巴，显得悍象十足。他性喜青色，船中帷幔、帐子、被褥皆纯青色，并用青巾束发，着青绉短袄，下着拢裤，腰系双刃，矫捷如飞。

当刘香第一眼见到郑芝龙时，一种相形见绌的自卑感，使他恨得咬牙切齿。还是一只嫩鳖哩，好年轻哇！这小子长得挺帅，一付富贵相。他不是自称"飞黄将军"吗？哼，狼子野心！今天既然钻进我的网来，不能便宜了他。

"你就是夸口'飞黄将军'的郑芝龙?"刘香亲热中裹着威严，结结实实地给郑芝龙一拳。

"小弟不敢夸口。'飞黄'乃是先父给小弟起的字。"

"你是来讨那十船稻谷吗？好，有种的我们先比试一番。"

刘香令人抬来一块插满匕首的刀床。他运了运气，便俯卧在刀床上，左右将巨大的石条压到他的背上，然后举起大锤猛敲，直至石条断裂成两截。郑芝龙明白这是硬气功，且不说自己没有这套功夫，即使有这本领也不能露呀，除非自己找死。

"怎么样？"刘香凑到郑芝龙面前，仰视着他那英俊的脸庞。

郑芝龙拱拱双手，说："小弟甘拜下风。"

刘香乐了，说："好，快人快语！"他令人摆上宴席。

刘香和郑芝龙各在主、宾位上坐定。刘香又喝道："牵两条小牛犊来，我要摘心剖肝，作下酒菜。"

左右立即到底舱里，抬出两个青壮后生，将他们反绑起来，推至刘香面前。

郑芝龙尽量使自己神色不动。他感到一阵恶心。想不到这家伙这么狠毒，真的掏人心肝吃。

那两个后生，大概已关了许久，脸色发灰。他们知道厄运降临，两腿瑟瑟地打颤。刘香操起一把尖刀，走到他们面前："我要你们的心肝下酒。"他俩立时吓得昏死过去。左右立即剥掉他们的衣服，劈面浇上凉水。待他们苏醒过来，刘香便动手了。

郑芝龙心中一阵痉挛。刘香利索地干完这一切，好像到鸡窝里取个蛋，洗了洗手，优哉悠哉地回到座上，继续与郑芝龙对酌。

"小弟，看到了吧！要想成大事，就得杀人不眨眼。我听说，你不准烧杀掳掠，还劫富济贫。你是想受招安吧！"刘香逼视郑芝龙。

郑芝龙哈哈笑道："大哥，既然下海，就是图个痛快，想受招安，当初就不下海了。小弟刚刚开张，人船单薄，劫富济贫，不过是为了招降纳附。"

"这么说来，我们都是海贼啰！"

"本来就是嘛。"

一个热腾腾的炒盘端了上来。

"好鲜脆，吃！"刘香眯起眼睛，盯视郑芝龙。

郑芝龙又是一阵恶心。他强忍着把涌上喉头的东西，咽了回去，头皮阵阵发麻。他强勉自己吃了一口。刘香咧开嘴打量着他，笑了："有点海贼的样子。"

酒足饭饱，刘香拉着郑芝龙，回到自己的睡舱，说："你那十船稻谷，等会儿再说。我们先消消晦气。"

"来人，昨天还有两个没有开苞的，给我弄来。"

　　两个十七八岁的姑娘，被着意打扮了一番，穿着绫罗，身上散发着浓郁的茴香味。她们见刘香色迷迷地瞧着自己，吓得互相偎依着。刘香仰面八叉地躺在大铺上，喝道："来呀，给爷们搓揉搓揉。"她俩尚未涉世，涨红了脸，依旧勾着头不动。刘香霍地坐起来，怒目圆睁："想下海去喂鱼吗?"

　　她俩哆嗦着腿，只得上前照他的指令，解开他的衣服，在他的两臂捏揉着。他把她们的手抓住，放在自己圆鼓鼓的肚皮上："给老子摸一摸，消消食。"过了一阵，他又发话了："往下摸。"她俩眼里噙着泪水，站着不动弹。他又腾地坐起来，从枕下摸出尖刀："你们的心肝更嫩，要不要来一刀。"她俩吓得捂着脸。刘香开心地敞怀大笑。郑芝龙难堪地嘿嘿赔笑着。

　　夜里，刘香又在甲板上摆上酒宴。夏夜的海风，柔和地吹拂着。刘香闷闷地喝了一会，突然说："小弟，一山容不得二虎，一池容不得二龙。现在海上能够称雄的，唯有我们两家。日后，不是鱼死，就是网破。你说怎么办?"

　　郑芝龙恭恭敬敬地给他斟满了酒，说，"小弟哪有本事称雄，不过在海上混碗饭吃。要说能够与大哥匹敌的，是杨禄、杨策、钟斌那些人。"

　　"那些虾兵蟹将，哪里是我的对手!"刘香老大不高兴。

　　"那当然，他们就是有称雄之心，也不过是戏子穿龙袍，骗己骗人。"

　　"好，你看得起我，就带着人船入伙!"刘香的目光咄咄逼人。

　　郑芝龙没料到这一着，一时语塞。他夹起一大块肉，把嘴塞得鼓鼓地，脑子急速地思索着。

　　"大哥，不是我不想入伙。你的人多为潮州人，我的人多为泉州人。若合在一处，各抱地域偏见，难以平安相处，弄得不好，个个不高兴。大哥是当今海上第一号英雄，芝龙不才，愿奉大哥为盟主，每年孝敬银五千两。大哥常在粤海，小弟常在闽海，互为犄角，让官军首尾不能相顾，岂不胜似入伙?"

这一番话，说得刘香十分舒坦。

郑芝龙唤过随身侍从郭任功，叫他献上礼物。

一对光灿灿的金杯，呈在刘香面前。

"好，君子一言为定。行，我们两家通好！小弟，那十船稻谷你领回去。"刘香敬郑芝龙一杯。

四、分兵海峡两岸

郑芝龙与刘香结成同盟后，有恃无恐，带着船队，随风飘忽，闽海处处告急。

这天，泉州巡海道蔡善继道宪，正坐在堂上翻阅告急文书。一位幕僚对他说："听说这郑芝龙，就是当年大人任泉州府太守时，库吏郑绍祖的大儿子。"

"噢？"蔡善继若有所思。他想起来了：一天中午，他正在院子里观赏菊花，突然乌纱帽被打落。一粒鹅卵石击中脑袋，打得他眼冒金花。师爷急忙奔出去。一会儿，库吏郑绍祖面如土色，拉着一个小孩跪下请罪："这该死的孽障，放学回家，在外面玩耍，误中了老爷。请老爷发落。"他正待发作，忽见小孩眉目清秀，气宇轩昂，忍不住赞道："此宁馨儿也！"他不仅没有责罚，反倒赏了一两银子给小孩。事隔多年，一经提起，他还记忆犹新。

蔡善继急忙派人询查，看看有谁曾同郑绍祖共过事。终于查到了一名旗鼓，叫黄昌奇。此人口若悬河，正是说客的料。蔡善继好不高兴，即差他出海招安。

郑芝龙其时正在湄州焊洗船只，忽报巡海道差官到来，一时喜不自禁：总算有了反应，我还以为他们不怕打哩！

黄昌奇上了芝龙的中军大船。

黄昌奇一见面就翘起大拇指，说："数载违别，果然一表魁梧，真将军也！"

因是官府派来的人，郑芝龙说话也只好文绉绉地，生怕被他小识："流落海外，久离乡井，凡诸亲友，有失问候！老伯今日何幸逐波涛，屈临至此？"他亲切地搀扶着黄昌奇，来至船上的议事厅。

黄昌奇急忙抛出蔡善继告诉他的事，说："老拙与令尊共事时，将军才有六七岁。有一日，将军玩耍掷石，竟误中太守乌纱帽。本府自赞将军非凡，转罚为赏，将军尚能记忆否？"

郑芝龙略作思索，笑了起来，说："儿童时事，影响略知。"

黄昌奇说："如此甚好。当日太守，即今日巡海道蔡大人。大人知将军扬名海外，恐为沉迷，专遣老拙前来相助，有谕在此。"

郑芝龙拆开，只见写道："自尔髫龄时，仪表可爱。岂料壮年，海滨寄迹，使闻之恻然，谅情非得已耳！今特遣旗鼓黄昌奇前来宣谕及尔部属人等，幸勿久恋迷津，须当速登彼岸。本道当为力请，卖刀买犊，永作圣世良民。从此安插，复业归农，坐享太平，和好室家。言出于衷，幸其听之！此谕。"

郑芝龙十分欣喜，令大摆筵席，招待黄昌奇。众将对招安使者的到来，有喜悦的，有犹疑的，有不安的。他们这些人，并不善于掩饰自己，芝龙一一看在眼里，兴致大为低落。各人有各人的算盘，这也难怪。在席间，杨天生始终沉默不语，席散后又随陈衷纪过船去，芝龙多了个心眼，密语吴化龙，叫他派眼线打听。

颜如玉见芝龙忧心忡忡，很是诧异："芝龙，你不是就等这一天吗？现在好事来了，你又前怕狼后怕虎，真没出息。"

"怕？"芝龙不与分辩。他并非只想捞个一官半职干干。他企望的是取得合法地位，消灭异己，控制海疆，以便大开海禁，独擅通洋巨利，做一个权倾东南、富冠全国的"海上国王"。要实现这一宏愿，没有一支个人强大的舰队，还有什么戏好唱！他担心杨天生有异心。果然，吴化龙侦悉了杨天生的行踪。

杨天生对于郑芝龙的才干固然佩服之至，可是对他的许多做法，却不能苟同，每每参与谋事，却总是白费口舌，他常常暗自生芝龙的气：刚愎自用，不足与谋！现在，郑芝龙就要率军受招安，他认为机会来了，是摆脱郑芝龙的时候了。杨天生上了陈衷纪的船，对他说："将军与蔡道宪有'掷石之交'，富贵当不成问题。可我们呢？受招安之后，无非是分为安插，做个'圣世良民'。我们追风逐浪，出入波涛，就为的做个'良民'么？我们不如趁此时候，联络弟兄，再回台湾去。"陈衷纪也早就觉得，在郑芝龙手下干得不痛快，两人一拍即合。

吴化龙走后，郑芝龙冷笑了一声，对颜如玉说："你明白了吧，我怕的就是这个。"

"少他两个有什么了不起，他们要走就让他们走。"

"你讲话像吃豆腐，那么容易！他们要走就走，我今后还怎样约束部属？没有人、船，让我唱独角戏？"

"那就把他俩拘起来，杀鸡儆猴。"

"你呀你！拘了他们，弄不好引起事变，鸡飞蛋打，还是变成孤家寡人。这招安的事，深浅难说，心中存有介蒂的，大有人在。这事好不棘手，须有个万全之策。"

郑芝龙久久难眠。海浪，轻轻地摇晃着船只，发出极有节奏的涛声，很能催人入眠。他，却睁着眼睛，苦思冥想。

她，也拧着眉头思索。一个大胆的计划，闯进了她的脑海，她兴奋得心脏猛烈地狂跳。她突然紧紧地抱住他："芝龙，我有办法了。"

芝龙微微叹了口气："什么办法？妇人之见罢了！"

"好，你不听就算了。"她松开了手，背过身去。

他不愿放弃些微希望，转过身搂住她："讲吧，我洗耳恭听。"

"我想，你还是让他们回台湾去。你这次受招安，前途如何难以预卜，若有个闪失，还有台湾作根基重振旗鼓。你让我作监军，随他们到台湾去，我自信约束得了他们。"

郑芝龙心里像被戳了一刀，松开了搂住她的双手。她，她随杨天生、陈衷纪过台去？他定定地盯着她的脸，好似伴着一条美女蛇。他从头到脚凉透了。她，孑然一身住在台湾山寨，且不说她是不甘寂寞的女人，杨天生、陈衷纪也绝不是不吃腥的猫呀！他想象着他们伴在她身边的情景，血涌上脸来，恨不得立时掐死她。亏她真想得出，这不懂德性的女人！心中一阵骚乱过后，他又冷静了下来。他循着她的思路，左右探寻，一个新的计划，渐渐现出了眉目。

"芝龙，你如果不愿意就算了。我是替你分忧，我自信可以驾驭他们。"她见他一声不吭，没想到已经惹恼了他，只以为他不肯放走杨、陈俩人。她总是按自己的秉性去想，去做，从不权衡左右。

"行啊，你帮了我的大忙。"郑芝龙不无酸感。

第二天，郑芝龙聚集诸将，送走了黄昌奇，随之升帐。

"将杨天生、陈衷纪这两个叛逆给我捆了。"

郑芝龙一声令下，侍从郭任功带着几名亲兵，如狼似虎，猛扑过去。杨天生、陈衷生没有挣扎，反抗是徒劳的。

诸将面面相觑。杨天生冷笑道："飞鸟尽，良弓藏；狡兔死，走狗烹。古人的话，一点也不假。"陈衷纪哇哇大叫："好你个一官，无情无义，你会不得好死的！"

郑芝龙数落了他俩阴谋分裂的罪状，说："诸位弟兄，我们出生入死，还不是为了共享富贵？此次招安，本将军若得官爵，自然少不了诸位的好处。招安敕谕所谓'从此安插，复业归农'，不过是官样文章。招安可以，不过我们的人不能散，船械不能缴。若都像这两个该死的，想走就走，想溜就溜，各自星散，官府再来收拾我们，可就像切西瓜一般了。到那时，什么富贵，统统见鬼去了！今后谁若有异心，本将军决不心慈手软！"

杨天生、陈衷纪见诸将个个垂着头，没人敢出面讲情，知道无望，不由沁出了冷汗。

郑芝龙威严地逼视着他俩，缓缓地说："你两个心有疑虑，本该同我商量，怎能顿生异心？本来我就打算分一部船众过台保守山寨，以为退身之地。现在，我令你们二位，率领军士一千，大小船只二十艘，回到台湾去。我另派颜夫人作监军，随你们同往台湾。望你们不要辜负我的重托。"

杨天生和陈衷纪怀疑他在说胡话，直到被松了绑，这才相信他的神经正常。意外的宽宥和超常的信任，使这两个男子汉双双大恸。他俩的恸哭，引得诸将眼睛也潮湿了。

第六章

武力挟抚

海峡枭雄

他，堂堂正正地回来了。郑芝龙的一百多艘大小船只，停泊在安平至围头一线的海湾内。

西边的天空，飘浮着朵朵彩云，有的呈现出金黄色，火红色，有的呈现出紫色或暗灰色。云彩形态万千，变幻莫测。郑芝龙在几名亲兵的簇拥下，缓步踏上安平桥。他立定脚步，饶有兴致地观望晚霞。夕阳从云缝透射出来，真个是：千针穿紫链，万柱搅金鳞。橘红色的彩云，渐渐融成一片，形如一个着镶金边衣裙的贵妇。有一小块彩云，从云层中分裂出来，好像找不到安身之所。它孤零零地飘荡着，忽而向南，忽而往北。这样游离了一阵，那曾经放射出灿烂光华的云层全都黯然失色，那朵孤独的彩云，最后也在天际慢慢消逝了。一种孤寂感袭遍了他的全身。

自打湄州来此处，见过巡海道蔡善继已整整一个月了。他在等，等巡抚朱之凭的招安批文。等待命运的安排。他的不耐烦正在一天天膨胀着。他历来是掌握自己命运的人，居然能如此耐心地等待，不是他在努力改变习性，而是强忍着巨大的心理压力。既然迈出了这一步，就得见个分晓。

安平桥从这端的晋江安平，跨过海湾，伸向那端的南安水头。在对面山冈上，长眠着他的父亲。想到父亲一生郁郁不得志，把一腔希望寄寓在自己身上，一种负疚的感觉，像毛毛虫爬到身上，使他浑身顿起鸡皮疙瘩。父亲临死前并没有忘记他，父亲至死没有宽恕他，他听芝虎、芝豹说起过当时的情形。若父亲健在，看见"飞黄将军"的帅旗，会有什么感觉呢？是愤怒，是鄙夷？或是愤懑中夹有自慰？咳，反正他看不到了，我也看不见了。在驶离湄州来进见巡海道蔡善继的时候，"飞黄将军"的帅旗就收藏了起来。"飞黄将军"的大旗下了，它将换来什么头衔，什么结果？

夜幕披落下来，安平桥沐浴在朦胧的月色中。

他继续朝前走去，来到了桥心亭。亲兵在桥心亭挂上四盏灯笼。桥心亭的有许多楹联，有一句是：天下无桥长此桥。这句话本是夸耀这座跨海石桥的长度，却勾起他对自己命运的反思。一种四顾茫茫，孤独无助的感觉，紧紧地攫住他。田川美子远在日本，颜如玉蛰处台湾。母亲倒是近在咫尺，一提脚就到。桥那端的水头镇，与石井镇毗邻。他几次萌生出回一趟石井的念头，这念头自我挣扎了一番后，最后却被他自己打消了……我现在算个什么呢？家人是盼我状元及第、衣锦还乡，好荣宗耀祖。我则沦落波涛，下海为盗。我有何颜面见家乡父老……他现在十分急切地盼望，盼望巡抚的正式招安文书。他并不那么热衷官职，在他眼中，权势并不与官职对等。他现在需要的是有一个名分，以洗刷"海贼"的恶名。不如此，就难以堂堂正正跻身于上层社会。堂堂正正？他苦笑了。他明白，上流社会是永远不会堂堂正正看待他的。他现在需要官府的合作，而并不迷恋官位。通商赚钱倒是对他有极强的诱惑力，也许是天生的嗜利本性，也许是泉州一带传统民风哺育的结果。宋元时代，这泉州乃是东方第一大港，海外贸易极其兴盛。这安平桥就是建于南宋绍兴八年（1138 年）。安平桥的建成，使中外商船可直接停泊在桥边码头装卸货物，极大地方便了泉州进出口货物的水陆运转。然而，在正统的中国人的心目中，商贾是受鄙弃的末流。怎么会有这样古怪的偏见呢？对于这种观念，他百思不解，只觉得十分荒唐。

黄昌奇终于姗姗来迟。

"怎么样啊？"郑芝龙没好声气地问。

黄昌奇躲开他那急于探询的目光，吞吞吐吐地告诉郑芝龙，巡抚朱之凭染病一个多月，近日病愈，才批复了巡海道的招安呈请：

"将郑芝龙所带人众，开造籍贯住址，以候发文行县安插。并将船只军器追存，造册报缴。"

就如此这般？郑芝龙没有出声，双眼流露出明显的不满。黄昌奇也觉得如此处置不太妥当，可自己奉命行事，又有什么办法呢？

郑芝龙悻悻快快地说："好吧，照办就是了。"

黄昌奇下船去后，芝虎暴跳起来："这算什么！大哥，我们就这样听凭发落？虎不可失威，人不可失势。官府的举动不过是要解散我们党羽。党羽散了，将来祸福难定，不如乘今夜潮退，扬帆远去。"

郑芝龙默不作声。

芝豹亦劝道："二哥说得有理。错过时机就追悔莫及了！"

郑芝龙十分为难。时机？这一走，今后还想再招抚可就不那么容易了。难道就在海上漂泊一辈子？他自语道："我们这样走掉，有负蔡道宪的一片好意。"

"不提道宪也就罢了，若提道宪早该去了。"芝虎跺着脚。

"这是怎么说？"

芝虎说："道宪不过是个书呆子！如此安插我们，以为对我们大恩大德了，还想指望他有什么格外的优待？况且又没有授你什么官职，往后有事，衙门深远，那时呼天不应，叫地不灵，哼！"

芝虎、芝豹兄弟的一席话，使芝龙心里顿时豁亮：是呀，求抚心切，差点陷入迷津。那蔡善继真以为对我恩深如海呢！瞧他那臭架子……

那天，他统驭船众，同黄昌奇入泉州港。芝龙带着芝虎、芝豹兄弟及主要部将共二十人，随黄昌奇上岸进城。快到巡海道辕门时，芝龙摘掉帽子，解去衣服，只穿一条裤衩，让众人将自己捆缚起来。他们跪在辕门的阶下，由黄昌奇进去通报。

"大哥，何必如此呢？"芝虎很不以为然。

"不必多言。大丈夫能屈能伸。"芝龙小声喝道。

蔡善继迟迟不出，直等了一顿饭工夫，才一步三摇，腆着肚子，走出门来。

"知罪就好，知罪就好。"蔡善继令人为郑芝龙释绑。

蔡善继慢吞吞地说："你原是良家子，生在公门，况又容貌堂堂，虽然你父亲已死，但你应立志，以图上进，光耀门间，何忽作乱阶，漂流海外，而暴弃至此？倘非本道，岂能瓦全？今既翻然而悟，贵于自新，本道应当为汝详请上宪，通行府县安插所得。"

郑芝龙心里好笑：明明奈何我不得，才来招安，如今倒做大起来。让你得意一阵吧。他嘴上却说："此实迫于不得已，非芝龙敢萌此不肖之心。"

蔡善继矜持地望着空中，说："谁能无过？今你能改，自是完人，将来功名未可量也。"

郑芝龙心想：谅你们也得给我一份像样的功名。他嘴上却说："道宪大人的栽培，没齿不忘。"

郑芝龙回想起这前前后后，他明白了：过去只伤了他们的皮毛，一点痛痒，他们不在乎。我要给你们伤筋动骨，叫你们哭爹叫娘，才知道什么叫郑芝龙！

他见芝虎、芝豹还在焦急地盯着自己，果断地说："好在吾弟提醒，差点被这蔡道宪误了！密传收拾，准备启航。"

是夜三更，中军船上重又升起"飞黄将军"帅旗，放炮三声，随潮而去。

　　次日一早，黄昌奇得到消息来到码头：昨日还桅樯林立，如今则唯余滩涂一片。他急得直搓手："糟糕，这反复无常的海贼！到手的功劳又滑走了。"巡海道蔡善继听了禀告，悖然作色："不识抬举！"他即行文到省，要求调集军将，实行合剿。

　　这事还惊动了另一个人。当黄昌奇在码头大呼小叫时，有一个高大粗壮的年轻人，站在安平桥上，望着黄昌奇出神。他是郑芝龙的异母兄弟郑鸿逵，排行老二。他虽长得凶蛮，却心地厚道，弟兄们都走了，唯有他留下在家侍奉母亲。他见到此情景，不免气馁。他原指望芝龙招安后有个一官半职，可以提携自己。他回去禀告了黄老夫人。黄老夫人写了封信，痛斥芝龙反复无常。

　　芝龙反下水后，乘北风下广东之海丰，攻打嵌头村，又犯甲子、靖海二所。天启七年正月，芝龙由广东回师福建，在铜山收到了郑泰辗转捎来的家信。他看到母亲指斥自己"反复无常"，心里一阵刺痛。他为世人不解自己的心迹，产生了一丝悲哀。但是，严峻的战事就要拉开序幕，他只能摒弃一切感情，去迎接命运的挑战。

　　福建巡抚朱之凭已调集骁将都司洪先春，会同把总许心素、陈文廉合剿郑芝龙。官军舟师浩浩荡荡，乘北风向海澄、漳浦一线漫海而来。

　　郑芝龙令芝豹领船十只敌洪先春，令芝虎领船六只敌陈文廉，又令芝彪领船六只敌许心素。芝龙自己与芝凤等率大队从中接应。又令芝鹏等各领快哨十只，作游兵救援。芝龙布置妥当，便统师向北进发。

　　两军在将军澳相遇。

　　官军虽然船只漫海，无奈多为临时征来的渔船、渔民。他们看见郑芝龙船舰高大，远远地就各自星散奔逃。洪先春本怀着一鼓荡灭郑芝龙的雄心，见状不免气馁半截。他挥船合进，两军互相攻击。自辰至酉，冲突数十次，未分胜负。值潮水泛涨，风起流逆，许心素、陈文廉所统船只被海流所脱，不能连舻。洪先春首尾受敌，只好收军退到旧镇。郑芝龙见军士疲乏，亦不追赶，鸣金收军，泊于陆鹅外屿。

洪先春收入旧镇后，急传檄铜山、悬铜、陆鹅、镇海指挥、千户、把总，调拨精壮军士前来补充；另调附近沿海乡勇，在沿海扎营，以拦截窜贼。

细作很快报告了芝龙：洪先春调各卫所军士配船，并乡勇齐御，不日即出兵。

郑芝龙见不能取胜，十分烦闷。他独自一人喝闷酒。他想起远在台湾的杨天生：他若在此，定有妙计。

芝豹颇有心计，他听了细作的报告，即有所筹划。他见芝龙闷闷不乐，便向前献计："大哥，洪先春不正在调拨军士、乡勇么？我想带一队军士，扮作乡勇，分为两队登岸。待大哥统大队攻击交锋时，我在岸上指挥两队杀起，洪先春水陆受敌，必惊慌失措，官军一鼓可破。"

芝龙定定地看着芝豹。哈，想不到四弟亦能运筹决算，过去仅把他视为胆勇之夫。他很高兴，说："四弟，此计甚妙。你今夜乘人静时，悄悄带众上岸，须要小心，不可露出破绽。"

芝豹说："自然相机而行。大哥，后天一早，当整舟师前来攻击。"

芝豹挑选了二百人，将海丰抢来的乡勇旗帜竖起，与芝麟乘黄昏悄悄上岸。

洪先春已调来铜山、悬钟二所军士，将他们分配于各船。附近乡勇，陆续到来，洪先春令其就地驻扎，待各队到齐后再行调拨分守。

芝豹于是夜率队登岸，摸黑行进。天刚破晓，他们来至盐墩镇附近。芝豹令队伍隐蔽到山里。直到黄昏，他们才出山，奔向大路。四更过后，他们临近旧镇。芝豹派人潜进镇里，与坐探接上头，弄清了各处乡勇到达情况。芝豹即分一百人与芝麟，说："你带一队到洲尾驻扎，我在此安营。如果遇上乡勇，问你是何乡来的，你可应他是'浮南桥'的。如果再问你镇海卫军怎么没来，你可应他'随后就到了'。如果问你姓名，说是'杨德'，如果问你同来者是何乡，你说是'湖西黄默'。芝麟，别不耐烦。听着，官军舟师一出港，你看到我这里发出连珠火箭，就一齐喊杀，到岸边寻找渔船，不论大小，抢到就上，尾随进击。须小心在意，不可误事。"

洪先春见船只收拾完备，便准备向郑芝龙发动进攻。诸军陆续到齐，只有镇海军途远未到。正在调拨分配，忽瞭望炮响，快哨飞报贼船至。洪先春发令，"各船起碇乘潮落冲出！"出港不远，即遇芝虎。

芝虎站在甲板上高叫："洪先春，今日誓必擒汝。"

洪先春见芝虎语言狂妄，指挥各船围攻，喝道："先擒此贼，以挫其锐。"

洪先春正指挥间，忽听见背后岸上喊杀连天。快哨飞报，有贼从岸上杀来。洪先春疑惑不定，而芝龙大队已至。洪先春无奈，向前督战。一阵炮火，官军损失惨重。芝龙挥船进击，准备打接舷战。那芝豹、芝麟杀散乡勇，抢占渔船、艋仔，摇旗擂鼓，从旧镇港出，随洪先春船后，合攻杀来。

洪先春见首尾受敌，战志顿消，急忙坐潮而遁。诸船无帅，立时星散。

郑芝龙大获全胜，会同芝豹、芝麟，亦不追赶，鸣金收军。芝虎欲挥船追击，芝龙招令旗阻住。芝虎坐快哨上了中军大船，怒气冲冲地责问芝龙："怎么不追杀？"

芝龙说："芝虎，不得违抗军令。穷寇勿追，我自有道理。"他随即令芝虎领船十五只泊白石头，以作犄角。又令芝豹领船十只泊港口，以备洪先春复来。自领全队舟师，随潮至旧镇，犒赏诸军。另派芝莞登岸安抚附近乡民，禁饬骚扰。

洪先春不见芝龙追击，神志方定。他虽庆幸自己如漏网之鱼，死里逃生，但心中十分纳闷：郑芝龙用兵仅如此而已？他见南风微起，即令驶上厦门，投卢毓英去。

这卢毓英原籍山东，荫袭百户。他少年猛勇，箭有穿杨之能，精通十八般武艺。当年，他随戚继光入闽征倭，屡建奇功，升千户，擢指挥，转升游击，大有声名，召守厦门。

洪先春诉说了致败情由。卢毓英拍拍他的肩膀，说："这种游魂小丑，量他有何能！长兄可宽怀！"他整顿所辖舟师，准备与洪先春一道杀向旧镇。

郑芝龙得到细作报告，并不惊慌。卢游击虽称宿将，但多年没有遭逢劲敌。现今老了，能有多大本事？他下令："芝虎带双帆艍船五只，扮作商船，寄泊岛美、浯屿。芝鹏带小渔船二十只，前往镇海卫前钓鱼作探哨，见卢游击舟师出动，即飞报芝虎，以便合攻。"分拨去后，芝龙带战船二十只，出泊陆鹅候敌。他又令芝鹗、芝燕等带领船只，分散寄泊。

海上风平浪静。卢毓英自负昔日威名，并不把郑芝龙放在眼里。他的旗舰航行在舰队的最前面，而令洪先春带领部分船只随后再来。

前面出现了黑点，随着距离越来越近，黑点也越来越大。只见几艘战舰，迎面而来，一面帅旗在风中飘扬。卢毓英下令迎敌。郑芝龙亦领全艅齐进，互相攻打，来往冲突。打了两个时辰，郑芝龙掉转船头，各船一齐退却。卢毓英下令追击，一直追到镇海东碇附近，在港汊之间，郑芝龙的船突然不知去向。

这时，日已西落，海面上金光粼粼，许多渔船正在海上钓鱼。这些渔船，慢慢向卢毓英的旗舰驶近。卢毓英问他们有没有看到海贼船。话音未落，响起一声号炮，各条渔船上突然射出如雨飞箭。

旗舰上的军士猝不及防，不是伤倒甲板，就是掉入水中。

此时，芝虎正带领船艍，尾随卢毓英顺风赶来。芝龙的船艍亦从港汊之间驶出。芝鹗等见了，亦合出齐冲。卢毓英船艍遂散。芝虎、芝豹环击卢毓英旗舰。卢毓英身中五箭，负痛死战。芝豹将搭钩搭住，芝虎一跃过船，连砍数人。芝豹亦乘势跳过，大喝："落舱者不杀！"卢毓英遂被芝虎所获。芝龙见二兄弟俱跳过卢毓英船，随合拢前来，鸣金收军。芝龙见芝虎正捆卢毓英，忙喝道："休得无礼。"

三、宏图大略

　　郑芝龙俘卢毓英后，率舟师进泊厦门。

　　其时，厦门亦是东南海疆的一个重要卫所，时称中左所。厦门的百姓，早风闻郑芝龙与其他海寇不同，不纵兵掳掠，还劫富济贫，因此并未逃窜。

　　芝龙站在甲板上眺望，只见一队百姓，牵羊担酒前来码头接风。他感到从未有过的满足。几只羊，几担酒，只要派一队军士前去胁迫，便可立等到手。可是，这民心却不是用胁迫可得的呵！而今官府恰恰是丧失了民心，岂有不败之理！洪先春不可谓不用命，卢毓英不可谓不骁勇。可是，长年武备废弛，个别胆勇之士，怎能敌我郑芝龙的强大舟师？这几仗打下来，那书呆子巡海道蔡善继，该开窍了吧！没有官职，就想分散安插我等众人，真是做梦讨媳妇，想得美！就是有一官半职，也休想分散安插我等。你们那官军的海上卫所，不过形同虚设，真正的海上长城，是我郑芝龙的舟师。那巡抚朱之凭不知是个什么鸟模样，如此丧师失舟，不知他作何感想！还想再剿，老爷奉陪！

　　经过这两场大战，郑芝龙十分自信自己的军事实力。他坚信：武力挟抚的方略一定能够奏效。

　　郑芝龙传令部众，不许下船登岸。他带着郭任功等二十多名亲兵，在里正的陪同下，搭乘快哨前去渔港观光，抚慰百姓。

　　这厦门城建成于洪武二十七年，周围四百多丈，有四个城门。东门名曰"启明"，西门名曰"怀音"，南门名曰"洽德"，北门名曰"横枢"。城建在丘陵地带，没有护城河。卢毓英残留在城内的守兵，闻舟师大败，早已弃城窜入山中。

　　渔港里泊着许多小渔船。里正告诉芝龙，为防渔民通贼互市，这些小船每十船编为一甲，取具连环保结，一船有犯，余船尽坐。又规定渔船单桅，其梁头不能过一丈，舵水不得过二十人，取渔不得越本省。芝龙听罢，便有意占据此处，以为进战退守之地。同时亦可在此设立牙行，以积散通洋货物。

芝龙从避风坞上了岸。这里有一条小街，不过二三百步，它前有龙王宫，后有福海宫。街面向南一字形铺开，各平房门前均建有宽大的骑楼。渔民们站在街旁，好奇地打量着郑芝龙。芝龙让郭任功散发银钱。许多青年男女，头上都扎着红线。里正告诉芝龙，这些都是尚未婚嫁的男女，那女的头上红线缠得特粗，叫做"烟筒箍"，男的称"燕子尾"。成家后的便不同了，女的梳成大髻发，男的系黑弦绳，亦盘在头上，还用薄纱网帽罩住。这些渔民是到龙王宫、福海宫里去请愿的。里正欲带芝龙去龙王宫叩拜，可是芝龙信的是上帝，便托词欲回，这使里正大惑不解。海上玩命的人，哪有不进去烧香磕头的呢？芝龙心里记挂着卢毓英，怕众将怠慢了他，便匆匆回到快哨，驶回大船。

卢毓英原来十分自负，没料到一接战便稀里哗啦，兵败身陷，虚荣心使他暴跳如雷，只求速死。军士们不得不把他手脚都捆缚住。他刚才听到舱外吵吵嚷嚷，依稀听清有一伙人来劫杀他，正与守卫的军士在争辩。这时，那阵冲动已经过去，求生的欲望又攫住了他，他害怕了。外面的骚动，不久就消逝了。他一颗悬着的心，才落下地。他回想起这场战斗，为官军的军力深深忧虑：难怪郑芝龙南北飘忽，如入无人之境。海贼们占上风上流的本领，冲犁接战的英勇，筹算布局的诡谲，都叫我这抗倭宿将汗颜！又何况海贼艨艟高大，军器精良，相形之下，官军倒成了乌合之众。

芝龙回来，守卫的军士告诉他，芝虎曾来纠缠，欲杀卢毓英。夜长梦多，得速放卢毓英。他要守卫谨慎，自己开了舱门进去。

"要杀便杀，不必多言。"卢毓英虚张声势。

芝龙亲自给他松绑，说："我决不为难将军，将军请息怒。小弟鲁莽，误犯威颜，望将军海量宽容。"

卢毓英口气变软："败将唯有死而已，你何必加礼！"

芝龙请他坐下，说："将军乃朝廷命官，我郑芝龙怎敢无礼？非小弟敢拒将军，实在是不得已！"

卢毓英见他既不想杀死自己，又不像要自己入伙，猜不透他葫芦里卖什么药。他不客气地问道：“我听说你已受招安，为何又反下水？你不想杀我，用意何在？”

芝龙摇摇头，作出无可奈何的样子，说：“我受招安，不过是感激蔡道宪当年垂青之恩，故不论轻重，谕到即归。想不到蔡道宪如此书呆，毫无奖励，不过分散安插罢了。因此，大众失望，不得不下海出走。”

卢毓英恍然大悟。他还真有受抚之心！如今海寇出没，红毛番又屡犯海疆，若得郑芝龙一旅之师，何愁鲸波不息？这郑芝龙有胆有略，年少英勇，堪称将才，岂肯碌碌无闻？当事也过于失算，屡剿无功，又如此吝爵。他变得和颜悦色，说：“以将军之才貌，应为干城重寄。将军有如此之隐衷，实难怪罪。”

卢毓英一声又一声“将军”，郑芝龙喜极：有门了！他向卢毓英分析了海上情势，从荷兰人讲到刘香、钟斌、杨禄、杨策等股海上武装力量，大有欲平海氛，舍我其谁之慨。他大言不惭，充满自信，说：“苟一爵相加，应为朝廷效力，东南半壁，即可高枕。”

卢毓英相信芝龙可以统一海上，欲固海疆，唯有抚郑剿贼一道。他说：“英不才，无力保荐，不过，当为将军竭力荐扬。”

俩人促膝相谈，直至天明。芝龙放归俘获的卢毓英部属和船只，令众船鸣金鼓送卢毓英过船。然后，率大队回师漳浦旧镇。

卢毓英走后，芝虎串通了十几员勇将来见芝龙。

芝龙知道他们的来意。吴化龙早已探知，芝虎正怂恿众将，欲挟芝龙一同回台湾去。

郑芝龙拿架拿势，阴沉着脸，说：

“你们昨夜欲杀卢毓英，我本要惩治你等，既然知罪，本将军不与追究。你们差点误了我的大事。你们别以为我就知道招抚、招抚，你们也睁眼看看，如今海上，群雄并起，要想称霸海上，就得借用官府的力量。我索性把底透给你们。我知道你们的心事，你们总以为受招抚后，仅是大哥一人得了官职，余众还不是安插归农，不如在海上飘荡，无拘无束。官爵算什么，乌纱帽的斤两岂能比得上铁算盘？我并非贪图官爵，但无官爵也就难以堂堂正正。手中握有权柄，我就可以借官军之力，以扫清海氛。海氛平静，大家也就不必在海上拼命。那时，我们通贩海外，既无缉拿之险，又无遭劫之虑，何乐而不为呢？纵使有一爵相加，我等党羽舟师，亦不能遣散报缴。各位依然带兵统舟，不必官家拨饷，我们有通洋巨利，何愁区区军饷？那时，东南海疆，通洋巨利，尽属归我。皇上之富贵，亦不过如此！"

这一番话驱散了诸将的怨恨。芝虎嗫嚅着，还想解释一番。芝龙摆摆手，说："详情我都知晓了。望诸位同心协力，不可再萌二心。台湾那边，不过是我们的一个退所，有杨天生、陈衷纪驻守尽够。"

"大哥知道我们要去台湾？"芝虎十分惊讶。

"什么事能瞒过我？"郑芝龙得意地玩赏着剑鞘上的缨穗子。

四、官府剿抚之争

卢毓英上省途经泉州，引起海禁派与弛禁派的剿抚之争，内里详情，很快就传到郑芝龙耳中。

卢毓英到了泉州，参见过知府王猷和巡海道蔡善继，欲启程进省请罪，巡抚大人朱之凭正巧驾临泉州府。

知府王猷临时把知府衙门的大堂和签押房，腾出来供巡抚大人暂用。衙门外，增添了许多卫士，分立两旁，明盔亮甲，威武肃穆。知府王猷与巡海道蔡善继，率领各属官员，出北门，文左武右，依照品级大小，分列官道两旁跪迎。

朱之凭着二品锦鸡补子大红纻丝蟒服，头戴六梁冠，腰系玉带。多年的宦海生涯，把他磨炼得常常喜怒不形于色。他矜持地接受着放炮、擂鼓奏乐、文武官员大声报名参见等仪节。他移驾泉州，专为剿灭郑芝龙一事，想不到尚在半途中，就连连传来都司洪先春全军覆没，游击卢毓英被生俘的消息。他此时面对这些文武部属好不懊丧，但他面上却十分平和，只是不时轻轻咳一两声，以示威严。

卢毓英也在迎接之列。

朱之凭将他唤出："卢毓英！查汝履历，屡建劳勋，堪称宿将，为何反遭此小寇所获？"

卢毓英跪下磕头："罪弁奉令出征，敢不竭力？奈郑芝龙年少猛勇，船只坚牢。毓英所统军士，未经战阵，一见即溃，故罪弁独力难支，所以被获。此等情由，还求宪天救援。"

"给我拿下，回省处置。"

卢毓英涨红了脸，急急说道："罪弁死亦无憾，只是尚有一言禀告。郑芝龙实乃将才，因前受抚无职，空为安插，恐势官欺凌，故此逸去。倘假以一命，决可再招。罪弁细思，若招此人，年少英勇，尽可用也，不愁海氛不靖。"

朱之凭正在气头上，哪里听得进？他一挥手，八抬大轿便起驾前行。卢毓英的目光寻找着知府王猷，王猷与他对视了一下，卢毓英从他的目光中得到了宽慰。

　　王猷是个十分精明、干练的人。他二十岁中进士，做了一任县令，便擢升为知府，算得上少年得志。正因此，他有点初生之犊不怕虎，明明见巡抚大人拘了卢毓英，他还是决计去替卢毓英说情，并要求再招抚郑芝龙。卢毓英到泉州后，告之郑芝龙的就抚意。卢毓英对海上情势的一席剖心之言，王猷亦深有同感。王猷对朝中政纲自有见地。比如对海禁，他就曾上疏曰：

　　"海者，闽人之田。海滨民众，生理无路，兼以饥馑荐臻，穷民往往入海从盗，啸聚亡命；海禁一严，无所得食，则转掠海滨。海滨之民，惟利是视，走死地如鹜。虽曰禁其双桅巨舰，乡甲连坐，不许出洋远涉。但其间豪右之家，往往藏匿无赖，私造巨舰。时人云：市通则寇转为商，市禁则商转为寇。"

　　王猷是主张开放海禁的。

　　翌日，王猷去拜见朱之凭。朱之凭把他唤进签押房。

　　王猷磕头请安后，便直陈来意："抚院大人，卢游击是有功于国的宿将，当今乃用人之际，望大人念他一时疏忽，赦其……"

　　朱之凭打断了他的话："本院自有处置。"

　　王猷碰了钉子并不泄气。他认定郑芝龙只能抚，不能剿。他十分清楚，官军武备废弛已久，将领畏敌如虎，闻风而逃。而郑芝龙乘沿海饥馑，劫富施贫，大得民心。继续征剿只能劳而无功，空耗钱粮，徒损众生。

　　王猷说："郑芝龙如此势大，可是他却败洪先春不追，俘卢毓英不杀，其不追、不杀、不焚掠，显见有归罪之心，实可再抚。"

　　朱之凭拂袖而起，一边踱步，一边呷茶，说："卢毓英为开脱罪责，自然捏词惑众。郑芝龙就抚后又反，足见是反复无常之辈，岂可信他胡言！我堂堂天朝，岂惧一区区小寇？"

　　王猷心中暗笑：屡剿无功，还如此嘴硬。他说："抚院大人，海氛不靖，由来已久，此乃海禁所致。海土之民，以海为田。操之急，则谓断绝生路，自有铤而走险耳。两汛戒严，间有缉获，而穷海鲸窟焉能歼？海禁一严，生理断绝，自然啸聚海上。郑芝龙其船器则皆制自外番，艨艟高大而坚致，入水不没，遇礁不破，器械犀利，铳炮一发，数十里当之立碎，此皆贼之所长者。而我沿海兵船，非不星罗棋布，而散处海滨，无所不备，则无所不寡。我船窄而脆，其器则朽而钝，能游弋于沿海，却不能远驾以破敌。因此，贼未来，既不能剿；贼一来，又无可抚。而内地奸民皆以大小划船，假冒乡绅旗号，装载酒米与渔船贸易，因而藏违禁硝磺等物以资贼，每获重利而归。穷洋竟同闹市，牢不可破。那郑芝龙广为救济饥民，又不许掳妇女、焚房屋，颇与他贼异。如此一来，为贼接济者，军器火药无所不输，为贼内应者，亲族知交无所不勾也。"

朱之凭打断他的滔滔之语："依你之见，只有招抚一道？"

王猷说："卑职以为非如此海氛不得靖。如今海上，尚有杨禄、杨策、钟斌、刘香等股海寇，更有盘踞澎湖的红夷，据海为池，不可不为之寒心。而我积衰之兵，不完之器，汪洋澎湃之中，一彼一此，岂能操胜券？就中情事，唯有鼓舞郑寇，令彼自相熬煎，以贼攻贼，计莫善于此。郑芝龙曾语卢毓英，愿充辕门犬马报效，所有福建及浙、粤海上诸盗，一力担当平靖。我们何不用芝龙以攻贼，借芝龙以修备？"

朱之凭未置可否，令人端茶送客。

王猷不得要领，退了出来。他在与僚属交谈中，不免加油添醋，说是巡抚大人一力主剿，经他力谏，现已改变初衷。言者无心，听者有意，这可气坏了一位父母官：同安县令曹履泰。曹履泰心中忿忿然：郑寇如此胡作非为，还一意招抚，只能鼓励犯禁作乱，真是国将不国了。他不顾触犯上司，贸然求见巡抚大人。

曹履泰是浙江海盐人，一向清操自励，在官场上名声很好，却官运不济，屡无升擢的机会。这曹履泰对朝廷的纲纪，奉若神明，亦步亦趋，从不敢越雷池一步。太祖定制：寸板不许下水。可是豪右之家私造双桅巨舰贸易海外，却屡见不鲜。曹履泰知同安县后，便严行海禁。有一位乡绅，私造双桅大船，被人告发后，送了一千两银子给他。他将这乡绅关在木笼子里，外面悬着一千两银，挂在城门上示众。时值盛夏，晒了一日，这乡绅已气息奄奄。曹履泰不让放下。此乡绅又饥又渴，哪经得起再暴晒一日？翌日中午便一命呜呼。人们以为是新官上任三把火，造造威势。哪晓得接二连三，晒死了许多犯禁行贿的人。从此，曹履泰名声大噪。贬者，说他是酷吏，褒者，说他是清官。

"抚院大人，外面传闻，大人欲再招抚郑芝龙，此事确否？"曹履泰决意一吐为快。

朱之凭不置可否地"哼"了一声。

曹履泰说："卑职以为，此议当缓行。海贼出没波涛，横行乡里，若一意招抚，便有姑息之嫌。闽之贼与他处之贼异，闽之人亦与他处之人异。他处之贼，聚徒缮器，尚难凑手，而闽之贼遇船则夺，船皆其船也；遇人则虏，人皆其人也。他处之人顿赃通信，尚虞败露，而闽之人，城社之鼠狐，甘为爪牙，郡县之胥役，尽属腹心。乡绅偶有条陈，事未行而机先泄；官府才一告示，甲造谤而乙讹言，人人乐为之用。那郑芝龙，假仁假义，所到地方，但令报水，而未闻杀人，有彻贫者且以钱米济之。沿海之民，贫者以穷迫从贼，富有以畏祸贿贼，奸徒又勾引向导以附于贼。故民不畏官而畏贼，贼不任怨而任德。一人作贼，一家自喜无恙；一姓从贼，一方可保无虞。族属亲故，虚往皆得实归，恍若向现任官抽丰。铜山、厦门之间，贼与民几不可别，真耳目未经之奇变，古今旷见之元凶也！显见，郑芝龙乘民之急，而欲厚集其势。若一意招抚，贼势愈将嚣张，纲常弛废，各地官府，将何以保境安民？！"

曹履泰见巡抚大人听得十分专注，趁势把矛头转向武官，说："郑芝龙倏分倏合，倏来倏往，如入无人之境，皆由将领等官，平时武备不修，临事张皇无措所致。卑职曾闻，那铜山寨把总茅宗宪，被郑芝龙擒下船，百般哀求。茅宗宪感贼不杀之恩，与芝龙结为兄弟，献酒食果品，以买其欢，送火药军器，以助其焰，公然接济，一路尽知。足见闽将之畏贼，甚于畏法。将帅无敌忾之心，图偷安之计，贼习知其伎俩，益加猖獗。海上汛防之船，虽复森列，但脆船懦卒，因循养寇，比年以来，未获一大创。故武弁一意媚贼，为贼所愚，恬不设备，坐以待毙。才语以擒剿，阳为奉行，阴为阻格，或啮指以为挑祸，防其报复，或反唇以为过计，涉于张皇，即有司犹然。如此武备废弛，若征剿失利，便浅尝辄止，将帅更图偷安，不畏振奋，东南半壁，只有奉送海贼任意驰骋。"

朱之凭在心里忖度着王猷和曹履泰的平贼方略，觉得各有道理。他反复玩味着，莫衷一是。

郑芝龙也在思虑着。那太守王猷，固然开明，可是也包藏着险恶用心。我以招抚愚官府，官府则以招抚愚我。招抚之路，情势险恶，得处处留心。至于那曹履泰，顽固不化，觑着机会，得教训教训他。

第七章

荣返故里

一、无海则无家

"飞黄将军"的大旗在同安城头呼啦啦地飘扬。

郑芝龙竟登陆攻城！官府震惊了。

他这次军事行动，是要给征剿派施加压力。

好像我郑芝龙就该打老实仗，不给那些昏官一点厉害，他们东西南北都分不清了。他们受到震惊之后，是夹起尾巴，还是变本加厉？他急于知道官府的反应，可泉州的情报却迟迟未到。

郑芝龙一次又一次伫立在城楼上，向来路张望。

"备马！"他向郭任功吆喝了一声，拧着眉头，走下城楼。他抖动缰绳，响起一阵急促的马蹄声。郭任功同几名亲兵，尾随他一同冲出城去。

城外不远，是一大片龙眼树。初秋时节，龙眼正熟，一嘟噜一嘟噜的龙眼，黄澄澄地，压弯了枝头，散发着清醇的香味。郑芝龙下了马，让亲兵们在龙眼树林外守候，独自步入深处。

他一向不喜欢独处，可是今天的心绪过于烦杂，他想一个人冷静冷静。常年在海上听惯了波涛声，突然置身于如此静谧、果香飘溢的林子里，他一时觉得很别扭。他暗自嘲笑自己：跪惯了的人，叫他站着，两膝总是想往下屈。他攀上一棵龙眼树，倚在树干上，剥吃着龙眼。少年时的种种情趣，像潮水般涌上心头，一时心旌摇曳，他恨不得立时结束那追波逐浪的生涯。

烈日当空，果树林里蒸腾着热浪，知了的叫声拉得长长的，叫人心烦。盼招抚的意念，在他胸中急遽地扩张着。当初，他决心进攻同安惩罚曹履泰时，并没有丝毫的犹豫。现在，他怀疑自己了：我是不是失策了呢？朱之凭本在举棋不定，这一仗打下来，说不定反倒使他倒向征剿派。

进攻同安城付出不小的代价，郑芝龙隐隐感到，这次行动似乎是得不偿失。最初，用云梯强攻，折损了百多人，毫无收效。后来，选百名胆勇，改用"临时硬"偷城，才攻进城内。"临时硬"系用毛竹通节锯断，串以绳索，头上另缚一横梁。未用时，放松则软；欲用时，将索推紧则硬，如一枝竹。将头上横梁挂住城垛，人可攀缘而上。

夜里，四周黑魆魆的。郑芝虎带着这百名胆勇，并携带"临时硬"前去偷城。

郑芝龙令大队偃旗息鼓，缓缓而进，看火箭为号，便倚梯攻打。

芝龙为测试各人胆量，叫芝虎每行数十步，便将手按各入胸前，凡心脏剧跳者，即将其遣回。如此数次，至同安城下，只剩芝虎自己与芝龙的侍从郭任功。芝虎有点为难，就靠两个人去偷城？箭在弦上，不得不发！怎么办？怎么办？

郑芝龙见敢死队一个个被遣回，心里凉了半截。他有些懊悔，不该用这种办法测试。现在该怎么办呢？白天攻城的惨景，刺痛着他的心。都是自己一时使性，才有这场用舟师来攻城的滑稽剧。自己若不作个表率，谁还肯用命？

他决定自己亲自去登城。当他向芝豹交代指挥事宜时，诸将一齐围住他。因为不能高声说话，急得他们对芝龙又是推又是搡。郑芝龙低声喝道："不得违抗军令！"一股怒火在胸中滚动，这怒火是冲自己来的。

当他站在城下，有点后悔了。上，反正一切都被我弄得乱糟糟。他对自己的武功还是自信的。芝虎见哥哥到来，心里踏实了。郭任功想劝阻芝龙，芝龙没有理睬他。他们三人遂将"临时硬"挂住城垛，口含刀爬上。他们刚上了城，恰遇巡逻兵勇，芝龙不待他张口，早已将头颅拿到手。他们一路巡去，又连砍杀数人。郭任功遂放起连珠火箭，并将所带火药，点烧城楼喊杀。城外大队见城上火箭齐发，光焰烛天，即喊杀蜂起，齐架云梯。守城官军向芝龙三人围杀过来。他们抖动神威，直杀得血流成河。

郑芝龙占了同安城，令扑救余火，安抚百姓。他令军士寻找同安父母官。县令曹履泰早已逃出县署，混迹民宅之中。

郑芝龙走出果林，缓缓归来。军士都驻扎在城外，他们见到主帅，个个是一脸敬佩。郑芝龙明白，自己身先士卒之举，博得了部属的衷心拥戴。嘿，亦有合算之处。他自我解嘲地笑了。

一个妖冶的女子，带着一位货郎，正急切地来寻郑芝龙。她就是安平茶馆里的采莲。采莲已同郑泰结了婚。当他俩正在马巷镇查点安溪、德化内地运来的木材，恰逢曹履泰从泉州打道回县。事发后郑泰逃走，采莲却被曹履泰逮住。

郑芝龙尚在安平港内等候招抚时，便令郑泰购买木材，准备大造船只。不久，数千株巨木陆续运至马巷一带村镇，散屯在四处庙宇祠堂内。曹履泰路经马巷时，有一市井无赖，想得赏钱，便拦轿告发："父母官大老爷，我们这一带散屯了数千株巨木，是海贼预备造大船用的。请大老爷明鉴。"曹履泰正对海禁松弛气恨不已，闻言好不恼怒。我的属下竟有这等事！他即令四处捉拿窝主。终于被他审出，是郑芝龙的爪牙郑泰采买的，而郑泰夫妇这天恰巧住在马巷的客栈里。

采莲被兵弁逮住后，嘻皮笑脸，并不当一回事。曹履泰无可奈何地摇晃着脑袋："真是世风日下呀，青年女子竟也替海贼卖命！"

采莲眉毛一挑，厉声说："你无凭无据，怎么说我替海贼卖命？一人做事一人当，纵使我夫君是海贼党中人，亦与我无关。哼，难怪百姓说，同安县的父母官草菅人命，博取清名。"

"好个刁女子，再胡说八道，掌你的嘴巴！"曹履泰皱起眉头，那细眯眯的眼睛，只留下一条缝。他瘦小个子，枣核脑袋，模样很不起眼。他并没有叫人虐待她。不知是她那尖刻的话语，使他不敢妄加刑罚，还是她那娇憨泼辣状，使他不忍摧花折草。他将她带回县署。

曹履泰的妻室没有随同他赴任，依旧留在浙江海盐。他一个人在任所上，过着清淡刻板的生活。这日见采莲貌美，禁不住多看了几眼。采莲大胆地迎着他的目光。他忙别转脸。这刁女子好悍，不见一星温柔状，真是野性十足，哼，野性。

回到县署，他让丫头把她带进卧房。他躺在藤椅上，从头到脚地审视着她，好半天喉头才咕噜了一声："来啦，嗯，好。"

她直想发笑，真是死要臭架子。

"过来。"他略略提高声调，又吐出两个字。

她双臂抱在胸前，欣赏着他的官架子，咯咯笑了。

他恼了，蓦地站起来。正在此时，喊杀声大作，郑芝龙来攻城了。他气得直翻眼，冲她骂道："扫帚星，晦气！"

采莲领着货郎担，寻见郑芝龙。货郎呈上郑泰捎来的情报：巡抚朱之凭，令福建总兵俞咨皋，克日进剿。

郑芝龙知道自己打同安打糟了。他瞟了一眼采莲。要不是他们夫妇出事，我惩罚曹履泰也不会这么急呀！他的耳腮热烘烘地。我怎么迁怒到她身上？这未免太小家子气了！他长长地呼了口气。他想开了：要受抚就得凭实力受抚，不把他们打得焦头烂额，他们不会客客气气地请我坐上座。要想坐收红利，总得付出本钱，这也是公平合理的。

粗犷凄厉的螺号在城外响起。

郑芝龙率大队撤往海上。虎不可离山，龙不可脱渊，无海则无家。我们还是到海上来较量吧！

郑泰的情报网，并非事事神通。这一次，由于他的疏忽，差点葬送了郑芝龙。

郑芝龙率领大队从同安撤回海上，在退师漳浦旧镇的途中，意外地遇上了荷兰人的夹板船。

将士们拥上甲板，乐呵呵地。大家都知道，郑芝龙曾与荷兰舰队司令威特达成和平协定。

三艘大舰和五只快艇，正兜满顺风，向郑军船艄斜插过来。郑芝龙满心高兴，脸上像涂了层油彩。好哇，这红毛番果然讲信用，我正用兵之际，他们不迟不早，不请自来。

夹板船，其帆八面受风，快速地朝郑军船艄驶来。郑芝龙亲自打旗语同荷舰联络。突然，"轰"地一声，夹板船冒出了火舌，随即轰鸣声不绝于耳，硝烟弥漫海空。瞬间，大海沸腾了，郑军立即被击沉大小船只十几艘。

郑军船艄被冲散。对这突如其来的打击，大家毫无精神准备。有的船舰狼狈逃窜，有的船舰拼死奋战。碧蓝的大海，被战火烧红了。海面上耸起一座座"火山"，许多战舰在熊熊烈火中即将倾覆。零零星星的船板，在海中漂浮，挣扎着落水求生的军士。

当夹板船轰出第一炮时，郑芝龙怒火攻心，眼前猝然发黑，一跤跌在甲板上。郭任功紧紧抱住他，带着哭腔大声呼唤："将军，将军！"

郑芝龙有生以来，没有吃过这种冤枉亏，那股炽热的怒火，在他胸腔、下腹窜突了一阵，终于迫使他喷出了一口鲜血。他略略感到舒服些。

他硬撑着站起来，用手背抹掉口角的血迹，咬紧牙关，亲自挥动令旗，重新组织船艄。

鼓声，螺号声在海空上飘荡着。十几名军士站在郑芝龙身边，

不停地向四散的船只打旗语。一时被打懵的郑军舟师，重新集结起来。他们像饿虎一般，不顾一切直向夹板船扑去。

指挥这次偷袭行动的是庞必古船长，他正在旗舰奥威克号上发号施令。密集的炮火，未能网住郑军的船踪。夹板船巨炮的远射威力正在丧失。尽管他在厉声地发令指挥，但掩饰不了明显的慌乱。郑军如蚁的船只，就像一条条毒蛇游到他脚下。他扯着络腮红胡须，歇斯底里地叫喊着。

迫近了。郑军的炮火发挥了作用。再迫近。郑军的火箭、火罐齐掷。荷兰两舰着火逃窜溜走。那五只快艇，有四只被击沉，余下一只西卡佩尔号，被郑军活活俘走。庞必古的旗舰奥威克号也着火了。它左奔右突，未能冲出重围。它的火药库爆炸了，终于被焚毁。奥威克号在焚毁之前，庞必古与舰上部分士兵，下到救生艇。四处都是郑船，救生艇能往哪里逃呢？庞必古狠狠地捶着自己的脑袋。

战斗的胜利，荡涤了郑芝龙的愤怒。他忘却了疲乏，兴致勃勃地审问俘虏。庞必古被带到郑芝龙面前。他垂头丧气，耷拉着脑袋。前不久，他刚从巴达维亚来到澎湖，并不知道郑芝龙与威特订有口头协定。他面对战胜者那一口漂亮的葡萄牙语，求生的欲望在

他喉咙嚅动。他将这次偷袭的预谋经过，痛痛快快地倾倒出来。

福建总兵俞咨皋是抗倭名将俞大猷的儿子，他自己并没有什么本事，不过荫袭了父亲的爵位和名望。朱之凭令他调兵遣将，进剿郑芝龙，他头脑还是清醒的，靠福建的舟师难以制胜。于是，他脑袋瓜一转，想到了借用荷兰舰队。

俞咨皋派了一名师爷，作为全权代表到澎湖去同荷兰舰队司令官威特谈判。

"贵国占据我领土澎湖列岛，总兵大人本欲兴兵征讨。今海贼郑芝龙屡犯沿海，扰乱民生，总兵大人即将挥师进剿。若司令官阁下愿派船舰助战，澎湖可暂借贵国舰队停靠。"

威特嗤之以鼻，不予理睬。

"贵国舰队来到我大明帝国，是为了通商互市。过去，守口官员囿于已有定制，未能通融。今总兵大人让敝人全权代表，只要贵国舰队同意助战，则可让贵国商船在福建沿海通商互市。"

这可是诱人的条件，而且是总兵大人的保证。

"同意通商互市？是自由贸易？"

"对，自由贸易。"

威特摩挲着下巴。郑芝龙还是个未知数，而俞咨皋则是现任的福建总兵。他将筹码放到了俞咨皋一边。

原来如此。郑芝龙对于这场风云突变，觉得十分棘手。眼见俞咨皋就要纠合全省舟师来对付自己，若威特再倾巢而出，我郑芝龙可就没有招数了……避走台湾？远遁粤海？如此当然可以偷生，但挟抚一策则付之东流，何日才能再整旗鼓，只有天知鬼晓！不能，不能呵，我决不退出闽海，决不能让挟抚一策，功亏一篑。好滑头的红毛番，今若与他和解，不念今日之恶，定然被他小觑，依然复来报仇。今若与他抗衡，又难以两面作战。俞咨皋不过空口许愿，他哪有那个权力？若向威特揭穿俞的骗局，再修两家和好，威特又岂能信我……郑芝龙意识到自己正处在空前的危难中。他不动声色，茫然地注视着海天相接处。

庞必古了解到郑、荷之间曾有和平协定，更清楚自己充当了什么角色。他知道自己必死无疑。但本能促使他告饶求生。他跪下来："将军阁下，只要你放我回去，我可以说服司令官保持中立，并向将军阁下赔偿损失。"

郑芝龙定定地看了他一阵，突然暴怒起来："你们不守信用，上帝会无情地惩罚你们。你们自以为聪明，其实上了俞咨皋的当。他一手离间我们两方的联盟，还不是为了从中渔利？他有什么权力同意你们到大陆自由贸易？我郑芝龙控制了海疆，我就要大做海外生意，那时你们才能得到贸易货物。现在，我们的联盟垮了，我真替你们惋惜，你们难以在海峡得到商业利益了。"

庞必古忙说："不，我们受骗了。你放我回去，我们一定赔偿损失，严守中立。"

郑芝龙没有搭理他，故意趾高气扬地对部属说："你们过去都夸说夹板船如何厉害。怎么样，还不照样被我们打败？谁要同我郑芝龙作对，那是自讨没趣。如今称雄海上的，不是官军，也不是刘香，更不是杨禄、杨策等无名鼠辈，而是我郑芝龙！"部属们都不懂葡萄牙语，只是怔怔地看着他。

庞必古仍然跪着。郑芝龙喝道："给我押起来！"

庞必古赖在甲板上恳求："将军阁下，我们中了俞总兵的诡计，威特司令官并不明白。假如放我回去，我们荷兰人一定会成为阁下的忠实朋友。"

郑芝龙冷笑道："我并不需要谁！还是让俞咨皋做你们的朋友吧！"

庞必古被押走了。郑芝龙附在郭任功耳边，如此如此，说了一阵，郭任功不住地点头称是。

这次战斗，共俘获荷方两百多人。奥威克号下到救生艇的人员及快艇西卡佩尔号的人员，全被俘获。其中不全是荷兰人，尚有五十多名黑人。这些黑人，有的是荷兰人从非洲俘来的，有的是马来土人之变种黑人。郑芝龙令郭任功将这些黑人编进自己的卫队。庞必古和一些荷兰俘虏关押在西卡佩尔号快艇上。

郑芝龙率领舟师夜泊于陆鹅，以逸待劳，准备迎击官军。

当夜，下起濛濛细雨。天空，海面，漆黑一片。庞必古同艇上的荷兰人，趁看守不备，夺艇逃走。郑芝龙得报后，令空放数炮，不许追赶。

数日后，从澎湖开来一只快艇，正是逃走的西卡佩尔号。威特派人送给郑芝龙五百斤火药和大批船用物资，表示重修旧好。郑芝龙除将黑人留下，放回其余荷兰俘虏。至此，他才松了口气。诸将谁也意想不到会出现这种结果。一场空前的危难，突然大大缓解，众人对自己的统帅无不折服。郑芝龙大摆筵席庆贺，对诸将说："俞咨皋只好唱独角戏了。功成名就，在此一举。"

三、福建水师的覆灭

芝燕、芝鸾统领两只快哨巡逻到东碇，遥遥望见镇海有许多战舰。他俩商量后，即扮成渔夫，坐一艘舢板，带着数筐鲜带鱼，前去侦探消息。

大海像明镜一样平滑。芝燕、芝鸾等划着小舢板，口中哼着渔歌。一路桨，一路歌，渐渐驶近镇海。他俩数了数，有二十艘战舰，还有些舢板在船鯮里穿梭往来。他俩高声叫卖："新鲜的带鱼，来买新鲜的带鱼。"一面叫唤，一面驶拢插有五方旗的战舰。

一名军士闻声下到舢板。

"老总，这带鱼是早晨刚钓到的，你看，光闪闪，多肥。"芝燕拎起一条鱼，在军士眼前晃荡着。

"老总，你们为民剿贼，劳苦功高，便宜卖给你，表表我们的心意。"芝鸾说着就开始称鱼。

芝燕愁眉苦脸地叹息着："海面不宁，难做生活。今幸好大师进剿，我们就有性命了，不知老爷是谁？"

军士毫无戒备，说："我这船是马老爷，马胜；那船是杨老爷，杨世爵。他们都极出名，会打仗。"

芝燕、芝鸾与他絮絮叨叨，东拉西扯，不一会将官军老底都抠了出来。原来，俞咨皋在怂恿荷兰助战的同时，即飞檄千户马胜、百户杨世爵，统战舰二十为先锋，前往剿捕郑芝龙。千户马胜想抢占头功，将百户杨世爵召上船来，说："人人都把郑芝龙说得那么神，我就不信！那些倒霉蛋，平日不修武备，临事仓促应战，哪有不败之理？我们不必等都督大人到来。郑芝龙现全军屯于旧镇，我们将其一网打尽，也好让世人刮目相待。"杨世爵亦十分好胜，说："此议正中下怀。我们二十艘战舰可分为两队。明早我乘潮起，直入海内捣其穴，郑芝龙必然情急死战。俟潮退，我诱其出港，公督船舰合击，彼必星散，一战可以成功。"马胜拍案叫好："此议甚妙。我们互相照应，同心协力，必定稳操胜券。"

芝燕、芝鸾打听得这些就里，收了鱼钱，飞速驶还东碇，然后乘快哨前往旧镇报告。

郑芝龙正在筹算谋划。芝虎听了芝燕的报告，不以为然，说："不必烦大哥动身，我自领船十只，擒此二贼。"

芝龙说："马胜、杨世爵二人在千户、百户中算得上是最骁勇的，三弟不可轻敌。"

芝虎不高兴了："大哥何必长别人志气！红毛番尚且被我们焚毁，他们再骁勇又算什么！若不生擒此贼，誓不为人。"

芝龙说："你既有这等勇气，我也不好拦你。不过，你必须与芝豹同往。凡事要相机而动，不可徒恃血气之勇。你们可乘潮落出港，抢在他们进发前交战。"

旭日跃出海面，万道霞光，把大海映得斑驳陆离。芝虎芝豹统驭二十只战舰，在将军澳与杨世爵相遇。杨世爵不免吃了一惊，忙发令迎敌。

大海上，火烟蔽空。

马胜在镇海正整装待发，远远传来轰鸣声，急急挥师攒进。

杨世爵见马胜领船綜前来助战，勇气倍添。马胜、杨世爵所统的船舰，不愧训练有素，来往冲击，十分悍猛。芝虎、芝豹损失了两艘战舰，不免慌了阵脚。

芝龙见芝虎有轻敌之意，虑其有失，天亮后便自带大船十只，前往观战。

马、杨二人正在酣战，忽见芝虎后面添来船只，不知多少，未免有些怯意。

芝虎见芝龙到来，虎威大振，驭船向杨世爵的坐船冲过，一部军士射箭压住敌船，一部军士持火罐掷去。杨世爵坐船顿起烈火，军士抢救不及，个个赴水逃命。

马胜见世爵船中起火，转舵欲救。芝豹尾后追击。芝虎又迎敌与战，斗头烦击中马胜船，使火药桶发火爆炸。马胜见大势已去，抱着铜烦一同沉进海底。

俞咨皋得悉杨、马阵没，又檄调副总兵陈希范进剿。陈希范统领九十余艘大小船只，浩浩荡荡向旧镇进发。陈希范泊舟铜陵，恃船多人众，并不在意。他本是个酒徒，如此非常时刻，依然流连杯酌。探哨来报说，郑芝龙已经出战。陈希范正喝得醉醺醺，不仅不立即行动，反倒鞭笞探哨。如此昏庸，如何不败？郑芝龙大军逼近，陈军尚未全部解缆。九十余艘船只，当即被焚烧四五十只，火光映红了天空，几十里外都看得见。陈希范坐潮逃遁，余船四散奔突。倒是有个百户叫洪应斗，抵死苦战，最后发火自焚。

俞咨皋坐镇厦门，败绩连连报来，使他一筹莫展。巡抚朱之凭严令他亲自出征。俞咨皋飞调闽安、兴化、永宁、铜山、陆鹅、悬钟、镇海、金门众指挥、千户、百户，统船齐到，听令出师。调军齐集，俞咨皋令指挥张挺桂、千户林盛二人，各领船十只为先锋；指挥杨国柱、李应龙、千户吴虎、傅圭各领船十只合后。俞咨皋自坐大烦船，竖一帅旗，为中军提调。又令指挥黄胜、胡如海、黄庭、李廷圭、千户周之士、何世雄、林动、姚应科、百户王飞熊、李梦斗等各坐船一只，为中护卫冲锋。以游击商世禄领船十只，为监督接应。调拨已定，于崇祯元年八月初八，祭江出师。

郑芝龙毫无惧意，他知道俞咨皋是膏粱纨袴子弟，徒读父书，虚有其名。他令芝虎、芝燕等各驾大船十只，快哨二只，于陆鹅、将军澳瞭望。不久，传来俞咨皋祭江出师的消息。郑芝龙非常激动，此一仗若获胜，八闽舟师就差不多全完了，东南海疆，自然属我。他对众将说："明日此敌，只有王飞熊、林盛、李梦斗三人深识水务，兼有胆略，当先除去。其余碌碌群鸡，不足介意。"他令芝虎为副将、芝彪为先锋，各领船十只。又令芝豹、芝凤、芝豺、芝獬、芝鹄、芝鸾、芝鹗七将，各坐一船，乘夜潮驶至青水墩，然后回头，于明日午时从东碇杀来。又令芝莞、芝麒、芝燕、芝蟒四将，各领船四只，作左右救护。自领芝熊共六船，居中策应。是夜三更，芝龙统众出泊陆鹅。

天刚破晓，俞咨皋已领大队至。

炮声震天，烟焰如云。

芝虎恃勇，率众冲棕，与林盛、李梦斗互相攻击。自辰至午，各有损伤，不分胜负。忽然，孙雄船被芝熊尾送一炮打沉。俞咨皋见孙雄船失，催船齐拢围攻。芝虎亦亲督船艍冲入，互相混战。将及酉时，芝豹大艍已过东碇，闻炮声不绝，顺风赶来。俞咨皋见后面又有敌船将至，急传令商世禄带领船只分御。商世禄奉令刚指挥转舵去迎接，别船诸将不知是要分军，误为退师，遂各转舵，一时全艍轰然大乱。俞咨皋按制不住，被芝虎、芝熊、芝莞、芝燕四将乘虚奋击。王贵、林盛两船发火焚烧。芝豹、芝蛟等又从后杀来。俞咨皋首尾受敌，兼之潮起风逆，各星散逃遁。俞咨皋只好退却。郑芝龙挥军急追，又连连击坏官军二十多只船。直追至金门，天已昏暗，郑芝龙才鸣金收军。

俞咨皋遁入厦门，船无法连艍，军失纪律。快哨又报郑芝龙大队屯泊岛美、金门。俞咨皋急传指挥傅圭领船十五只，前去南山边青崎一带停泊，防郑芝龙突入。五更水涨，郑芝龙挥师进攻，傅圭整船迎敌。芝虎擂鼓首冲，傅圭稍怯，芝龙乘势趱大队齐攻，傅圭大败。俞咨皋催师接战，兵败如山倒，全部乱套，个个回舵星奔。

郑芝龙追至海门才收军，并号令不许登岸抢掠。天亮后，郑芝龙率领舟师，擂着得胜鼓，浩浩荡荡地驶回旧镇。

郑芝龙获得全胜。至此，明朝的福建水师元气丧尽。在其后明末清初的半个世纪中，称雄海上的唯有郑氏水师。

四、衣锦还乡

郑芝龙武力挟抚的策略终于成功了。世事的轨迹，按照他预定的线路，不偏不倚地伸延。今日的郑芝龙，可不是当年聚义日本时，论年龄，排座次，不得不屈居尾弟的地位，凡事看人眼色行事的一官。今日的郑芝龙，骄悍自得，咄咄逼人，大有气吞乾坤之概。他的下一步目标是：利用合法的地位，统一海上，大开海禁。

卢毓英带着福建新任巡抚熊文灿的谕旨，前来旧镇招抚郑芝龙。芝龙得报，派遣芝鹏前往迎接。

郑芝龙战败俞咨皋后，巡抚朱之凭再也没有招数了。战不能战，抚又拉不下面子。正在进退两难之际，朝廷下圣旨将他调走，派来个思想开明的贵州人熊文灿。这其中的奥妙，卢毓英尚不知晓。

原来，工科给事中颜继祖适回闽省亲。郑芝龙便通过颜旭远向其倾吐衷曲。颜继祖了解到福建的事态后，即上疏朝廷，弹劾总兵俞咨皋、副总兵陈希范玩忽职守，并建议改换新人督闽。疏参即被批复，俞、陈二人被问斩。

熊文灿到闽后，便接到泉州府王猷条陈时事，内称："郑芝龙两次大胜洪都司而不追，获卢游击而不杀，败俞都督师于海内，厦门弃城逃窜，郑芝龙约束其众，不许登岸，不动草木。郑芝龙不追、不杀、不掠，实有归罪之萌。今一时剿难卒灭，抚或可行。不若遣人往谕退船海外，许其立功赎罪。俟有功日，优以爵秩。"

熊文灿立即批允，并召王猷面议。王猷建议派卢毓英去招抚，他说："前日卢游击被获，郑芝龙业将衷曲一一吐告。迨后历观芝龙行事，实有招抚之意。今剿不能行，日见猖獗，将为东南所患，故卑府详请。今抚宪既批允，以卑府管见，还该卢游击去，其事方济。"

熊文灿调来卢毓英，自然先斥责一番，随后说："今有泉州王知府详文招安，禀委汝前去。若能招安芝龙，本军门自为汝救解。"

卢毓英说："招安郑芝龙固不难，但先前招抚郑芝龙，未加官爵，其恐遭势宦凌辱，因此逸去。今欲再去招安，若无官爵，恐不能服芝龙之心。宪天为国为民，必须酌议妥当，罪弁才好前去。"

熊文灿沉吟半晌，说："芝龙不过一小寇，欲加大职，难以题请，若与之小职，他又未必如意。"

卢毓英感激郑芝龙不杀之恩，也爱怜郑芝龙之将才，决心说动熊文灿："凡事当相经权，苟有利于社稷，'春秋'许之。今日招安郑芝龙，不但安民业，且为国家得人用。"

熊文灿思虑再三，突然心生一计：郑芝龙原叫一官，何不以郑芝龙收降郑一官题功，奏请委芝龙海防游击。日后即使事泄，亦不算欺瞒，无由查究。

就这样，熊文灿委卢毓英为督军，前往招抚郑芝龙。

芝燕陪同卢毓英上了中军大舰。郑芝龙亲热地携住他的手："老将军恩同再造，末将没齿不忘。"

卢毓英觉得因自己之力，使如此英才皈依正果，感到十分快慰。一种伯乐的自足感，在他心底游弋。

郑芝龙大宴将士三天，然后带芝虎、芝豹兄弟，一同回到石井。衣锦还乡，快事莫大于此呵！

芝龙与芝虎、芝豹骑着高头大马，后面紧随由五十名黑人组成的卫队及郭任功等十人侍从队。黑人卫队，个个扛着荷兰造火枪，威风凛凛。侍从队，个个佩着双剑，神气活现。从水头镇到石井镇，尾随着大群爱热闹的孩童、后生。路上的行人，道旁的农人，夹峙两旁，如同有组织的欢迎队伍。郭任功不时地向人们抛撒碎银子。郑芝龙兄弟一路喜眉欢眼，不时地同相识者打招呼。

石井镇的乡亲闻讯后，麇集在村头的古榕下，引颈探望。郑芝龙的母亲黄夫人，身上收拾得整整齐齐，平日眉心时常凝聚的竖纹，舒展漾开，眼角的鱼尾皱盛满了笑意。

"嫂子，你真有福气呀。俗话讲，吃得苦中苦，方为人上人，一点也没错！"

"夫人，我早就说过，你是娘娘肚，专养公侯高官。"

"哎呀呀,没说的,郑家的祖坟葬着了,把我们石井的风水全拔走。"

"老辈人不是说,我们这地方该出五代诸侯!"

……

黄夫人听着这些恭维话,如同吃到一粒老鼠屎,直想啐上两口。这些口上蜜蜜甜的,都是镇上有脸有面的人,平素他们背后一口一个"贼婆",见了她如同遇上瘟疫一样,急急躲避。她暗中流了多少泪,咽下多少苦水。人情冷暖、世态炎凉,她尝够了。如今,他们又送来巴结奉承。她装着没看见,显得泰然自若。倒是平头百姓,平日不作践她,如今也不来屈意奉承。他们只是来瞧热闹,或者来探寻亲人。他们中许多人的父兄子弟,正在郑芝龙的队伍里。黄夫人来到平头百姓丛中,竭力躲避那勾人心酸的阿谀奉承。

看到了,郑芝龙看到了母亲。他看见母亲单薄的身躯。才五十出头的人,腰背已显佝偻。他心中涌溢着怜悯与负疚。他,在今日之前,一个被视为不肖子的叛逆,给母亲带来多大的苦楚!母亲把他带大,承受了一个平常人的母亲十倍的愁苦与辛劳。但是,母亲却有一个固执的信念:成大事者,小时候总是难养的。她这个信念,不知是从哪里贩来的,她总是这样对父亲说。如今,芝龙是个伟岸的男子汉,可在他幼时,却极其羸弱多病。父亲绍祖自个在泉州的任所上,作为母亲的,自然成日守护着这个病孩子。阿桂折磨母亲的方式是异常独特的,他一见奶头就大大烦躁,死命挣扎。母亲好不容易把奶头塞进他的小嘴,心悬得高高的,默祷他能多吸几口。可他总是叫人失望,吸几口,玩一阵;玩一阵,吸几口。母亲四处求医,希望、失望;失望、希望;再希望、失望。一切都无济于事。他还是照样不吃,照样顽皮,照样天天生病。母亲的脸上,拧得下苦水,时常抱着阿桂,无可奈何地呼叫:"叫人怎么办,怎么办!我会吐血的!怎么不吃,就是死不吃!"极其厌食已经够糟,他还极易呕吐。阿桂一咳嗽,一畅笑,又会把刚吸进的几口奶,像喷水枪一般,倾倒给大地。每当看见阿桂欲吐,母亲就会发出极凄惋的叫声;像被钳住心,一脸痉挛,那声音谁听了都会心惊肉跳。

她焦急，忧虑，发愁，眼窝深陷，颧骨突出，三十刚出头，就憔悴得像个老太婆，常常叨絮："我宁愿自己得病，如果能叫阿桂爱吃，世上什么苦都可以忍受，这样的折磨怎么叫人受得了。"时间，是最好的药剂。阿桂不仅长大了，而且十分健壮。母亲的心，得到了莫大的慰藉。芝龙后来听父亲说起这些往事，当时并没有在他心上引起什么触动。现在，他回想起来，才明白母亲是何等地可怜。母亲一面含辛茹苦，一面抱定一种虚幻的信念。可后来自己的所作所为，无情地击碎了母亲的信念，给母亲造成的精神创伤，该是多么的残酷。他对自己的作为，并没有丝毫地失悔，甚至感到自豪。但是，当他设身处地替母亲想想，便充满了对母亲的敬爱和感激。谁言寸草心，报得三春晖啊！

当芝龙、芝虎、芝豹兄弟跪拜在她面前时，她平日蓄积的种种懊恼，瞬间消散殆尽。她将他们扶起："见到你们好好的没事，我就安心了。"母亲的心太容易满足了。当然，母亲的心也是褊狭的，芝龙、芝虎是她亲生的，她不免多看几眼。芝豹及站在她身旁的鸿逵是庶出。

这一日，正好是中秋节。其实，哪有那么碰巧的事，不过是芝龙有意选择的好日子。他从泉州请来南音戏班子，在郑家祠堂宴请同族老小。他给全镇每家送上十两银子，一套中秋月饼。石井镇上上下下都在议论郑家兄弟，由此又议论黑人卫队。郑芝龙在他们心目中，愈发显得神秘莫测，高不可攀。

郑芝龙与鸿逵、芝虎、芝豹四兄弟，同侍从们纵马来到白鹤山郑家祖坟。月光如水，大地像浮动着的战舰。郑芝龙下马，顿了顿脚下的土地，有点不相信它的坚实。他哑然失笑。兄弟四人在父亲的坟头供上月饼，插上香，磕了几个响头。郑芝龙静静地坐着，各人也静静地坐着，望着广寒宫里的嫦娥，享受着宁静的魅力。郑芝龙对父亲并没有负疚之心。父亲期望自己攻读诗书，飞黄腾达，这不过是常人走的科举取士以求功名之路。他暗自庆幸自己没有走这条路。眼见明朝气数已尽，到处在闹灾荒，西北灾民正在大造反，辽东女真人又屡犯关内，甚至直逼京师。乱世来了，一介书生有什么出息？纵使当个道宪、知府又有多少权势、财势？别看自己现在仅是个游击将军，可自己的权势是无限制的，今后要想加官晋爵，还不像小孩闹着玩一样容易！他只是惋惜父亲没有看到今日。转念一想，又无惋惜之意：老头子即便活到今日，也未必会得意。自己毕竟出身绿林，在老头子看来，总不是正路货。

鸿逵用肩膀碰了碰芝龙："大哥，你如今发迹了，也该翻盖宅院，置买田园，这才是根本。"

"这个自然。不过，我想迁家到安平去。"郑芝龙指指五里桥的那一端，"我想在安平建造庄院。安平是商贾出没、海道便利的地方，进战退守，积散货物都极有利。"

"进战退守，积散货物？"鸿逵迷惘了。

第八章

海防游击

一、"改邪归正"

一个海贼，本应枭首示众，如今倒好，堂而皇之地登上大雅之堂，出入衙门官邸，真是亘古未有之奇变！

同安父母官曹履泰尤其受不了。郑芝龙聚兵不散，大小上千艘船只，像鬼影一般，在铜山至湄州一线沿海游弋，其大部麇集于厦门、浯屿一带。就在我的眼皮下干违禁的勾当。哼，妙得出奇，我以抚愚贼，贼亦以抚愚我！他微服私访，巡视了厦门、浯屿及海滨村镇，其景况使他伤心落泪。天灾、饥荒，这是明处的惨象。那暗里的内伤，则更叫人痛心。郑芝龙在厦门设立了仁、义、礼、智、信海上五商，公然通贩海外，纲纪何在？逐利小民，不以为怪，反倒趋之若鹜。

厨子备好了饭菜。

"老爷，请用饭。"

曹父母还在愤愤然，对站在面前的厨子视若无物。

厨子见他没有反应，局促地呆立着。

曹父母脸上的肌肉渐渐松弛，呈现出安详之状，好似进入涅槃。他正追忆《兵律》中的"私出外境及违禁下海"条。他欲向省上疏，弹劾郑芝龙，这就需要有本本作依据。那律文，如金石镂刻在他脑子里，他怎敢忘却？做官嘛，不能不忠。"……凡将马、牛、军需、铁器、铜钱、缎匹、绌绢、丝棉，私出外境货卖及下海者，杖一百，物货船车并入官。若将人口、军器出境及下海者绞，因而走泄事情者斩。凡海防官员串通海商贸易，金银货物价在百两以上者，并因此而招致番贼海寇出没，其犯死罪，次犯发边卫充军。凡私自先行接买夷船货物或为外商收买违禁货物下海通番，潜通海贼，正犯处斩，全家发边卫充军。擅造二桅海船或造船卖与夷人，为首者斩，从者发边卫充军。私自买卖苏木、胡椒千斤以上者，发边卫充军。将硫黄、焰硝百斤以上出口者，首犯处斩，从犯充军

海峡枭雄

……"

"老爷，请用饭。"

曹父母脸上的祥云倏地消散，威严地咳了一声。

桌上是一碟炒肉丝，一碟炒青菜，外加一碗紫菜汤。

曹父母接过厨子端来的一碗米饭，重重地扣在桌上："谁叫你买肉的！时下是什么年景？百姓嗷嗷待哺，我身为父母官，却吃起肉来，叫我如何下咽？"

曹父母脸色十分难看。厨子只得战战兢兢地端走那碟炒肉丝。曹父母这一气，才记起这次微服私访的主旨，是访查灾情。嘿，差点误了正事，都是被郑芝龙这海贼的胆大妄为气昏了头。灾情没有遏止，百姓正受熬煎，叫我有什么办法呢？只好呈请减免赋税。

他草草吞了两碗饭，便坐到案前亲自起草《通详宽限蠲免稿》。

"看得同安县僻处海滨，山多田少，素艰粒食，兼之两年荒旱频仍，惟去年仅有半收。夏秋亢旱，一望皆赤。今冬不雨，二麦未种。乡村草根树皮食尽，民困极矣！百姓惶惶无措，睹此凄惨景象，真令人涕零心裂，欲身代而无从者也。方今谷价腾涌，斗米百钱，饥殍载道，死亡横野，目击伤心，焦思无措……"

他一面写着，一面思想又开了小差……郑芝龙，他目无纲纪，居然也有人替他圆通，世风，民风，败坏到何等田地。

月初，他曾前往泉州府一趟。他在知府衙门的签押房里，遇上了巡海道蔡善继。蔡道宪对郑芝龙也是一肚子怨恨。郑芝龙控制了沿海后，大开海禁，通贩海船只要向郑氏纳银，就可以受到保护，安然出海。如此一来，巡海船等于虚设。曹履泰对这位巡海道的底里并非一点不懂。他通过发放"商引"不知捞了多少。这位官场前辈呀，忠于职守之心全无，而中饱私囊之术甚精。海禁一开，油水全流到郑芝龙的袋袋里，他如何不急？不过，在反对郑芝龙这点上他们是一致的，尽管立足点有天壤之别。因此，曹履泰对蔡善继不无同情。

"王太守，那郑芝龙非兵非民，不隶于有司，不辖于游寨，这算什么！我们一统皇朝，怎么能让其为所欲为，独往独来？"蔡道宪像一只斗败的公鸡，垂头丧气。

王猷在地上来回踱着，说："蔡道宪，你的火气还颇盛呀！这也是不得已的事。官兵屡屡征剿无功，不招安又有何妙法？现在海氛不宁，我们只好鼓舞郑芝龙，去扫平其余海寇。"

"这是饮鸩止渴。如今穷洋如同闹市，下海通贩好似赶集，全无恐惧之心，禁律成为一纸空文。太祖若有灵，要肝肠俱裂、痛哭流涕！"

"蔡道宪，有些事还得因时因地变通。我们东南海滨，襟山带海，田不足耕，以海为生，由来已久。若严格禁海，生路阻塞，反酿成祸乱。依卑职看来，此事睁只眼，闭只眼算了。"王猷突然意识到他的下属同安县令在场，言语有欠妥当检点，忙自我讪笑，"我这话未免有离经叛道之嫌，哈哈，哈哈。"

"睁只眼，闭只眼？"曹履泰对顶头上司的"妙论"，产生了一种末世降临之感，既愤慨又悲楚。难道真的到了这种地步？我不信！他放下手中的笔。《通详宽限蠲免稿》写了一半，刚才还悲天悯人，为饥殍相望而涕零心裂，一时又被海禁弛废所激而气愤不已。

曹履泰给郑芝龙发了一封请柬。

郑芝龙好不诧异，这个顽固官僚居然也请起我来。当初，他对我是欲剪除而后快，现在竟要把我奉为座上客。好哇，那次攻城没有白流血。他带着黑人卫队，趾高气昂地进了同安城。

"郑将军，果然仪表非凡。现在改邪归正，堪为社稷栋梁。"曹履泰面对这个伟岸的男子汉，不免有点自惭形秽。可是，官毕竟是官，寇总是寇。他的口吻还是流露出优越感。

郑芝龙听到"改邪归正"四字，好似被红铁烙了一下，陡地咬紧牙根，两道目光，冷若冰霜。

"郑将军，请入席。"曹履泰腰板挺得更直，并没有正眼看郑芝龙。

桌上摆着两碗水酒，两双筷，一碟炒花生米，一碟豆腐干，一碗炖萝卜，一盘炒青菜。

"卑职仰慕将军，特备小酌一叙。适逢大灾之年，不宜铺张，以示共度艰年。将军不至怪罪吧？"曹履泰用眼角瞟了一下郑芝龙。

搞的什么名堂！郑芝龙心里嘀咕着。

"曹父母向有清名，果然名不虚传。人说无官不贪，看来未必都如此。曹父母真不愧为好父母官。只可惜，曹父母的清名，救不了遍地饿殍。"郑芝龙用手抓了几粒花生米，远远地投掷到嘴里。

曹履泰呷了一口酒，说："清名虽救不了饥馑，但为国为民，于心无愧。郑将军，你现在已是朝廷命官，一举一动应有个讲究，否则，给人留下话柄，对将军不利。"

哟，今天这餐素酒还不好喝呀！郑芝龙索性把腿搁在椅栏上，侧身对着曹履泰，嚼着花生米："曹父母，小弟给人留下什么话柄？"

曹履泰见他这付桀骜不驯的样子，怒打心头起。他本来想劝告郑芝龙安分守己，协助维持海禁。这时他明白了：贼有贼性，狗改不了吃屎。他说："郑将军，你在厦门设立商行，通贩海外，这可是犯了死罪。你既在我的属地犯禁，我就不得不奉劝你检点一些。眼不见为净，你若在别处，纵是翻天覆地，我管不了也不想管，若在我的眼皮下肆虐，则请你自重、自爱！"

郑芝龙拂袖而起："厦门是个好港，我就想在那里做点勾当。天王老子也管不了我。我船只上千，兵勇万余，若没有通洋之利，军饷从何处来？靠那点分派来的军饷，还不够我的兵勇塞牙缝。"

曹履泰只是冷笑，说："你已归顺朝廷，为何不将兵员裁撤？"

"这个你管不了。没有舟师，难道叫我郑芝龙一个人去打杨禄、杨策，单枪匹马去擒拿钟斌、刘香？我郑芝龙帮了你多少忙，你身为父母官，不来谢我，倒想在背后做我的手脚。我通贩海外，使百业复兴，货物通畅，平添了多少饭碗。若都像你这样死守田园，视海为罪孽，海滨百姓，只好吃你的'清名'充饥！"

"你，你别太放肆。你违禁作乱，还振振有词，我……"

郑芝龙不待他说完，已经大步走了出去。

不久，有一件事使曹履泰大大振奋。

好哇，郑芝龙！你胆敢在沿海广招饥民，欲反下海去重操旧业。哼，不除掉这国家心腹大患，不足以安社稷。此时不动手，更待何时？他决计亲自上省禀告。

他是在前往东岳赈济灾民时得到这一消息的。

东岳，那里有一座官仓。昨天，发生了一起企图哄抢粮仓的造反事件。曹父母得报后，心急火燎地赶去处理善后。

他坐在轿里，往外望去，那裸露的黄土地，散发着窒闷人的气息。路上阒无人迹，世界像一座静静的坟场。他突然想起郑芝龙的话，海外贸易可使"货物通畅，百业复兴"，这话似乎也有道理。但他马上一阵心跳，一缕犯罪感在周身游移。想到哪里去了！海禁，乃太祖定制，怎么能如此亵渎？农耕，民生之大本，自从盘古开天地，就是如此。天灾人祸，在所难免，人还有三灾六病，何况年景。

他们路经一座水碓，里面扑腾腾地飞出许多乌鸦，呱呱叫着从他们头顶飞过。有几只竟朝曹履泰的轿夫、仵作们俯冲过来，吓得大家乱扑乱打一阵。曹履泰走出轿，叫仵作领路，到水碓去看个究竟。

水轮在咿咿呀呀地空转。曹履泰心里发毛了。碓房的中梁上挂着八九具尸体，有男有女，有老有少，好像是一家人。龇牙咧嘴，形状可怕至极。这水碓已好久未舂米了。那些悬挂的尸体，其脸面已被乌鸦啄得乱糟糟。

曹履泰不声不响地退回路上，强烈的尸臭，使他直恶心。一路上，乌鸦"呱呱"叫着，在他们头顶盘旋。

曹父母到了东岳，驻防守仓的军士们，把为首闹事的几个后生，五花大绑地推到他面前，向他禀告了昨天闹事的经过。

官仓前面的空坪，血迹斑斑，无数的苍蝇，黑压压地麇集成一堆一堆，吮吸着大地这额外的恩惠。曹履泰皱着眉头，用袖子驱赶着嗡嗡向他发起进攻的苍蝇。他一面倾听军头的禀告，一面在脑子里勾勒出那壮烈的场面：

瘦骨嶙峋的饥民，高举着锄头、扁担，不顾死活地向谷仓冲击；

军士们射出如蝗的箭；

饥民们纷纷栽倒，凄厉地惨叫；

乌合之众受挫后四散奔逃；

军士们手持利刃刺杀那皮包骨头的躯体……

他对被捆缚着的首犯说："前面带路，到你家看看。"

这是一个什么家！一座破茅屋，四处通风。床上躺着首犯的父亲，全身浮肿鼓胀。他的眼神十分可怕，露着贪婪、狂乱的光泽。他对被捆绑着的儿子无动于衷。儿子告诉他，这是父母官大老爷。他既无惊讶，也无惊喜。他只是伸着手，示意要吃。一个八九岁的女孩子，穿着一身麻花似的百衲衣，搅了一碗盐汤，端给父亲："你不能再喝了。"

曹父母不忍看下去。只要家有隔夜粮，百姓都不会造反。他是体察民情的。他知道，近一阵来，市上已开始出卖"菜人"，将妇女儿童当牲畜一样宰杀。至于易子而食，早不是什么新鲜事了。民情汹汹，应当立即放赈。

为首闹事的枭首示众。他们的头颅，换来了一座施粥厂。十数口大锅，整日在煮粥。东岳周围四乡的饥民，每日有五六千人，涌向这里。长龙似的队伍，还有不时爆起的吵闹斗殴，就为了那么一碗活命的粥！曹履泰有点心酸，但也别无他法，天意如此，在劫难逃。

与此同时，郑芝龙干了一件千古不朽的事业。面对漳、泉一带连年旱荒，他开始广招饥民，到台湾去垦拓。这气魄宏大、出手不凡的壮举，是官府做梦也不敢想的事。曹履泰得到情报说，郑芝龙欲反下海就是这事。在曹履泰看来，趁民之危，广罗党羽，航渡台湾那盗贼渊薮之地，其狼子野心不是昭然若揭吗？

郑芝龙竖起的"招"字大旗，像燎原烈火，从泉州府属各县，迅速蔓延到漳州府属地。此时，郑芝龙正在龙溪县活动。他骑着一匹赤兔马，伫立在龙溪招民站附近的一棵大树下，望着正在签约画押的人群，脸上绽出满足的笑。他回味着刚才自己的演说，突然觉得自己正与上帝同在，内心空灵。

"……父老弟兄们，我郑芝龙不忍看你们坐守待毙。本将军虽无普度众生之术，却有心带父老弟兄们走出一条生路：下海去，到台湾去创建家园。台湾，荆榛未辟，土地膏腴：只要不吝汗水气力，混个温饱并不难。举家迁徙也好，自个前去也行，悉听便行事。凡去台者，本将军拨船载送，每人给银三两，每三人给牛一头……"

喜出望外的眼神，发自心底的感激，如余音绕梁，如空谷回声，郑芝龙陶醉了。他打算拿出三十万两银，给饥民作迁台安家费。他可不是个慈善家，他有他的小九九："这批迁台移民，自然是敝人的佃户，日后的地租收入，可是一份巨额进项。现时台湾人烟稀少，作为进战退守之地，尚欠厚实。荷兰人已从澎湖退往台湾，若不移民繁衍，那块该属我的地盘，难保不被红毛番蚕食掉。"

龙溪有个叫郭怀一的青年，家中原来小有资财。他少年进学，中了个秀才之后，便屡试不第，不免心灰意懒。他日日在家，豪饮欢宴，食客盈门，博得个"小孟尝"之称。他与郑芝龙的侍从官郭任功拈亲带故，郭任功竭力撺掇他入台。那些迁台移民，各色人等，如一盘散沙，若无中坚分子，便无从统驭。郭任功对郭怀一说，他可向郑芝龙推荐，让郭怀一任一名管事，也就是郑芝龙在台湾的一名代理人。郭怀一正处在找不到人生出路的苦闷中，见有这种机会，不免跃跃欲试。

"怀一，家产也快被你蹬踢干净了，守着这座空宅，能有什么出息？"

"俗话说，金窝银窝不如自己的穷窝。那台湾听说是瘴疠之地，蛇蝎之所，纵使土地膏腴，染上疫病岂不是白白赔了性命？"

"没有的事，生死自有天意。男子汉大丈夫，老守着家门槛，能成什么气候！这可是个建功立业的机会。"

"任功，你这话有点道理，我豁出去了。"

郭怀一随郭任功去见郑芝龙。"郑"字大旗和"招"字大旗，在蓝天映衬下格外鲜艳夺目。郑芝龙骑在赤兔马上，威风凛凛，宛如一尊天神。郭怀一对芝龙颇生好感。他原以为郑芝龙是一付蓬头垢面、凶神恶煞的模样，事实却恰恰相反。这好感坚定了他的信念。郭怀一出语不凡，豪爽开朗，亦使郑芝龙十分见爱。郑芝龙即命郭怀一主持龙溪的招民站。这郭怀一后来在台湾，掀起了一场气壮山河的抗荷斗争，而使美名彪炳于台湾史册。

正当郑芝龙在广招饥民，迁徙台湾时，曹履泰风风火火地星夜赶往省城。他要制止这亘古未见的民变。太祖定制：若将人口带出境及下海者绞！如今可不是数人、数百人下海，而是将数万人掠往海外，是可忍，孰不可忍！

"抚台大人，郑芝龙招安之后，其党羽蚁聚不散，又在厦门设立海外贸易牙行，大肆贩货通洋，目无国法。其骄横跋扈之状，若天之骄子。卑职近得可靠消息，郑芝龙在漳、泉一带，公然广招饥民，欲挟往台湾，称霸割据。此乃滔天罪恶，望大人明鉴，先声夺人，防患于未然。"

曹履泰原以为巡抚熊文灿，听到这话定然拍案而起。不料，巡抚大人好像心不在焉，静默半晌，毫无表示。他正满腹狐疑，巡抚大人慢悠悠地说："这是省里核准的。昨日，省里已行文漳、泉两府各县，毋得阻挠滋事。"

如一记闷棍，打得曹履泰晕头转向。他呆若木鸡，只是愣愣地望着巡抚。"我不信！"他眼里冒火，心中惨叫着。他怀疑熊文灿是在捉弄自己，但熊文灿那种对下属凛然不可犯的威严，正压迫着自己，他相信了：这个巡抚大人，行事总是出人意表。

熊文灿对这位忠于职守的县令，没有什么好感：他太呆板了，太迂腐了。什么事都照条条本本，不敢越雷池一步。只谨守做官之道，却不顾实情如何。百姓哀鸿遍野，郑芝龙愿救民于火，有什么不好？熊文灿正对郑芝龙感激不尽呢！曹履泰哪里知道此中就里，冒冒失失，竟砸了自己的脚。

沿海赤旱千里，草根树皮食尽。熊文灿对各地的告急文书，愁眉不展。他能做什么呢？无非是蠲免钱粮。免不免，反正就是那么回事。再有就是放赈施粥，这也不能解决问题。他正百般无奈时，突然想到郑芝龙。郑芝龙招安之后，曾暗中馈赠了一批珠宝给熊文灿。熊文灿知道郑芝龙手下有一批人，专门从事通洋贸易，其富无比。何不叫郑芝龙捐出一笔巨款，到粤、浙两省购粮，以济燃眉之急呢？

郑芝龙被传到省里。

"郑将军，漳、泉两地，荒旱有年，谅你早有耳闻目睹。郑将军若能捐银数万，解民于倒悬，这可是功德无量的事。"

要我捐钱？郑芝龙不高兴了。把我当成摇钱树啦！这巡抚大人倒是头脑活络，他不责我违禁通洋，却叫我大掏腰包，嗬，真鬼呀！若是你自己要捞一点，我倒是乐意奉献。巴结上司，总是不亏本的。可这是救济百姓，那芸芸众生是个无底洞，我纵使富敌国，亦填不满呀。这个戒不能破！

"巡抚大人，海滨地方，人稠地少，即便不逢灾年，生理亦是艰难。靠放赈救灾，不是长策。"郑芝龙竭力捡选推诿之词。

"燃眉之急，亦只能暂且救之。天时、地利如此，又不能将百姓迁徙他处。"

"迁徙他处？"如一道电光在郑芝龙脑海闪过。一个宏大的计划，在他眼前徐徐展开，他大为振奋。

"巡抚大人，卑职倒有个长久之策。沿海地狭民贫，不如将百姓移民台湾。现台湾孤悬海外，土地千余里，草莱未辟，人烟稀少，若有数万移民前去拓荒垦殖，十年八载，必然人烟辐辏，良田万顷。如此，沿海饥民，自有归宿，休养生息。何况台湾一地虽属外岛，实乃江、浙、闽、粤四省之左护，海外之雄镇，迁民繁衍，可固边海屏藩。"

熊文灿亦为之兴奋，这倒的确是个长久之策。但他随之摇了摇头："欲移民台湾，得有巨资才行。如今库已告罄，从何谈起？"

郑芝龙眉飞色舞："卑职愿效犬马之劳。移民之事，包在我身上就是了。凡愿移台者，每人给银三两，每三人给牛一头。"

"啊！"熊文灿为他的慷慨，大大感动了。

曹履泰还算是有自知之明。职微言轻，再多言语，亦是白费口舌，弄不好还会引火烧身。巡抚大人竟同郑芝龙一鼻孔出气，这郑芝龙的手腕也太高明了。我就不信，世风会就此一蹶不振。曹履泰唯唯诺诺地退出巡抚衙门。咳，此事如鲠在喉，不吐不快。他心里憋得慌，又无处发泄，气冲冲地走着，竟一头撞到门柱上。

郑芝龙随同郭怀一，带领第一批移民，浩浩荡荡地驶往台湾。

船队驶经澎湖时，李魁奇曾登船拜见郑芝龙。李魁奇让自己的管账，向郑芝龙禀报了本年度贸易西洋的本利决算情况。郑芝龙翻了翻账本，让管账的到安平去，同郑泰核查账目。已有风声传到郑芝龙耳中，李魁奇党羽渐丰，似有离异之心。他审视着李魁奇：

"魁奇，你还记得我俩在海里较量的事吗？"

"将军是海上蛟龙，水上功夫没说的。现在将军归顺朝廷，我等无缉拿之险，生意更好做了。"

"魁奇，现在闽海已在我股掌之中。虽有杨禄、杨策等几个老活鳖，那已是唾手可得的事。待移民台湾事大体就绪，我就要兴师收拾他们。这东南海面，只许我'郑'字大旗飘扬。谁若同我郑芝龙作对，定叫他玉石俱焚，血染碧波。魁奇，红毛番已退出澎湖，这里可就是你的天下啦！"

李魁奇听出了话音，急忙剖白："将军，我李魁奇一辈子是你的奴仆，若有三心二意，苍天作证，叫我尸横海底，葬身鱼腹。"

郑芝龙呵呵笑了："魁奇，可不能把发誓当儿戏哟。"

李魁奇撕开衣襟，拔出大刀，就要剖腹："将军，我只好把心摘出来给你看！"

郑芝龙夺下大刀，说："怎么，一句玩笑话，就把你急成这个样子。有你在澎湖，我就可以高枕无忧了。"

台湾海岸，隐隐约约地跳进眼帘。郑芝龙没有激动。本来有众多的人和事让他激动的：阔别三载的山寨，久违的番族同胞，分支回台的旧部，还有堪称女中豪杰的颜如玉。此时，郑芝龙又被一种担忧所压迫。他对李魁奇并未解除顾虑，由此，他又想到杨天生、陈衷纪。杨、陈二人，当初弃我而去，只不过由于我的宽宏大度，才笼住他们的异心。他们独处一隅，本可随心所欲，现在我来了，他们又得臣服于我，他们甘心受约束吗？虽然有颜如玉作监军，可是自招安以后，竟没有得到她的片纸只字。是生我的气，没有及时来接她回去呢，还是此间暗里早有变故？他走上甲板，让军士向各护航舰只打旗语：准备战斗。假如杨天生、陈衷纪背叛他，他便强行登陆。他不容自己的事业半途而废，他决心将数万饥民，安置到台湾岛上。

一艘大船迎面鼓浪而来。传来了螺号声。郑芝龙的面容上，原本蒙着的一层霜，慢慢消融了。他看清了大船上飘扬的"郑"字大旗。他看清了杨天生和陈衷纪。他俩下到舢板，上了郑芝龙的旗舰。

"将军，接到你的信，我们就四处勘察，盖了许多草寮，预备接纳移民……"

郑芝龙听了他俩的禀告，心里却想着颜如玉。刚刚消散的疑惑，重新聚拢来：奇怪，她怎么没来接我呢？莫非此中有诈。他又不好向他们探问颜如玉。

"颜夫人正在岸边等候将军。"杨天生终于说出了郑芝龙关心的事。

眼前那熟识的景物，唤起了郑芝龙对往事的追忆。三年前，他从这里誓师出发，种种的抱负，如今都一一实现了。他感到无限地欣慰和自豪。那婷婷伫立，婆娑起舞的椰子树，好似在向他频频招手。他一时恨不得立即上岸，到颜思齐的墓前去追悼一番。没有这位大哥，他或许还在澳门母舅家里，做一个碌碌无为的伙计。

护航的战舰在离岸半浬处一字排开，落帆下碇。杨天生、陈衷纪请郑芝龙下到快艇上。郑芝龙突然犹豫了。他满脸不高兴，说："你们先回去安顿移民，叫夫人到船上一趟。岂有此理。"

颜如玉来了。她身披盔甲，腰佩宝剑，显得英姿飒爽。郑芝龙见她到来，一颗悬着的心才落下。她这副装扮，很使他见爱。他当着众人，又不好做出亲昵举动。倒是她大大咧咧地倚在他身旁，撅着嘴说："你招安当了官，就忘了海贼婆啦。要不是我担心损了你的面子，我早就赶过海去。我在这里替你守着后门，让你没有后顾之忧，你倒好，全然不顾念我，一个人在大陆寻快活。"她一面说一面泪流满面。他很尴尬，说："成日在海上驾风冲浪，搏斗厮杀，哪来的快活？安平的庄院正在赶建，我想待完工后才来接你去住。你这半年怎么都没个信？"

"你已经抛弃糟糠，我又何必去俯就你这当官的？古往今来，这种事多得很。你尽管做你的陈世美，我可不愿做秦香莲。"

他嘿嘿讪笑了几声，将黑人卫队留在战舰上，带着郭任功等侍从亲兵，随她一道下到快艇。

她这一年多来，依然住在郑芝龙当寨主时的山寨里。只是当年的草寮已翻修成青砖瓦房。他与她并肩走进院里。她解下盔甲、宝剑，让丫头回避。她像久旱的禾苗，贪婪地吮吸甘霖，紧紧地抱住他的颈脖，四片火烫的嘴唇胶粘到了一块。人，或许是有第六感官的。刹那间，他从醉迷状态中猛醒过来，一把将她按倒在地。"当"地一声，一把匕首从墙上反弹到地上，冒起了火星。他如流星闪电，猛地转到一个房间门口，撩开门帘，揪出一个人来。

"李俊臣！"郑芝龙睖睁大眼，一把将他掼倒在地。

"算你命不该绝。"李俊臣拔剑自刎了。郑芝龙正要去夺剑，已来不及，血像喷泉一般，喷到郑芝龙身上。郑芝龙踢了踢李俊臣还在搐动的尸体，十分懊恼。

颜如玉吓得脸色苍白，站起来紧紧地抓住郑芝龙。

"你，你没事吧？"

"多余的话。"郑芝龙心里嘀咕着。他厌恶地溜了她一眼，"美女蛇"三个字在他脑海跳荡。她恢复了知觉，感受到他的不信任的目光。她急忙揪起吓傻的丫头。

"从实招来，是不是你把他藏进房间。"她用藤条狠狠地抽打丫头。他倍加警惕了，护住丫头。

他和颜悦色地对丫头说："只要你讲老实话，我绝不加害你。"

丫头跪在地上，战战兢兢地说："夫人出去后，李老爷便溜了进来，强着同我睡觉。他说，将军在旧镇打了他四十军棍，他要报仇。他还说，他除掉将军，就立我为压寨夫人。"

"胡说，编造的鬼话。"郑芝龙将宝剑直指她的脖子。

"不敢说谎，将军饶命。"

郑芝龙对闻声闯进来的郭任功指着丫头说："把她先押起来。"

这件事，像一首唱走调的插曲，实在叫人倒胃口。颜如玉振作精神，强颜欢笑，想抹平他的不快。可是，越弄越像做戏。

"芝龙，你看，这是我写的诗。"

"好，不错。"他心不在焉地翻了翻。

"芝龙，你看，这是我亲手替你缝的官服，你试试。"

"好，不错。先放着吧。"

"芝龙，真叫人想死了。我还以为你变心了。"她滚在他怀里撒娇。

"好，哦，那怎么会呢？"他象征性地把手搁在她脸上。

夜深沉。他冷冰冰地搂着她，神经却绷得紧紧地，好似随时准备厮杀。当初，他让她来台监军，并没有奢望她严守贞操。要有所得，就必须有所失，这是他奉行的信条。从理性上来说，他是反贞操的，什么三从四德，在他看来都是陈腐教条。人，应当是自己的人，应当随心所欲。可是，当现实来到他身旁时，情与理却产生了强烈的冲突……哼，这个骚狐狸，她能守得住空房？没去勾搭人家，就算她本分了。她，一个如花似玉的妙龄女人，落在这男人堆中，谁不想找她风流一番？那李俊臣乃是个色鬼，今天的事难保说他与她没有勾搭。若她与杨天生、陈衷纪也有勾搭，那可就落进老虎嘴了……他眼前幻化出她与他人在一块的种种情景，头皮一阵又一阵地发麻。

她依偎在他的怀里，像一艘经过长久与风浪拼搏的帆船，驶进了一个避风坞，疲惫而舒坦。她为丈夫保有这块后方基地，软硬兼施，酸辣齐备，真可称得上是个巾帼英雄。陈衷纪是个粗人，心肠耿直。他对郑芝龙的不责之恩，铭记心怀；对郑芝龙的倾心信托，更是心悦诚服。他对她是极为尊重的。杨天生倒是个心里曲里拐弯的人。他怎么会把她放在眼里？当郑芝龙与俞咨皋大战之时，她曾要求杨、陈二人出兵增援。杨天生找出种种借口，拖延行动。后来，她找杨天生直截了当地说："我知道你肚子里有几条虫。你想自己长久在台湾称王称霸，便想坐视将军失败。你这是聪明反被聪明误。将军胜利了，他自然不会东顾台湾；倘若失败了，不回台湾去哪里?"杨天生被她慑服了,正待出兵增援,郑芝龙已击垮了俞咨皋。至于一些无赖之徒,想占她的便宜,也不是一次二次,都倒在她的铁腕之下。当然,她也是人,也有欲望。李俊臣就打过她的主意。他那风流倜傥的模样,不止一次搅得她心旌摇动。可是,她终于遏住了诱惑。这是因为,郑芝龙在她心目中,占有神圣的位置。她觉得不能辱没他。她并非痴情女子,而恰恰相反。若她的夫君不是郑芝龙,也许她早干了许多风流事。他终于成功了,一切按预想的实现了。她感到无限地幸福,即使郑芝龙抛弃了她,她依然觉得满足。因此,郑芝龙招安半年还未来接她,她认定他抛弃了自己。她虽然痛苦,但还是默默地维护他,宁可亏待自己,也不去给他增添麻烦。

"喂,你睡着了吗?"他捏了捏她的鼻子。

"你别吵。"她把他的手拉向自己的怀里。

"你听我说。我想在这里也安个家,我需要常常往来台湾大陆。我看你还是留在这里。"他在试探她,若她与这里的人有瓜葛,听了这话自然求之不得。

没想到她暴怒了。一把掀掉被子,坐了起来。

"我要回去!你还想把我撂在这里?你也太欺人了。"她委屈地放声大哭。她猜测他一定是为了李俊臣的事而怀疑自己。她可以忍受他的负心,却不能忍受他的猜忌。

郑芝龙心里却甜滋滋地,他周身充满热烈的情愫。他扳过颜如玉的脸:"别哭了。笑一笑给我看。你住不惯这里就回安平去,何必生这么大的气。我还能给你画地为牢?你愿留就留,愿走就走。"

她真的破涕为笑了。

几天的家庭生活,勾起了郑芝龙对远在日本的田川美子的思念。算来郑森已经七岁了,不知有没有开始识字。是顽皮呢,还是老实听话?可不能像自己小时那样,叫大人心烦。不过,我也不赖嘛,哈哈。

他令随同自己来台的芝燕,趁南风正发,带着礼物,前往日本接田川母子。郑芝龙心情十分愉快。杨天生、陈衷纪等人,对于安置移民十分卖力,郭怀一亦显露出驭众调度之本领。这首批移民,大小人头达五六千，竟被安排得井井有条。还有一件顺心的事。荷兰人从澎湖撤退来台，在赤嵌近处的一鲲身，建了一座城堡，叫热兰遮城堡。郑芝龙曾与之打过交道的威特，荷兰东印度公司委任其为驻台湾总督。威特派人给郑芝龙送来一封信，表示愿意向郑氏纳租。郑芝龙觉得荷兰人留在台湾，对贸易尚有好处，亦不去干涉他们。

　　这日，田川美子正在为父亲田川翌皇捶背，伙计领着芝燕进入堂屋。

　　"这位客官刚从唐山来，他说是一官老爷派来的。"

　　"一官。"多少年没有提到这个字眼啦！父女俩面面相觑，都不敢相信自己的耳朵。在她心中埋葬了多年的一官，重新复活了。她"哇"地一声扑在父亲的肩上恸哭。七年，这漫长的岁月，一官的面容已渐渐在她的思屏上淡化了。最初，她时常暗自哭泣，替一官的命运操心。后来，她成天价日郁郁寡欢，为自己的命运叹息。再后来，她把作为人的一切情感，都倾注到儿子身上。盼子成人，一切围绕着这一生活轨道。她认定一官他们凶多吉少，更不指望一官再回到日本。

　　"嫂子，大哥现已改名郑芝龙，当了福建海防游击将军，统驭战舰千艘，军士上万。他派我来领嫂子及侄儿郑森回中国去。"芝燕说。

　　"初次见面，请多关照。"田川美子抹掉泪水，请芝燕坐到地炉的客位上。她左顾右盼，未见郑森，大喊："大木，大木。"

　　真是酷肖其父，小郑森同他父亲一样，浓眉，大眼，方脸，阔耳。他持着一根木棍，口里发出锵锵声，旋风般地跑进来。果然将门虎子。不过，这郑森见了客人，显得规规矩矩。而他的老子，在他这般年岁时，则是天地不顾的。紧随在郑森后面，又冲进来一个略小点的男孩，口中大叫："哥哥，哥哥，我们上街去玩。"

　　芝燕为之一震，大惑不解。他只听郑芝龙说过，有一个儿子叫郑森，现已七岁，怎么现在又钻出个弟弟来！田川美子发觉了客人那异样的表情，垂下眼睑，说，"这是大木的弟弟，叫次郎左卫门，是……"她没有说下去，田川翌皇接过她的话茬说："客官累了，先安歇用饭。"

收劉香功遷都督於是成功在倭已七歲矣芝

龍婁請之不能得乃遣人齎金幣往圖畫芝龍為大

帥秉鉞橫絕海表軍容烜赫之狀倭亦頗憚受賂而

歸之成功風儀秀整偶儻有大志每東向而望其母

常為孝父芝豹所窘叔父鴻逵獨偉視焉讀書穎敏

不治章句先輩王觀光一見謂其父是兒英物非而

所及七十五補弟子貞試高等食餼二十人中金陵

有衛士視之驚曰此奇男子骨相非凡命世雄才非

當是秉鉞

全二字必有誤

芝燕猜想其中有难言之隐，不便追问。他对田川翌皇父女说了在日本幕府碰壁的事。

芝燕是前天到达平户的。他昨天去见德川家康将军。将军看了郑芝龙的信，才知道从前的平户老一官，现在已是福建的大官了。他不想放田川母子到中国去。郑芝龙既然势大，难保不来侵扰日本，以报当年失败之仇。这母子二人正好是人质。有这两人作抵挡，郑芝龙即使有野心也得掂量一番。他对芝燕说："日本国女子，从来不准出国。此例不可破，请婉告郑芝龙将军，实在对不起。"

芝燕与之争辩，幕府将军总是用那句话搪塞。

田川美子的眼里涌出了泪水，颓然地坐到地炉边的草垫上。田川翌皇忙安慰女儿："不用急，一官既然活着，又成了大气候，还愁见不着？此事慢慢计议。"他问芝燕："幕府将军见了一官书信后，是显得欢喜，还是有怒色？"芝燕说："将军见了书信面带喜色。"翌皇说："见书若喜，可再作商量。"芝燕说："自然还要恳求，我哪有脸独自回国？"翌皇即唤从人，将芝燕所带物件行李，搬到府上。

不久，有艘荷兰商船要到台湾去。田川美子及芝燕各写信带去给郑芝龙。

看到田川美子娟秀的字迹，郑芝龙就好像又看见她那楚楚动人的姿影。看着，看着，他禁不住动了感情：真难为她了。

"……一官，我天天到山头去张望，看看有没有唐船到来。唐船没有等来，却等来了一位少妇。这少妇是左卫门家的女儿，我曾见过她。她抱着一个刚出生不久的孩子，趁夜来到我们家。她说，那孩子是你同她生的，要我收留这孩子。一官，我虽善良，也还有女人的忌妒心。你还在平户的时候，我已风闻你同左卫门家的女儿暗中往来。风闻是风闻，可这个女人带着私生子站在我面前时，那种滋味实在是说不出来。这女人还要我收养那孩子。我知道，我若不收养，她一定会将那孩子扔掉的，她要图个干净。不管怎样，这孩子总是你的骨血，我含辱收下了。我给这孩子取名次郎左卫门……"

郑芝龙长长地嘘了口气。

164

他思想了一阵，来到书案前，铺开一张宣纸，在上面乱涂乱抹。

颜如玉蹓马归来，走到他背后，惊叫："你这是干什么？"

只见纸上画着许多战舰。如云战舰，联舻行进，旌旗招展，军威雄壮。在旗舰的甲板上，站着一个全身披甲的将军，正在发号施令。

他把芝鹗传来，说："你乘一艘战船，带六十名壮丁去日本平户。要新盔亮甲，器械必须坚利。还有，你把这张画面呈给德川家康将军，再送上礼物和我的信件。"

他已下了决心，如果日本再不放田川母子归来，他便要兴兵征讨。

芝鹗走后，郑芝龙便回到大陆。颜如玉本要随同到安平去，可是她突然变了主意。她知道田川美子迟早是要从日本回来的，那时她将往哪里摆放？想到回大陆去，上有婆婆黄夫人，再加上正室田川美子，她便成了小媳妇。她绝对不能忍受。还有，一个男人同几个女人在一个屋顶下睡觉，她一想起来就会作呕。她要求留在台湾，郑芝龙也没有勉强她，独自走了。

芝鹗领命启航，经八昼夜到了日本。芝鹗驾船入港，旗帜械器摆列整齐，金鼓喧天。陆上的炮台大为骇然，以为是侵犯之敌，正预备放炮时，见芝鹗的战舰已下帆落碇，才带着疑惑前去探问。

芝鹗将画送入幕府。幕府收了郑芝龙送来的礼物、信件和图画。德川家康展开图画看了一阵，知道郑芝龙"先礼后兵"的意思。他召集文武官员会议，说："郑芝龙连发两书，遣人前来，该如何发付？"辅国将军奏道："我听说郑芝龙兵船甚盛。今连发两书前来，欲依他，从无此例；若不依他，恐一旦加兵，亦是费事。以臣管见，不如将儿子送还他，其夫人暂且留下，说日本从未有妇人入中国的先例。如此则可以两全其美。"德川家康大喜，说："此议甚当。"立传田川翌皇面谕。

芝燕、芝鹗就要启程了。田川美子连日来痴痴傻傻的，总是一个人长久地呆坐着。郑森知道自己要离开母亲到中国去，他像小大人一样，安慰母亲："妈妈，我和阿爸很快就会来接你的。"母亲搂着他，无声的泪水，成串地滴到他脸上。她喜，喜他们父子可以相会了；她悲，悲自己的命苦，没见到夫君，反倒失去儿子。儿子才七岁，他当然不愿离开母亲。可是小郑森不仅机灵乖觉，还十分听母亲的话。

"大木，你长大了，你该去跟你阿爸。"她喉头哽塞。

小郑森愣住了："妈妈，你呢？你不要我啦？"

"不，你先去，妈妈以后再去。"小郑森神色黯然："那我去唐山转一圈就回来接你。"

"好，好，我的小乖乖。"

临行的这天，田川美子再也克制不住了，抱住郑森号啕大哭："大木，我的乖儿子，你这一去，天各一方，我们母子再也见不到了。天呐，我的命好苦呀！"

芝燕、芝鹗非常惊奇，小郑森没有耍赖不走，只是无声地把脸蛋贴在母亲的腮上磨蹭。他俩劝慰田川美子，说："我们回去后，自当设法再来迎接，夫人不必过于伤心。"

他俩带着郑森上了舢板，郑森这时才大声哭叫："妈妈，妈妈……"

田川美子眼前发黑，晕倒在父亲的手臂上。

郑森到了安平。郑芝龙见儿子气宇轩昂，好不喜欢，即延师肄业。这郑森对母亲极有孝心，每夜临睡之前，都要坐在床上，翘首向东，遥遥祝福母亲。叔父芝虎、芝豹见他这个样子，时常嘲笑他。独有叔父郑鸿逵，对他颇为偏爱，每每摸着他的头，说："此吾家千里驹也。"

一天，郑鸿逵请来了个相面先生，相士见了郑森，大为惊叹，连连向郑芝龙称贺，说："郎君英物，骨骼非常。"

芝龙眉欢眼笑地说："我是一介武夫。此儿日后若能博一科目，为门第增光，则幸甚矣。"

相士连连摇头说："郎君乃济世雄才，非止科甲中人。"

第九章

消灭异己

一、同盟者海上兵变

颜如玉有些后悔了，不该如此执拗，今天本不该出门的。

她所乘坐的单桅帆船，正承受着风浪的猛烈袭击。海水，黑森森地，像是从地心深处涌起的乌黑的岩浆，滚沸着，骚动着。大自然的巨手，显示了它的操纵力，它随心所欲地塑造着浪的山峰。那刚刚叠起的连绵起伏的山峰，转瞬间又变成无底的深谷。新的山峰，新的山谷，不断地涌现，不断地交替。

水手们在拼搏，在同死神较量。

颜如玉同奶妈紧紧地护着婴孩。这婴孩刚满五个月，是郑芝龙率首批移民过台时结下的果实，取名郑渡。

近一阵来，台湾时疫流行，死亡在威胁人们。颜如玉建议暂时搬回大陆。可是，杨天生、陈衷纪觉得当初分部来台，已被郑芝龙另眼相待，如今郑芝龙站稳了脚跟，再回去依附，面子往哪里搁？不过，疫病却不讲面子，决不会对他们谦让的，他们感到为难至极。颜如玉见他们一时不能定夺，决意自己回大陆去。疫病汹汹，还监什么军，监个鬼！

今早启航时，杨天生劝她改日再走，因为天气不太好。颜如玉的拗劲一上来，十头牛也不能把她拉转。

帆船气咻咻地喘息着，在风浪中苦苦挣扎。它那可怜的身躯，不住地上下颠簸，左右摇晃，像一个疟疾病人。

颜如玉凄惨地笑了一下。奶妈在呜呜哭泣。

水手们突然发出呼救声。颜如玉挣扎到甲板上。她看到了，看到一艘大船正朝他们驶来。

这艘大船乘坐着李魁奇。李魁奇刚从马尼拉回来，远远发现颜如玉的这艘船，已抗不住风浪，眼看就要倾覆。他令水手向那条船靠拢。风浪像磁场的两极，使两条船怎样也无法靠拢。

颜如玉看清了，站在甲板上指挥的是李魁奇。她的手在空中飞

舞，好像在抓捞救命符，尖着嗓子叫喊："李魁奇！"

　　李魁奇好生奇怪，莫非驶进鬼域，这个小娘子怎么会只身流落在波涛中？她不是在台湾替郑芝龙监军？他咬了咬自己的手指，一阵生疼，他嘿嘿笑了：不是鬼蜮，是艳遇！

　　他将缆绳抛过去。风浪太大，对方无法接住。他抓着缆绳，扑通跳进海里。他游近她的船，水手们把他拉上船去。颜如玉母子同奶妈，被接到李魁奇的大船上。大船拖着小船，艰难地向澎湖驶去。

　　颜如玉经受了这场惊吓，懒慵慵地躺在舱铺上，不住地内省自己的任性。若不是上苍垂怜，遇上了李魁奇，今天就葬身波涛了。自己死了，那是咎由自取，不能怨天尤人，而小郑渡刚来到人间，他不该这样匆匆而去。母亲的责任感，正在悄悄地改变她的习性。她急切地想回到大陆去，过平稳安定的生活。

　　李魁奇亲自给她送来吃的东西。他看到她越发妩媚的娇懒之状，心脏突突地狂跳。如果按他的规矩和脾性，弄到娘们还不立时拿来消消"晦气"？纵使她是郑芝龙的爱妾，在这茫茫海上，只要将她船上水手们，一个个捆起，扔到海里喂鱼，半丝风也透不出去。可是，此刻的他却显得斯文，当然是他所能做出的最大限度的斯文。他抱起小郑渡亲了亲，又彬彬有礼地请她喝黄鱼汤，还动了动汤匙，冲她笑了笑。

她十分感激他，只是由于过去的事由，她不能不与他保持一定距离。她又不能毫无表示，拍拍铺沿请他坐下。他摇了摇头，问明了她离台的缘故，便转身走了。

澎湖三十六屿，像一串明珠，镶嵌在台湾海峡。李魁奇在西屿的一个避风坞下了碇，让随从抬来轿子，把颜如玉接进自己的秘密大本营。这西屿像一个荒无人烟的去处，岛上只有一些灌木和茅草，显得十分荒凉。他们在一片碎石乱岗上七拐八转，进入一个深壑。这里，两峰夹峙，在大小岩石缝中，长着葳蕤的相思树，一派郁郁葱葱。这使颜如玉十分惊奇。

"大王，回来啦？"

小径两旁的岩石后面，跳出了十几个身佩宝刀的壮汉，连连向李魁奇致意。颜如玉听了很不舒服。李魁奇早已归附郑芝龙，只是替郑芝龙经商的保镖，怎么还是当年当海贼时的派势？李魁奇随轿而行，见她蹙起黛眉，解释道："这些跟随我多年的使唤，总是叫我大王、大王，改不了口。嫂夫人是不是听不顺耳？"

在小径深处，有一座石砌的院落，傍山而筑。这就是大本营。

颜如玉在这里生活得很惬意，一晃住了三天。她欲回大陆，李魁奇劝阻说，天气不好，恐有闪失，不能让她再贸然闯险。又过了几日，她见外面阳光灿烂，断无风云突变之理，又欲回大陆。李魁奇对她说，郑芝龙正与钟斌在海上大战，海面不宁，他不敢冒这个险。她只好再次稳下心来。

俩人闲扯了一阵，李魁奇不胜感叹，说："台湾疫病汹汹，杨天生、陈衷纪怎么那样死板，就守在那里等死？"

她逗着小郑渡玩耍，撇了撇嘴，说："谁不懂得命值钱？他们也是有心回大陆投将军的，可是又抹不下脸来。谁叫他们当初存一念之差？男子汉就得有这种骨气！"

李魁奇哈哈笑道："嫂夫人还真有点大海的脾气，痛快！我说嫂夫人，我们不能看着杨天生、陈衷纪他们自找倒霉。只要将军开

了口，他们就会回来的。依小弟看，你不妨写封信给他们，就说你
见了将军，将军让他们带船舰人马回大陆。"

他伸手接过小孩。

她定定地看了他一霎：想不到这个强汉还有一付好心肠！她也
想尽一把力救他们，杨、陈二人在台湾待她挺不错的。她说："等
我回去，就叫将军写信。"

李魁奇忙说："救人如救火，迟一天又有多少人倒在疫病之下！
你马上写信，我派船就把信送出去。将军正在打仗，十天半月之
内，你不一定能见到他。"

这样妥当吗？她迟疑不决。

"嫂夫人，我给你去拿笔墨。"

"也好。"

李魁奇连忙将小孩塞还她。

杨天生、陈衷纪接到颜如玉捎来的信，很是高兴，立即将经营
贸易所得，扫地出门，全部搬上船。既然郑芝龙已控制了海疆，现
在可以在大陆堂堂正正地做海外生意，又何乐而不为呢？

临行之前，杨天生犹豫了。颜如玉已回到大陆，郑芝龙怎么没
有亲笔来信？陈衷纪不耐烦了，说："我说天生兄，你也别太小心
了。颜夫人在台湾监军这么久，自然由她写信，拿读书人的话说，
这也是顺理成章的事。"杨天生不这样看，但猜不出有什么奥秘。

杨天生、陈衷纪率领大小船只四十多艘，携部属、眷属一千多
人，浩浩荡荡地驶向澎湖。他们按颜如玉信中所指定的，先到澎湖
群岛的白沙岛暂歇。澎湖群岛最大的岛屿马公岛，原为荷兰人筑堡
占据。荷兰人撤往台湾后，官军在上面设了卫所。为了避免冲突，
颜如玉要他们绕开马公岛。而白沙岛则是李魁奇的势力所在。

李魁奇早已在白沙岛守候。日头移到中天，清风徐徐，海天一
色。李魁奇登上杨天生、陈衷纪的旗舰，请他们上岸，以尽地主之
谊。与此同时，岸上放炮十响，表示欢迎。李魁奇又派人向各船送
去淡水和酒肉。杨天生等见李魁奇如此殷勤，抹不开情面，便带了
六十名亲兵登上快艇，同李魁奇一道上岸去。

傍晚，李魁奇与杨、陈的六十名亲兵，乘坐着他们的快艇，驶

向杨、陈的旗舰。靠近旗舰时，上面放下了绳梯。李魁奇一手提着宝刀，一手提着两颗人头，腾空跃上旗舰。他的一双三角眼，射出凛凛杀气，厉声喊道："杨天生、陈衷纪欲投刘香，郑将军令我取了首级，归顺的免死！"快艇上的六十名亲兵，均是李魁奇的部下，不过穿了杨、陈亲兵的衣装。他们纷纷上了大舰。原来，杨天生、陈衷纪和他们的亲兵，上岸不久便成了无头鬼。舰上众人，见头领已死，手脚皆软，一时俱无斗志，束手就擒。

李魁奇吹响了螺号。隐伏在近处港汊的战舰，一齐出动，包围了台湾来的船只。李魁奇各战舰上，军士齐齐高叫："杨天生、陈衷纪欲投刘香，已被李大王斩杀。"

杨、陈的船舰，皆落帆下碇，正在欢饮李魁奇送来的美酒。大部分船只，未经战斗就被李魁奇俘了。少数船只，急急起碇升帆，匆促上阵，不是被打沉，就是被俘虏。不到一个时辰，杨、陈全军覆没了。

李魁奇自从那年被郑芝龙击败生俘之后，便为郑芝龙经营海上贸易，曾规规矩矩了一大阵。可是，他终究过不惯这平平淡淡的生活，多年的嗜杀抢掠习气，再度在他身上泛起。他悄悄地扩充武装，不时地做些行劫勾当。这次，他略施小计，借颜如玉之手，将杨天生、陈衷纪诱到澎湖，一举吞并掉。他不仅增添了许多船只壮丁，还得了杨天生、陈衷纪等人经年积攒的财宝。

李魁奇好不得意。他提着杨天生、陈衷纪的人头，乘着快艇前往西屿大本营。颜如玉蛰居于大宅深屋，对白沙岛发生的一切，还蒙在鼓里哩。

二、官府郑氏海盗演"三国"

正月十五元宵节这天，郑芝龙带着黑人卫队，同监军卢毓英一道，策马向泉州疾驰而去。郑芝龙刚从海上征战归来。他继消灭了杨禄、杨策之后，现在又歼灭了钟斌。至此，除刘香股海寇尚在粤海肆虐外，闽海的海上武装集团俱已荡然无存。

福建新任巡抚邹维琏，移会泉州府，欲观赏泉州的元宵节盛况。郑芝龙被召进城，一道共庆佳节。

郑芝龙到达泉州时，夜幕已垂落下来，一轮皎月正冉冉升起。千万盏灼灼彩灯，已升上一户户人家的砖柱门楣，缀遍一条条石道巷衢。郑芝龙徐徐策马，仿佛漫游蓬莱仙乡，南天瑶台。他借助官府的力量，已将东南海上的武装集团，一个个剪除。统一海上的宏愿，已经实现有期。现在唯剩下荷兰人与刘香，他自信荷兰人和刘香迟早是他的盘中菜。

古老的城垣，珠环翠绕，飞花溢彩，如灯的海洋、光的世界。这泉州的元宵节花灯之盛，在东南早已闻名遐迩。正如当地梨园戏有段唱词："元宵景色家家乐，箫鼓喧天处处春。上下楼台火照火，往来车马人看人。"各式花灯，古朴、典雅、隽逸，争奇斗艳，风姿秀韵。郑芝龙兴致勃勃地品赏着人们的技艺：月藕灯、飞龙灯、荔枝灯、桔灯、琉璃宫灯、通草灯、料丝灯、扇灯、花篮灯、龙凤灯、馨灯、山水走马灯。一盏冰糖塔灯吸引了他。整个塔灯共分七层，除灯座外，均用冰糖制作，高约半人，灯光一照，如牙雕王刻，玲珑剔透。

一个新媳妇模样的女人，肩上扛着两根甘蔗，用红绸捆束在一起，蔗头上扎着两盏"莲花"灯，一走一晃荡，差点被郑芝龙的赤兔马撞上。郑芝龙带歉意地冲她笑了笑，他猜想她这是往娘家送灯。他想象着这新媳妇回到娘家，唤来小弟弟，将花灯挂进自己出嫁前的闺房，叫他默祷姐姐、姐夫双和睦的情形。他不由地也涌上一股甜情蜜意。他和他的黑人卫队，引来了无数人的注目，引来了无数提灯孩童。他们穿过闹市，驰向开元寺。

开元寺是福建名刹，寺前东西两座高达十几丈的石塔，俗称东西塔，乃是塔中精品。泉州知府在开元寺前的广场上，已搭了戏台，将演奏南音，并搭了看台，供巡抚邹维琏及本府辖地的文武官员赏灯听戏。

东西塔畔，人如潮涌。两座拔地高耸的石塔，已缀满了各式花灯，成了名副其实的灯塔。

邹维琏及各文武官员已陆续乘轿来到。郑芝龙姗姗来迟。他和他的黑人卫队，最初曾引起了一阵小小的骚乱。不知谁叫了声"郑芝龙"，好奇很快就压倒了惊恐，赏灯的人们，如同被磁铁吸附的铁屑，围拢来看这"海上国王"。

泉州府的衙役、捕快将围观者驱开。郑芝龙翻身下马，知府王猷迎了过来，引郑芝龙去拜见巡抚大人。

邹维琏是个圆滚滚的矮胖子，脸上挤满了肉，一对眼睛深陷在肉堆中，像一条线。

"叩见抚院大人，卑职迟来，乞望恕罪。"郑芝龙欠了欠身，鹰隼般的眼睛，朝新来的巡抚大人迅速扫瞄了一眼。熊文灿已调任两广总督。熊文灿对我那是够朋友的，这新巡抚的脾性也得摸一摸啊！

邹维琏笑得像个弥勒佛，说："郑将军劳苦功高，新近又一举荡平钟斌佬海贼，本院定为将军题功。"

郑芝龙很不舒服。巡抚大人的笑，好像不太自然，嘴上在说他劳苦功高，肉堆里的细眼却闪烁着几分讽嘲。

郑芝龙并非神经过敏，因为事前同安县令曹履泰曾向邹维琏奏了一本。曹履泰除了告郑芝龙非兵非民的特殊身份，开放海禁、私自收取关税的劣迹外，还向邹维琏献上一个锦囊妙计：……抚院大人，卑职适才得报，郑芝龙的党羽李魁奇，在澎湖拼杀了杨天生、陈衷纪。杨、陈是郑芝龙留在台湾的党羽，势力十分可观。郑芝龙狡黠多智，难以驯服，留着他终是个心腹之患。李魁奇只是个胆勇之夫，容易驾驭。我们不如鼓舞李魁奇，助他灭掉郑芝龙，然后，再除李魁奇。大人，今夜赏灯，正是天助我矣，待郑芝龙到来……

戏台上开始演奏。有的横抱琵琶，有的轻按洞箫，那娓娓动人的南音，忽如大海惊涛，忽如山中清泉。天上，明月生辉，繁星闪烁；地上，华灯泛彩，人头攒动。邹维琏举着茶杯，有些心神不定。他环顾看台的帐帷，好似看到了帷幕后隐伏着的刀光剑影。他对曹履泰的锦囊妙计十分赞赏，一面让他派人去澎湖联络李魁奇，一面布置刀斧手准备袭杀郑芝龙。

曹履泰秘密调来了官军，暗中将郑芝龙的黑人卫队包围了。

邹维琏的跟班，离开曹履泰，匆匆走上看台，在邹维琏的耳旁嘀咕了几句。

邹维琏把目光移向坐在他左前方的郑芝龙。恰巧郑芝龙侧过头来，同邹维琏的目光相撞了。像一股强大的威慑力量，无形地扼住了邹维琏的喉咙。刹那间，他突然意识到自己可能太轻率了。一旦除掉郑芝龙，他的部将纷纷自立门户，重返波涛，闽海岂不又沸沸扬扬，鲸波难息？郑芝龙是一杆旗，是一只巨腕，这杆旗不能倒，这只巨腕才有力量保卫海疆。官军的舟师早已名存实亡，只能作摆设用。这郑芝龙呀，就像刚起锅的鸡汤，烫手得很，吞又吞不下，扔又扔不得。

邹维琏将举起的茶杯重又放下。本来已经约定，掷杯为号，袭杀郑芝龙。他临时改变了主意：还是得留着郑芝龙，不过应依旧暗助李魁奇与郑芝龙火并，以削弱郑芝龙势力，不至于尾大不掉。

邹维琏听了数曲南音，便让文武官员散去。

郑芝龙带着黑人卫队，牵着坐骑，走成一条长龙，来到街上看"踩街"。

元宵踩街，乃是一种化妆游行，是这古城特有之大众狂欢活动。一条长街，横贯古城。街道两旁，塞满了观众。这踩街的节目有大鼓吹、彩球舞、踩高脚、火鼎公婆、舞龙戏狮等，一面表演，一面行进。最吸引郑芝龙的是拍胸舞。这拍胸舞，一应由一大队壮汉组成，他们赤裸上身和双脚，头扎草绳，身上各部位随着南曲《三千两金》曲调鼓乐，不停地活动。他们时而上跳，时而下蹲，头部与臂部亦左右自由摇摆，节奏明快，舞姿粗犷，豪放雄健。大街两侧的观众，不住地燃放鞭炮，使气氛愈益热烈。郑芝龙新物色的管家伊大器，对此极懂行，不住地向郑芝龙解说拍胸舞的动作，其称谓还颇复杂……击掌回音、八拍雄姿、玉驴颠步、金鸡独立、善才抱牌、青蛙出洞、大阉鸡行、小阉鸡行……郑芝龙正看得津津有味，专司监督的吴化龙寻到他，附在他耳边说："刚得悉，李魁奇背叛了将军。杨天生、陈衷纪因台湾时疫蔓延，率部来大陆，经澎湖时被李魁奇骗杀，人船尽被李魁奇所夺。还有，颜夫人亦落进李魁奇的陷阱。"郑芝龙咬牙切齿地骂了一句"畜生"，便翻身上马，黑人卫队亦一齐上马。郑芝龙抖动缰绳，策马奔驰。街上顿时大乱，互相踩踏。

郑芝龙一马当先，朝安平奔去。他十分懊悔，当初已看出李魁奇有异动之心，却没有当机立断，以至酿成今日之祸。他想起早先，许多弟兄都告诫过他，莫怀妇人之仁。他很不情愿地审视自己：莫非我自认为宽宏大量，其实是是非含混；莫非我自认为讲求策略，其实是软弱求全。一个当年的海寇能同软弱连在一起么？他不得不承认，自己骨子里是软弱的。有什么办法呢？他的抱负同眼前存在，是如此水火不相容。他两耳生风，心中感叹着：我即使有天大的本领，也只有一付肩膀，一付肩膀啊！

郑芝龙没料到，他回到安平后，一件更意想不到的事正在等待他。

吴化龙手下的人，在海上抓捕到曹履泰派往澎湖的奸细，从他身上搜出了一封密信：

"李魁奇将军如晤：闻将军在澎湖的义举，万分感佩。郑芝龙虽归附朝廷，仍一意倒行逆施。将军乃海上一代英豪，若欲除郑芝龙，官军定然从旁掣肘协助。事成之后，本官定为将军题功，皈依正果，荣宗耀祖，何等快事，望将军择善而从。同安县令曹履泰顿首"

对于曹履泰，郑芝龙倒无动于衷，这位父母官就是这个鸟劲头。使他吃惊的是"官军定然从旁掣肘协助"一语，曹履泰有什么资格许这种愿？莫非他背后有牵线人？

这曹履泰倒是乖觉，信上没有把巡抚大人端出来，否则，八闽大地难免有一场干戈烽火。曹履泰的奸细，也是个死硬分子，趁人不注意，夺下吴化龙的宝剑，自刎而死。郑芝龙踢了踢地上的尸首，突然心生一计。

郑芝龙叫管家伊大器，据曹履泰的信，重新誊写一份，并在原信末尾加上几句："郑芝龙正率大队舟师，在厦门燂洗船只，机不可失。将军可于正月二十进军厦门，袭杀郑贼。官军将于浯屿、镇海、海澄三面围追堵截，助将军成事。"

郑芝龙派人将此信送去给李魁奇。

三、如夫人颜氏被劫

　　李魁奇得了这封信，欣喜异常。他自吞并了杨天生、陈衷纪，便筹算着同郑芝龙一决雌雄。他知道这是难免的。因此，他已派人去粤海寻找刘香，阐明利害，共同行动。

　　他从白沙岛回到西屿的大本营，拿着这封信到颜如玉的卧室去。

　　她一个人在练字。她让他在门外大嚷大叫了许久，直到李魁奇说"我就要去攻杀郑芝龙了"，她这才把门打开。

　　"你要去攻杀郑芝龙？"她用手掌托起他的下巴，冷笑道："你也撒泡尿照照自己，你是他的对手？"

　　他一手紧紧地箍住她，使她不能动弹，另一手抖开郑芝龙假造的曹履泰的信："你看，官军要助我成事。你还想着一官佬？他就是没有成为我的刀下鬼，也休想把你抢回去。老实说，我就是把你送回给他，他现在也不会再要你这烂货。"

　　她深知他的话是对的。"烂货"二字，把她几缕幻想，全部击碎，她浑身软得像一团棉花。

　　他扔掉信，将她抱到床上，手忙脚乱地撕开她的衣裤，内心强烈的骚动，随着血液突突奔腾。

　　她像一具冰冷的僵尸，任他随意蹂躏。虚幻的郑芝龙的英俊脸庞，现实的李魁奇的三角眼，在她的思屏上交替映观，她的心窝如同塞了一团猪鬃，有一股说不出的难受。那虚幻的脸庞突然露出狰狞，而现实的三角眼却燃烧着炽热的爱。只要自己还想活，就得跟他同床共枕，除此之外，任何想头都是多余的。这个可以任意抓捕女人来"消除晦气"的海大王，居然对她有那么大的忍耐，这在她心底泛起了一丝感动。

　　那天，李魁奇在白沙岛骗杀了杨天生、陈衷纪后，提着两颗人头，得意洋洋地来到西屿大本营。他爆发出一阵畅笑，把两颗人头扔到颜如玉的脚下。她，一切都明白了。她惊恐，悔恨，脸色煞白。她抓起案上的砚台，狠狠地朝他砸去。他轻舒猿臂，稳稳地接着。

"小娘子，别耍性子。你帮了我的大忙，我也不亏待你。"

"放我走。"她声嘶力竭地喊叫。

"小娘子，你还没有明白过来，我干这些勾当，还不就是为了你！我们是头世的姻缘，不然老天怎么又把你送回来给我？认了吧，这是命，命中注定的。"

"李魁奇，你放了我，我可以叫将军不同你计较。"

"你真是聪明一世，糊涂一时。我就是放了你，郑芝龙能放过你？你看！"他抖开一张信笺，这是颜如玉写给杨天生、陈衷纪的信，是他从杨天生的行囊中找出来的。"小娘子，这是物证，是你把他们骗来澎湖，送进我的嘴里，郑芝龙见了这个，还不将你碎尸万段？"

她脚下在晃动，身体失重，好似直往下沉。她绝望地坐在地上恸哭。他悄悄地走了，派来两个大汉看守着她。晚上，庆功筵席散后，他又来了。他满嘴喷着酒气。她知道他要干什么，但她还是本能地反抗："你给我出去！"他定定地看了她一阵，居然转身走了。她不胜惊异。

回想起这些，她悟到，他是爱她的。然而，这种变态的爱，未免太残忍。她身心极其疲惫，终于昏昏睡去。

一场恶梦将她惊醒，她发现他已不在床上。她觉得浑身酸疼，连翻身都不想动。她掀开被子，坐了起来，这才意识到自己的衣裤早被撕得稀烂。一种朦胧的自尊心，在她内心深处拱动，重新勾起她对郑芝龙的思念……不管怎么样，我同他毕竟夫妻了一场，我不能坐视他受人暗算。官府已舍弃他而转媚李魁奇，他一定还蒙在鼓里。可是，我又怎么能把消息送到他手中呢？别说大院外面守卫森严，就是让我出去，我又如何能飞出这茫茫海中孤岛……

第二天早晨，奶妈抱着小郑渡来看阿母。一个念头划过颜如玉的脑海。她把李魁奇唤来说："到哪山砍哪山柴，我反正是跟了你。可是，这奶妈是良家妇女，她是南安水头人，家中有男人孩子，你得派人送她回去。"

李魁奇不假思索，爽快地答应了："这个自然，我另外给你寻个老妈子。她打算什么时候走？"

颜如玉说，"收拾一下就走，她家里知道澎湖有了这场变故，还不知急成什么样子。"

李魁奇出去后，颜如玉草草地写了封信，叫奶妈一到大陆即叫人到安平郑府投递。

她目送奶妈上了李魁奇派来的帆船，才同奶妈挥手惜别。她想得太天真了。奶妈离岛不久，即被强行搜查。她的信被搜了出来。

李魁奇见了这封通水的信，无可奈何地叹了口气：女人的心呀！他决定改变对她的态度。此人敬酒不吃吃罚酒，得对她来狠的，看她那个样，她不想死，我就不必束手束脚。

"又是一封信。"李魁奇故意不看她，把信扔到她面前。

她正在逗孩子玩。她泄气了：天意如此，我也爱莫能助。

她把信捡起来，不声不响地撕碎。

她的冷静，令李魁奇毛骨悚然，他下意识地按了按剑柄。

"这是人之常情，莫非我跟了你，他就得死？我写这信，无非是不愿你们兵戎相见。"

"你是个魔鬼！"他大喝一声，从她手中夺过孩子。

"不能伤害我的孩子。"她再也矜持不住，疯也似的扑上去。

他用脚一扫，将她掼倒在地："我李魁奇不会那样缺德，我会把孩子送到大陆去。你，你要么老老实实跟我，要么就死。"

他为防战事有意外，亲自把她押送到另一个小岛——吉贝屿，这里有他一个秘密的藏宝之所。

正月二十，海面上刚泛出一抹青光，李魁奇已联艅驶近厦门港。

郑芝龙以逸待劳，率舟师迎战。战舰如云，黑压压地向李魁奇扑去。

李魁奇知道中了郑芝龙的诡计，急忙吹起螺号，传令撤退。

他的后路早被切断。芝虎从镇海率舟师堵住，芝豹从浯屿领船增援。李魁奇成了瓮中之鳖，只好硬着头皮接战。

激战至午时，李魁奇已失去大半船只。他见大势已去，令舵工转舵突围。郑芝龙的坐舰，紧紧咬住李魁奇，直追到澎湖海面。

郑芝龙的坐舰，仿造荷兰人的夹板船，十分高大坚固，安有大小炮数十门。李舰虽也庞大，但炮火不及郑舰厉害。终于，李舰的火药库被击中起火，火势越来越猛，眼看就要沉下海里，众人纷纷下舢板逃命。郑舰反复冲犁，将一条条舢板撞翻。

郑芝龙瞪大眼睛，搜寻着李魁奇。终于在最后一条舢板上发现了李魁奇。郑芝龙令放箭放铳。舢板上二十多人，非死即伤。郑芝龙看得真切，李魁奇早已跳进海里。他传令放下两条舢板，追杀李魁奇。

郑芝龙不待舢板落下，自个纵身跳进海里。他在海底潜游，如同海鳗穿行，自在，迅猛。他不时钻出水面，窥伺李魁奇的逃窜方位。

李魁奇一会儿潜进水里改变方向，一会儿又升上水面，踏浪前进。他深恨自己失算了。杨禄、杨策、钟斌，一个个被一官佬吃掉，自己这个时候还伸出头来同他闹翻，哪有我的好果子吃！一官佬是海龙王的骄子，没说的，这海上的饭该他吃。

郑芝龙终于追上了李魁奇。他眼里快吐出血来："死贼，你还想活！"

他们在水下水上扭打了一阵。郑芝龙没防李魁奇藏有匕首，大腿被他刺中一刀。李魁奇趁机远遁。

郑芝龙被众人捞救上舢板，亦无心再觅李魁奇。郑芝龙上了坐舰，驶到澎湖白沙岛。他重葬了杨天生、陈衷纪，想到当年聚义日本时的情景，禁不住热泪盈眶。部众捣毁了李魁奇在西屿的大本营，寻见了小郑渡，却未见颜如玉。郑芝龙端详着孩子，令众人不必再寻她。

李魁奇逃脱了郑芝龙的追杀，心里不住地向苍天默祷。他终于游到吉贝屿。这个秘密藏身之所，他从来是独往独来的，因此谁也不知道。

他来至一片犬牙交错礁石的隐蔽处，检查了一番藏在这里的一艘小帆船，见一切都完好，略略放下心。他爬上一堵危崖，穿过一片乱石岗，隐进灌木丛。

在一块巨大的蛙形崖石下，有一座石垒房子。房子没有顶盖，崖石就是天然的屋顶。两个忠实的老年看守，替主人开了铁门。这屋里储有丰足的粮食，老年看守又在近处种了许多蔬菜，养了许多家禽家畜，俨然是个世外天地。

颜如玉一脸忧郁。她见了李魁奇，急急地说："你要么杀了我，要么带我离开这里。你不能这样，这是活埋我。"

"好，我带你走，只要你今后不再三心二意。我们在这里小住几天，安安静静地恩爱一番。"他酸楚地笑着。

四、开辟荆榛制疫情

郑芝龙在澎湖住了几日。在这期间，他决定前往台湾安抚移民，并派人回大陆聘请名医。芝虎、芝豹等兄弟，均劝他不必冒险。但他主意已定。杨天生、陈衷纪等撤离台湾，势必更加人心浮动。此时只要自己露一露面，便可镇住人心。否则，难保众人不卷起铺盖，渡海回乡，那岂不是前功尽弃？曹履泰暗中联络李魁奇，这事给他很大刺激，他深信在曹的后面，必有一只巨手提线。他是凭实力生存的，一旦实力中虚，就要被连根拔掉。因此，台湾在他的算盘上，是一注挺有分量的筹码。

郑芝龙带着三艘战舰驶往台湾，停泊在赤嵌附近。荷兰人已在该处建立了一座城堡，叫热兰遮城堡。当郑芝龙乘坐舢板从城堡下经过时，荷兰人向他鸣枪致意。

郑芝龙带着卫队，前往赤嵌近处的士美村。这是新近从地面上耸起的村落，郭怀一就住在这里。一年多以前，这里还是莽莽丛林，如今已是阡陌纵横，人烟辐辏。垦拓者们，已从沉睡的沃土中，获得了第一次收获。虽然这是极小批量的收获，但是再过两年、三年，那将出现一种多么诱人的局面。可是，一场流行的疫病，却在垦拓者的心头上，投下了沉沉的阴影。他们处于进退失据的窘境，希望中充满恐惧，恐惧中不无恋栈。

郑芝龙来到他们中间，像一剂降热药，定住了垦拓者内心的浮躁不安。当郑芝龙带来的郎中，魔术般地制伏了疫病时，垦拓者便死心踏地了。

这郎中的魔术棒不过是一种草药，遍地都是。

"郑将军，草药嘛，不知的是棵草，知道是个宝。"

"郎中先生，只要你的药灵验，我郑芝龙买了。我供你一辈子，供你子子孙孙。三千两银不少了吧?! 你可以买房置地，荫袭子孙。"

"郑将军果然豪爽，痛快，痛快。"

郎中采来草药。郑芝龙让郭怀一颁示大家，采摘煎服，并派人通知其他移民村社。

郑芝龙在郭怀一的住所下榻。这座房子置身于鳞次栉比的拓荒者的茅屋中，显得格外气派。房子刚刚落成，完全是闽南建筑风格。外观呈庙宇宫殿式，木石结构。石料是从惠安运来的，木料取自当地。屋顶为燕尾状，屋脊上饰有各种彩色小磁片，饰以各色花鸟图案。当郑芝龙问起开辟荆榛的艰难时，郭怀一拉开抽屉，拿出一叠诗稿给他看。

郑芝龙对此不感兴趣，随便翻了翻。郭怀一自个吟诵了其中的一首："灌木蔽人视，梦草窨人行。木抄悬蛾虺，草根穴狸鼪。毒虫同寝处，瘴泉供任烹。病者十四五，耼耳呻吟声。况皆苦枵腹，锹钎熟能擎。"

郭怀一脸上凝聚着悲怆。他吟诵罢这首诗，眼眶潮湿，许久没有作声。他从往事中解脱出来，讲到目前生齿渐繁、草莱渐辟，重又眉飞色舞。

正说话间，荷兰台湾总督威特，派来使者，请郑芝龙明日到热兰遮城堡叙谈。使者走后，郭怀一告诉郑芝龙，听说有个叫何斌的，原在杨天生手下。李魁奇火拼杨、陈时，何斌遇难落水，飘流到台湾，为荷人救起。这何斌现正在荷人处做通事①。郑芝龙没见过何斌，但曾听颜如玉说起过，先前何斌搭船到了巴达维亚，在那里学会了荷兰语。前些年，何斌随杨、陈往巴达维亚的商船来到台湾，在杨、陈手下经管商务。郭怀一劝郑芝龙不要贸然进城堡，万一出了意外，呼天不应叫地不灵。郭怀一曾与荷兰人打过一些交道，深知他们毫无信义。他要郑芝龙设法与何斌取得联系。

何斌在城堡里，也正想出来见郑芝龙。

荷兰台湾总督威特主持了上午的长官评议会，主要议题是：检讨荷郑关系。与会者纷纷谴责尼古拉斯·一官，说他不是忠实的贸易伙伴，必须对尼古拉斯·一官采取强硬措施。最后议决：由总督

---

① 通事即翻译。

威特邀请尼古拉斯·一官访问城堡，迫使他作出明确的保证。同时议决：不承认一官对台湾的统治权，停止向一官缴纳地税，并向所有台湾人征收人头税。

何斌不忘旧主，不忍看郑芝龙走进陷阱。他借故溜出城堡，一路寻到土美村。

郑芝龙伟岸的身躯和英俊的脸庞，为他事业的成功助力不小。从孩提时起，玩耍掷石，误中太守，反受"宁馨儿"的褒奖。及至弱冠之后，他的形象好似有一股魅力，给人一种敬畏。何斌见到郑芝龙，亦有这种强烈感觉。这也难怪，那个时代，宿命论渗入每个人的血液，有谁能摆脱它的羁绊！

何斌将荷兰长官评议会的情况和盘托出，要他千万别进城堡。

郑芝龙久久没有言语。如在平时遇到愤怒的事，他会咆哮起来。他这种沉默，是气极而反常。实力，还是实力的较量。杨天生、陈衷纪的离台失败，使荷兰人气焰嚣张了。他这才体会到，颜如玉监军功劳之大。可她现在是活着，还是死了呢？嘿，现在什么时候，想她有什么用！他很清楚，台湾落入荷兰人手中是难免的事，现在他尚无力东顾。而且，台湾的利益与大陆沿海的利益，也是不能相提并论的。他的算盘很精，决不会本末倒置。但他坚信，他在台湾撒下的种子，决不会没有收成，即使他郑芝龙收不到，他的子孙总可以收到，只不过这收获的周期也许要十年、二十年，或者更长一些。那荷兰人远隔万里重洋，来这里建那么个小小城堡，就想做江山永固的梦？

"将军，如此一来，我们岂不是又要纳租又要缴税？"郭怀一说。

郑芝龙将手一挥，说："我郑芝龙若无力保护你们，自然不会收你们的租，岂能让你们侍奉两个主人？"

郑芝龙说着，才想起怠慢了何斌，他连忙亲自给何斌斟了茶；"何先生，蒙你看顾关照，十分感激。听说你九死一生，从澎湖漂到台湾？"

何斌斯文地笑着，说："人说大难不死，必有后福。哈哈，我像有福的人吗？"他每想到自己的遇险经历，总是喜滋滋地。他坚信自己后福不浅。

那日，他所乘的船被李魁奇部击沉。他不识水性，无疑死路一条。他非常害怕溺死的难受，除此没有任何念头。他落水后，碰巧抓住一截断残的桅杆，有几个军士欲游攀过来，一个巨浪，将他同桅杆冲得远远地。他，随波逐流，只有死死地抱住桅杆。一日，二日，他又饥又乏，在半昏迷状态中，隐隐地看到了海岸线。一阵惊喜，反而使他完全昏迷。他被冲到一鲲身的沙滩上时，一点也没有知觉，双手依然没有松开桅杆。荷兰人发现了他。他全身衣服稀烂，被砺石割得血肉模糊。荷兰总督威特见他通荷语，视为宝贝，留他在身边做通事。

何斌再次劝郑芝龙小心为妙。在郑芝龙看来，荷兰人需要他，决不敢加害于他。但为了以防万一，他派人通知威特，必须在海上晤谈。

第二日，郑芝龙依约登上荷兰休斯敦号战舰。

威特非常亲热地拥抱着郑芝龙，擂着他的臂膀，说："老朋友，我们又见面了。"

郑芝龙笑呵呵地说："全靠主的垂怜，我们才能再次相遇。阁下大概不至于忘却，正当我与政府军激战的时候，贵军很不友好地给我来了那么一下。"

威特仰天大笑，搂着郑芝龙的胳膊，朝会客室走去，说："非常遗憾，遗憾，魔鬼同我们开了个小小的玩笑。哈哈，玩笑。"

郭任功紧随在郑芝龙左右，见他俩用洋话谈得那么亲切。紧张的心理消除了大半。

会客室里已有一位荷兰人，他就是荷印公司特遣舰队司令官庞必古，这休斯敦号正是他的旗舰。他傲慢地坐在沙发上，脸上毫无表情。

侍者端来三杯鸡尾酒。

威特收敛了笑容，谴责郑芝龙不守信用。他说，郑芝龙在进军大陆前，曾与他达成协议。一旦控制了大陆沿海，便实行自由贸易。现在，贸易的大门是打开了，但郑芝龙个人垄断了海外贸易，对于荷兰到中国采购货物，多方阻挠。

"一官先生，我们有两艘派往泉州运丝的船，被你们截获，我们的买办沈苏被处死，全部财产被劫。你如何解释这事？"

"长官阁下，你不是不清楚，我国皇帝严禁与外国通商。我的军队只能保护我的商船出海，这还是武力掩护下的非法行为。至于贵国要求自由贸易，我可以代向巡抚、总兵大人请求。你们的船只货物被劫，买办被处死，那是巡海道所为。"

"不，一官先生，你是中国的海上国王，你是有办法的。一官先生，我们的等待是有限度的，你必须保证我们的商业利润。"

"阁下，实在对不起，我没有义务保证你们的商业利润。"

郑芝龙说着就要站起来走。庞必古摇了一下铜铃，几个武士端着火枪拥了进来。

郑芝龙并不害怕。但他也明白，如果不让荷兰人有利可图，荷兰人一定会向他大举进攻。他当然不把荷兰人在台湾的这点力量放在眼里，问题在于他们有强大的东印度公司作后盾。

"阁下，用不着来这一套。你们要在沿海各口岸自由通商，我没有这个权力。不过，我的商船可以到台湾来同你们贸易。"

最后达成了一项为期三年的贸易协定：郑方每年向荷方买进胡椒二千担，并供应荷方生丝一千四百担及砂糖、纺织品等。同时，荷方必须对郑方的所有船只加以保护。

第十章

海上国王

一、谁的银子大

福州，屏山脚下，横列着一队战马。

郑芝龙的赤兔马，不耐烦地腾起前蹄嘶鸣。

郑芝龙目送二弟郑鸿逵消逝在视线外，才勒马南行。辽东战事吃紧，朝廷颁旨征集天下武子。郑鸿逵在省里考取了武举后，又进京考武进士。郑家兄弟，均为草莽出身，现在二弟走上堂堂正正的仕途，多少可慰先父的亡灵。郑芝龙不知什么时候起，居然注重起出身来。当他还在海上当"飞黄将军"时，他是何等地充满豪气：世无君子，天下皆可货取也！大小官僚，在他眼里不过是酒囊饭袋。如今，他成了五虎游击将军，在官僚们的眼里，他依然桀骜不驯，盛气凌人。可是，谁能想到，在那声色俱厉的骄悍外表里，却包裹着一颗自卑的心。他处处感到，正人君子们总是用鄙夷的目光审视他。

他昨天就生了一场大气。他送鸿逵到省城来乡试，事毕后派管家伊大器将一份厚礼，送进巡抚邹维琏的府上。万万没想到，礼物被退了回来。这些年来，上司同僚都将他识为摇钱树，而他也不吝钱财，以结交省里和朝中大臣，当朝首辅周延儒就与他过从甚密。世上无官不贪，更何况现今世风日下。当礼物被退回来时，他的脸色变得铁青。这新巡抚如此小看我，哼，走着瞧。他将水烟壶往茶几上一掼，自语道："好，你不屑同我这草莽英雄打交道，好，看是你的架子大，还是我的银子大！"

管家伊大器待他平静后，才趋前说："他邹维琏哪里敢小视老爷？只是，这巡抚大人，好像是个海禁派，我们对他不得不防。"

郑芝龙渐渐气消了。他不怕敌对，敌对的存在，才显英雄本色。他最讨厌那不冷不热的鄙视，那是钝刀子割人术，尽叫人难受。曹履泰暗通李魁奇，他就疑心是邹维琏在幕后操纵，只是没有发现蛛丝马迹。这次到省城，他自然去拜见了巡抚大人。

"郑游击，有人弹劾你，说你潜通红毛番。有人亲见红夷的头目，乘坐大舆，在安平往来自如，还到贵府登门造访。自古以来，华夷混杂，乃是祸乱之根。郑将军早已归附朝廷，应谨守纲常，切不可越轨造次。红夷屡屡要求互市，求之不得，便同私商往来。郑游击，你通晓海上情形，可否详知？"

什么名堂！是装疯卖傻，还是真的闭目塞听？我郑芝龙控制海疆后，海外贸易日盛一日，这是妇孺皆知的事，他怎么还如此大惊小怪！

"郑游击，我大明帝国，虽然物产丰饶，却也经不起源源外流。何况百姓生计维艰，我们自己尚衣不蔽体，食不果腹，怎能将货物一船船运往外邦？更不必说，奸民乘机出海，勾引外番，作乱海上，残害生灵。"

什么脑袋瓜！真个是颟顸之辈，半点洋风也吹不进，一点商业头脑也没有！

"片板不许下海，似乎有点不近情理，但也不能门户开放，任人出入。郑游击，你说是不是？"

哟，他竟没提太祖定制，总算还长了一双眼睛一颗心。

这番训诫，自然叫郑芝龙很不痛快。先前，熊文灿在任时，可没有这股酸味。他不禁怀念起熊文灿的知遇之恩。

"郑游击，私商出海，固然是趋利忘义，罪不可恕。但他们毕竟是大明国的臣民。据禀报，他们在海上常遭红夷的袭击，郑游击身负巩固海疆之责，为何坐视红夷如此猖獗？"邹维琏见他无言以对，语气不知不觉加重了。

好哇，他欲借荷兰人之手以灭我，狼子之心，何其恶毒！讲到荷兰人，郑芝龙便怒火中烧。他并不是不想教训他们，只是双方的力量对比，使他不能果敢行动。他何曾愿意示弱？

自从郑芝龙与荷兰台湾长官订立了为期三年的贸易协议后，荷兰人并未履行对郑方船只加以保护的协定。因为，荷兰人面临郑芝龙的商业挑战，他们又使出海盗伎俩，不断袭击郑方商船。

在这期间，郑芝龙充分利用其处于明代官吏和荷兰殖民者之间的特殊地位，极力发展海上贸易，不久就成为荷兰东印度公司的可怕敌人。当时日本已经开始实行锁国，禁止基督教，驱逐葡萄牙人和西班牙人。郑芝龙不甘心对日贸易的利益为荷兰人所独占，除了部分船舶仍开往台湾外，开辟了一条由安平直通日本长崎的航线，把中国丝绸及其他物产运销日本，把日本货物运到吕宋，售与西班牙人。郑氏商船川航于中国大陆、日本、台湾、吕宋、澳门以及东南亚各地之间，络绎不绝。华船进出日本的数目比荷兰船多出七倍至十一倍，其中大部分是属于芝龙一伙的。在他的有力竞争下，东印度公司的商业利益损失惨重。

郑芝龙固然痛恨荷兰人，但他绝不愿为邹维琏所左右。他是属于他自己的。他们一行来到乌龙江边。青山绿树倒映在东流而去的江水中，别有风味。他们这些枕着大海过日子的人，见此不免萌生出一番新的情趣。郑芝龙一马当先，牵着坐骑上了等候在此的战舰。战舰起碇升帆，驶往安平。

战舰驶出马尾港，逆风南下。过了湄洲湾时，竟遇上了颜旭远的商船。当郑芝龙用千里镜看见那只商船时，心猛地揪紧。桅杆上的"郑"字令旗，船头上浮出水面的麒麟图案，都明白无误地告诉他：这是岳父颜旭远的商船，而且船已无载重，十有八九是遭劫了。

泰山大人这次为什么如此固执呢？郑芝龙离开安平之前，颜旭远就决定去一趟日本。由于近来荷兰人四处为虐，海氛颇不宁静，郑芝龙力劝颜旭远取消这次航行，当时颜旭远也已表示作罢。

郑芝龙令战舰向商船靠拢。他与泰山的关系，一度曾蒙上厚厚的云翳。郑芝龙招安当了官，在颜旭远看来，女儿颜如玉是"吃得苦中苦，方为人上人"，总算到了出头之日。谁知郑芝龙依然把女儿撂在台湾那荒僻去处。颜旭远忍无可忍，登门痛斥东床，说他一朝得意，便抛弃糟糠。郑芝龙的辩白，自然被认为是一种遁词，直到见了女儿，才澄清了其中原委。但是，父亲不像女儿那样单纯，他的城府和直觉告诉他，郑芝龙没有忘却日本的妻儿。于是，在郑府内爆发了一场关于正名的斗争。颜旭远向芝龙的母亲黄夫人摊了牌，俩亲家结成了联盟：必须让芝龙明白，郑家绝不能容忍一个日本婆媳妇，而颜家女儿是无可争议的正室。母亲一把鼻涕一把泪，岳父一声怒斥一声劝。这一切都没有动摇郑芝龙的心。他爱田川美子，虽然他与颜如玉更投合默契。田川美子必须接回国，她的地位是无可争辩的，绝不能因为她是外国人，就不能作正室。因此，他派芝燕、芝鹗去日本迎接田川母子。田川美子虽然未能来中国，但小郑森的到来，无疑地将颜氏归往偏室之列。颜旭远只能对东床怒而远之。澎湖之变，颜如玉下落不明，颜旭远抱着外孙小郑渡心疼欲裂。之后，他见芝龙郁郁寡欢，又派人四处打探他女儿消息，翁婿俩这才重归于好。

战舰靠上了商船，郑芝龙飞跃过船。果然是旭远号商船，颜旭远身上中了数枪，已奄奄一息。

"芝龙，不该不听你的话。我是想，想去日本，把田川美子接来。"

"什么！"郑芝龙脑心嗡嗡作响，两行热泪"刷"地流下来。

"芝龙，红毛番太可恶了。人说，说你是海上国王，你要收拾他们。"

芝龙点点头，说："我会叫他们老实下来！"颜旭远流血过多，已经无望，为了让他不要带着遗憾离开人世，芝龙挤出笑容，骗他说："如玉已经找回来了。"

海峡枭雄

　　郑芝龙对颜如玉的归宿有种种的揣测，却怎么也不会想到，此时她正在刘香的舟师里。

　　夜幕浸染着海面，咸腥的海风刮得人脸上黏糊糊地。嘈嘈切切的弦声，在波浪上，在桅樯间，滑行，漫溢。她脸色憔悴，眉宇间紧锁着忧郁。往日那充满活力的健美，已从她身上消逝，一副慵懒状，倒越发使人爱怜。此时，刘香就坐在她的近处，一面吞云吐雾，一面欣赏着她那溶在夜幕中的剪影。她没有理睬他，一个人独自弹着琵琶。她的胸廓像被饥饿咬噬，感到空挠挠地。人生的变故，虽然使她受了刺激，但她毕竟是有应变力的女人，她倒不很在乎。最使她忍受不了的是见不到孩子。孩子的哭声，曾使她焦躁，但此时回味起来，那啼哭却像美妙的音乐，与她的心律一同搏动。那是她的胸音，她不能失去它。如今两耳是清静了，可心里有一种失重感，以致她的神经无法平衡。孩子的抓挠和摩挲，曾使她充满了愉悦，泛起强烈的母爱。这是男子汉的爱抚所无法替代的。对孩子的刻骨的思念，激起她对李魁奇的深恶痛绝。正是他使自己沦落于窘境。她一逢机会，就对他施以报复，即使是小小的报复，也能给她带来快感。

　　李魁奇携她来投奔刘香，使她看到了一丝生机。当她离开石屋，离开那荒僻小岛时，她就决心要回到孩子身边。不管郑芝龙会对她怎么样，但她必须同孩子在一起。李魁奇途穷路末，只有远避闽海，依附刘香。刘香对于他的到来，能平添一员虎将自然十分高兴，更见他带来一位丽质傲骨的美人，那直勾勾的眼睛差点吐了出来。她看在眼里，心中开始酝酿着逃脱的计划。

　　她的指法娴熟，优美。刘香透过朦胧，为她指缝间流泻出来的音乐倾倒了。美女，大海，音乐，这动人的画面和意境，同他的嗜血生涯是多么的不和谐。正是这不和谐，产生了巨大的魅力，这魅力又派生出一种净化力，使得他在她面前，一时消融了邪念。李魁奇已被刘香支去攻杀一个叫刘厝的渔村，以为进见之礼。她感到很自豪，这个淫魔，竟然拜倒在她脚下，而不敢有越分之举。当她与李魁奇来到刘香这里时，翌日刘香便邀他俩一道去海上钓鱼消闲。他们乘着快艇，来到一个近海渔场。两个男子汉各坐在船的首尾，独自垂钓。刘香最先钓到一条马鲛鱼，发出了畅快的大笑。她奔到刘香的身旁，也发出了一串清脆的笑。刘香开始显得很拘谨，目不斜视。朋友之妻不可欺，他似乎挺注重江湖义气。后来，见她不离自己左右，又是帮忙拿钓饵，又是搬弄钓上来的鱼，他渐渐自如了。每当钓到大鱼，他俩都一同发出畅笑。李魁奇被冷落在船尾，不时向他们甩去嫉妒的目光。她只当没看见，越发表演得卖劲。

几天后，刘香觑李魁奇不在，独自来拜访颜如玉。

"刘大哥，蒙你收留我们，实在是感激得很。"她给他斟茶。

"弟媳太客气了，都是波涛中混饭吃的，还能见死不救？"

"刘大哥真讲义气，令我佩服之至。我虽生为女子，也有一腔侠气，我最恨反复无常的小人。"她向他飞了个意味深长的眼神。

他眨了眨眼睛，好像若有所悟，不禁十分吃惊，说："弟媳说的反复无常小人，该不是指，指……"

"我说的就是李魁奇。李魁奇原是郑芝龙手下的，可他见利忘义，背主反叛。刘大哥，我慕你是个英雄，才同你说这话。李魁奇是个叛主小人，他留在你身边，一朝羽翼丰满，难保不再故伎重演。你同郑芝龙不是有金兰之交么？你何不替你的契弟郑芝龙除掉这反复小人？我原是良家闺秀，为李魁奇强掳下水，强扭成亲。若刘大哥能救我脱离李魁奇的魔爪，我会天天给你烧高香，保佑你平安。"

刘香并不知道她是郑芝龙之妻，李魁奇对此讳莫如深。刘香见她伶牙俐齿，见识过人，越发喜欢。他当然不需要她什么天天烧香，他也不想替郑芝龙报仇。但她的话提醒了他，这李魁奇是万万留不得的。他决心除掉李魁奇。

这天，刘香招集众头领议事。事毕，他笑嘻嘻地说，"魁奇老弟，今晚是风高月黑夜，正是杀人放火天，你与阿狮走一趟，到刘厝去发个小财。"

李魁奇正想立点功劳，不至让众头领小视。他兴致勃勃地同阿狮带着百多名喽罗，分乘两艘快艇，傍黑时在刘厝登陆。

众喽罗高声喊杀，冲进村里。

阿狮拉着李魁奇说，"我们在这里等着分肥就是。"

阿狮趁李魁奇不备，将冰凉的短剑，一下插进了他的后背。李魁奇像一束稻草，被风刮倒。阿狮将他大卸八块，走到一个危崖边，一块块扔到海里喂鱼。

阿狮急急转身返回村里。此时，刘厝已有几处烈火熊熊，人们抱头鼠窜，哭叫惊天。

阿狮闯进一家大户人家，高叫："李大哥，李大哥，魁奇大哥——"

几个小喽罗来到阿狮面前，说没见李魁奇。阿狮急得直跺脚，骂道："这李魁奇不是个货，他抢到一个金菩萨就偷溜掉！"

小喽罗们听了叽叽咕咕地骂开。

阿狮回到刘香的旗舰，当着众头领，气呼呼地将此话重述一遍。在众头领的咒骂声中，刘香作出十分惋惜的模样，说："魁奇是一员悍将，想不到他目光如此浅短，太可惜了。"

刘香来见颜如玉，拉着她的手，说："李魁奇捞了个金菩萨逃走了。"

她脸上掠过一丝不易觉察的惊异。她当然知道他所说的"逃走"是什么意思。她把手挣脱出来，跪在刘香面前："大恩人，你好事做到底，放我回去与父母团聚。"她一面说，一面泪流满面。

刘香乐呵呵地扶起她，口沫四溅地说："傻孩子，男大当婚，女大当嫁，你总不能一辈子守着父母。傻孩子，跟我吃不了亏，我会立你为正室。我告诉你吧，前些天红毛番的台湾长官，派人来同我挂勾。他们原先助郑芝龙，是巴望郑芝龙成事后，他们可以在各埠头互市。想不到郑芝龙掌管了闽海，只顾自己独吞。红毛番耐不住了，他们要我杀往闽海，助我除郑。除掉郑芝龙，这闽粤海面可就是我的天下了。到那时，朝廷来招安，说不定给我个闽粤总督的官当当。怎么样，小傻瓜？"

她心里一亮，这正可作为缓兵之计。她站起来，羞羞答答地说："大哥能除掉郑芝龙，当了海上霸王，那时我就嫁给你。现在，权且让我作为你的妹妹住在舰上，求大哥多多看顾。"

"好！"刘香在她脸上狠狠拧了一把，"你等着做押船夫人。"

她替郑芝龙担忧了。刘香势大，再有荷兰人的鼎力援助，芝龙若无防备，定要吃大亏。

她设法将阿狮找来。

"阿狮，你干的好事！你把李魁奇弄到哪里去了？"她板着脸。

阿狮一脸尴尬，说："夫人，小人实在该死。不过，李大哥重利忘义，我能有什么办法？"

"阿狮，别拿着筷子遮鼻子。李魁奇早成了你的刀下鬼。你真是憨头，你自己也快要成刘香的刀下鬼，还蒙在鼓里。你也不想想看，这事迟早要败露。为夺朋友之妻而谋杀朋友，这事若败露出去，刘香还想拢住众头领？古人说，飞鸟尽，良弓藏；狡兔死，走狗烹。你的人头不定什么时候就从脖子上飞了。"

阿狮知道她不是唬自己。刘香心狠手辣他还能不知道？他吓蒙了，痴痴地挪步欲走。

"你等等。"她把他拉进自己的舱房，"阿狮，我老实告诉你，我本是郑芝龙的夫人，是被李魁奇抢来的。你杀了李魁奇，我能怪罪你？郑芝龙知道了还得给你记一大功哩。你的运气来了，你若想做官，你就给我带一封信给郑芝龙，我保你做一个堂堂正正的千户。"她一面说，一面拿出李魁奇带来的两粒夜明珠。她把夜明珠在阿狮面前亮了亮，阿狮沮丧的眼睛被映得明亮了……

三、热兰遮城堡设中国宴席

　　荷兰台湾长官威特驻在热兰遮城堡内。热兰遮城堡坐落在一鲲身小岛上。一鲲身与台湾本岛的赤嵌隔着一个小海峡，最宽处约为大炮射程的两倍。城堡建在一个很高的沙坝上，呈方形。城垣用糖水调灰垒砖，坚固如石。城垣厚达六呎。四周围以围墙，约三英尺高，十八英寸厚。城堡外建了许多外堡，也都有围墙，上面建有防栅。在离外堡一手枪射程的地方，有一座较高的沙丘，在其上又建了一座巨大的石砌堡垒，名为乌特利支圆堡，配以一门大炮和许多士兵，在城堡广场的东面，有许多中国人定居，形成一个城镇，其他三面为内海所环绕，小船很容易靠岸。

　　城堡上有七个碉堡，均配有大炮。碉堡凡三层，下层为地下室，入地丈余，内贮食物及各种备用物品。内城楼屋，螺梯曲折，栋梁坚巨，粉饰精致。更有风洞机井，堪称鬼工奇绝。

　　长官评议会刚刚开完，评议会议员陆续走出了半圆形会议厅。

　　商务长牛文来律还显得非常激动。会上，他同长官威特，唱对台戏，但会议以多数否决了他的意见。他用藤杖"笃笃"地敲打着地板，说："长官阁下，你会为你的决定遗憾的。刘香不过是个鼠目寸光的一勇之夫，纵使他能称霸海上，也是不能持久的，不可能出现自由贸易的局面。助刘反郑，极有可能使我们公司的商业利益，蒙受巨大的损失。"

　　威特长官鹰隼般的眼睛，嘲弄似地对他眨了眨；"可敬的商务长，庞必古司令官已经率领舰队向西进发了。你太激动了，你需要服点镇静药。"

　　牛文来律一手拄着藤杖，一手摘下礼帽，朝威特长官鞠了个躬，说；"长官阁下，谢谢你的关心。你的轻举妄动，必然要给公司带来麻烦。中国，并不是可以光用武力让他们明白道理的。愿上帝饶恕你。"

　　长官评议会的果断决定，是取决于阿狮昨天带来的一封信。阿狮权衡利害后，终于接受了颜如玉的收买。他辗转来到厦门见郑芝龙，告知荷刘结盟反郑的内幕，告知颜如玉的近况。郑芝龙探听到台湾荷兰人的军力有限，舰队的大部分舰只，在北季节风初起时便奉命回巴达维亚了，只有五艘战舰尚留在台湾。郑芝龙决心严惩荷兰人，免受荷刘双方的夹击。鉴于阿狮熟悉刘香的底细，郑芝龙假借刘香的名义，让阿狮带一封信给荷兰台湾长官威特，要荷舰出动，合攻碇泊于旧镇的郑军主力。威特与通事一道，盘问了阿狮，没有发现什么破绽，才召集评议会决定行止。

　　舰队司令庞必古是郑芝龙的老对手了。他对于此行满怀信心。他站在驾驶室里，用千里镜瞭望海面。海岸线渐渐进入眼帘。好，我还担心刘香要滑头，还果然来了。庞必古见陆鹅碇泊着几十条战船，悬挂着"刘"字大旗。怎么，叫我们去冲锋陷阵，他们在这里打援？刘船不住地向庞必古打旗语。庞必古对刘香的战斗力亦不太放心，便率领自己的五只夹板船驶入旧镇海湾，传令各舰准备战斗。

　　不久，眼前的情形，使庞必占惊呆了。弄不清有多少小船，二百？三百？天知道！那些单桅小船，像黄蜂一般，向他们迎面而来。"火船！"庞必古惊呼，他的话音未落，各船一齐燃烧起来，顺风向荷船漂去。简直是一片火海，向他们倾倒而来。庞必古心里乱了套。显然，郑芝龙是做了精心准备的。上当了！他急忙传令后撤。

原先停泊在陆鹅的军舰，早已换上"郑"字大旗，尾随荷船掩杀过来。芝虎、芝豹、芝鹏、芝燕，各领一艘战舰，冲在最前面。炮火轰鸣交织，硝烟凝聚蓝天。荷舰被火船燃着烧毁一艘，被芝虎、芝豹击沉一艘。庞必古带着余下的三艘战舰冲出重围，向台湾逃窜。郑芝龙率领一支舰队，在庞必古回归的海域游弋、守候。庞必古正十分沮丧，见又有郑军拦截，战志顿消。他打消回台念头，率舰朝南驶去，先到了吕宋，后来安抵巴达维亚，为自己计，他向荷兰东印度公司总督告了威特一状。

郑芝龙大军齐集澎湖。这次胜利，使他消除了对荷兰人的畏惧心理。人善被人欺，马善被人骑。好个红毛番，现在再不能对你们示弱了。他派芝豹率领舟师直逼台湾："你告诉威特，如果他们再袭击我的商船，我就要派出装满石料的船只，凿沉以堵塞港口，叫大员港变成死港、臭港，看他们的舰只、商船怎样出入！"他并不想攻占台湾，一则荷兰城堡坚固，难以攻克；二则对荷台的贸易在他的算盘上占有相当的位置。他只是要荷兰人放老实点，不干扰他的对日本的直接贸易。

芝豹带领战舰直逼赤嵌。

一鲲身的热兰遮城堡，陷入一片混乱。守卫的军士，自城堡兴建以来，尚未遇到敌情。军曹们吹起紧急哨声，指挥军士，拉开炮门，装上炮弹。桶般粗的炮口，对着海港虎视眈眈。

威特长官正与通事何斌在热兰遮市区蹓跶。当他接到报告时，他愣了一霎，随之大喊大叫："这不可能！这不可能！"本能地发泄一通后，他的第一个判断是：消息走漏了，郑芝龙避开了庞必古，前来偷袭台湾。他回到城堡，迎面遇上商务长牛文来律。

"长官阁下，这就是轻举妄动的报应。"牛文来律有点幸灾乐祸。

"这是巧合。待庞必古和刘香回军，尼古拉斯·一官就要粉身碎骨。"威特说这话时，已经有点心虚。他有种预感：极有可能中了郑芝龙的诡计。如果是这样，局势可就危险了。城堡只有军士八百多人，黑人奴隶五百多人，再加二百多的妇女儿童。他不敢去想象前景，他好像在一个黑洞洞的隧道里行走，只有硬着头皮往前闯。

各碉堡的军士已各就各位。威特用千里镜瞭望着停泊在港外的郑军。一艘快艇离开船队，正朝港内驶来……啊，上帝呵，快艇上竟坐着我们的人。俘虏，被郑芝龙俘去的水兵。太可怕了！可怜的庞必古，难道你们全军覆灭了？这不可能，这不可能……事实是严酷的！芝豹放回四十名荷兰俘虏，让他们进城堡来通风报信。

商务长牛文来律很神气地对威特说："不是我有先见之明，而是你们错误地估计了海上形势。尼古拉斯·一官已同官府结为一体，他有实力同我们抗衡。我们要保住在台湾所得到的利益，就只能同尼古拉斯·一官建立友好关系，作出必要的退让，以达成谅解。"

威特仔细询问了放归的俘虏。眼前的形势比他猜想的还严重。庞必古遁走，他猜测十有八九是前往巴达维亚。如此一来，半年之内，在南季节风来到之前，他们无法得到东印度公司的任何援助。而且，这座城堡并非十分坚固，更何况建造得不科学。孤守待援，风险太大。如今只有一条道路：赔礼加微笑。

芝豹带着十名亲兵和一名通事进入热兰遮城堡。威特早备好筵席接待。雪白的桌巾、餐巾，亮闪闪的刀、叉，西餐大菜，还有香槟酒。芝豹见了十分新奇，这可怎么个吃法呀！他怕出乖露丑，一拍桌子站起来："我是中国人，我只吃中国菜！"通事把话翻译出来，威特连连赔礼道歉："完全是误会，误会，请将军原谅。"他忙令撤掉西菜，改做中国宴席。

翌日，芝豹带着威特信誓旦旦的保证，回师大陆了。

海峡枭雄

一个月后，安平陈氏商人有一条商船，从日本返回中国途中，在舟山附近为一艘荷兰大商船劫走。荷兰船长好不得意。他万万没有料到，当他拖着这条安平商船到了台湾，却遭到自己同胞的怒斥。

"我并不知道最近事态的变化。尼古拉斯·一官不过是虚张声势，抢了就抢了，看他能有什么反应！"船长辩白道。

威特又好气又好笑，这笨伯的头脑也单纯得太可爱了。他揪住船长的衣领，叫喊道："你要为台湾近千名荷兰人的生命负责！"斥责，愤怒都无济于事。事不宜迟，他决定明天一早就将中国商船放回去。

夜里，风渐渐猛烈起来。威特因为心里烦闷，索性起床，披衣，踱步。那条被掳来的中国商船，像魔影一样，搅得他心绪难以平复。凭窗，可以俯视港湾。天上，缀着疏落的星星，一勾上弦月，悬挂在空中。海上，风助浪涌，发出雄壮的涛声。威特呆住了。他临窗俯望海面，几次揉揉眼睛，又再放眼港湾。

"上帝啊，它触礁了！"

中国商船漂流出原来的碇位，只余下昂然翘起的船首和桅杆，眼看就要完全沉没。

威特无可奈何地摇摇头。这是上帝的旨意，我注定逃脱不了这场灾难的。但是，一个新的大胆设想，扫除了他心上的阴霾……船，沉了不正好吗？一官如果追究，他没有证据，我可以反驳他。对，把那些拘押在城堡上的中国水手、商人秘密……

威特的侥幸心理，只是自我安慰了两天。郑芝龙很快就派出芝豹和郑泰作为代表前往台湾，提出了强硬的交涉。

"老朋友，我们又见面了。欢迎，欢迎。"威特亲热地同芝豹拥抱。

芝豹浑身起鸡皮疙瘩。红毛番还真会做戏！

"长官先生，我喜欢直来直去。你们又破坏了协定，抢夺了我们的商船。长官先生，你认为该怎么办？"芝豹说。

"什么？抢夺了你们的商船？"威特摊开双手，十分吃惊地说，"这绝对不可能，也许是葡萄牙人，也许是西班牙人。你们知道，我们荷兰东印度公司的舰队全回到巴达维亚了。"

"是你们的商船，在舟山附近拦截了我们一艘从日本驶回的商船，这艘商船连同货物、水手都被你们俘到台湾。"郑泰说。

"先生们，我们公司极希望同尼古拉斯·一官阁下保持友好关系。但是，我们绝不能屈服于讹诈。请问，你们的商船现在台湾何处？"威特一脸冰霜。

"现在这商船已触礁沉没了。有渔民亲眼看见，报告了我们。我们还获悉，船上的水手、经纪人等，均关押在你们的城堡里。"郑泰把郑芝龙致威特的信件交给他。

威特脸色变了，挤出笑容，说："有这种事？我不信，我不信。"

芝豹霍地站起来，怒气冲冲地说："我们一起去勘探。"

"老朋友，别激动。"威特按着他的肩膀，"我先调查一下。"

威特让商务长牛文来律安排客人住下。他看了郑芝龙的信，热血涌上脸来。郑芝龙除了发了一通谴责外，还要求赔偿白银十万两。一船粗货能值多少钱？居然要价十万两白银。一官的胃口好大呀！倒霉的威特哟，竟然被中国人挟制！

他满含羞惭和愤怒，给郑芝龙写信。

"尼古拉斯·一官阁下：送来的信件收悉。阁下来函称，你方帆船一艘由日本开返中国时，遭受我方一艘船只攻击，并被劫往台湾，在台湾遇风浪触礁沉没，要求赔偿十万两白银。信的内容不很友好，这不是我方所期望于阁下的。阁下向我方所提出各项过分的要求，我方不能同意。因为，阁下对该艘帆船的赔偿价格要求过高，一些粗货何值十万两白银？你很明白，我方在中国海岸和平寻求进出口自由贸易已达多年。我们的意图甚为合理，如果加以拒绝，不但有害，而且有失体面。因为我们都是敬畏神明的商人，自己既愿公平待人，另一方面也不愿受任何人的迫害与凌辱。我们双方既已订立协定，结束敌对行动，双方就有义务遵守执行。现在，阁下提出了非分的要求，我方必然产生疑虑，阁下究竟是愿意遵守前订的协定，或是打算挑起新的纠纷？这之前，阁下也曾提出几次类似的要求，但所要求的比较不重要，我方当即予以同意，这不是我方负有什么义务，而是为了不致开罪阁下。在可能范围内，我方衷心希望能同一切人和平友好相处。如今既然阁下利用我方的和平愿望，不断增加要求，我方在此公开宣言：不准备再做任何让步，以免阁下来年再提出其他无理要求。我方人员将你方帆船带走，是出于保护性措施，因为该海域有海盗出没。虽然我们认为我方人员的行动并无过错，但现在我方对'截获'你方船只一事，仍向阁下道歉。至于帆船在台湾触礁沉没，这个不幸事故是由海洋气候造成的，责任不在我方。但担心阁下以此为理由，封闭你方港口，我方将对船主赔偿一切损失，但不是阁下所提出的十万两白银。"

威特越写越理直气壮。当他放下笔的时候，才心虚起来。这种信给一官，将会出现什么后果呢？他把写好的信，揉成一团，扔进纸篓里。一阵疑云在他心里生成：这事有点蹊跷，尼古拉斯·一官怎么能如此迅速了解到内情？

助理长官进来告诉威特，说是城堡门卫来报告说，有一个中国人有要事需同长官面谈。威特与助理长官一道向城堡出口走去。

"报告，刚才有一个中国人，一定要往里闯，被我们阻拦住。"

"人呢？"威特左右张望。

"他见有几个中国人朝这里走来，就转身跑掉了。"

"笨伯！蠢猪！"威特失望地跺着脚。

那个要进城堡的中国人叫阿三，是士美村的一个单身汉。后面追来的是郭怀一等人。阿三进不了城堡，见郭怀一等人追来，只好跑进热兰遮市区。

原来，当荷兰人尚在舟山截走商船时，郑芝龙便得了消息。他很高兴。他觉得这是个机会，可以给荷兰人施加心理上的压力，以便巩固海上的和平局面。他派人给台湾的郭怀一传达指令。

郭怀一当天晚上，带着几个水性强的后生，游到商船上。他们偷偷地起了碇，让船漂流，并在船舱底部凿了几个大窟窿。他们神不知，鬼不觉，做完这一切回到士美村，天刚刚放亮。

阿三亦是这次行动的参与者。他因赌博，欠了一笔钱。债主催逼得紧，他想反回老本，当干完那事回来后，又栽进了赌场。这天更晦气了，一输输了上百两银。债主再也不放过他，要将他卖往巴达维亚为奴。

阿三被债主揪住衣领，一阵懊恼憋出了一个冒险计划。

他掰开债主的手，说："我就要发大财了。给我两天宽限，还不了你的钱，我就卖身外番做苦工去。"

债主怎信他的胡诌，冷笑道："你在做梦娶亲，想得美。"

阿三指天发誓，说："老实告诉你，我昨晚干了一件事，只要我进城堡说一声，哼，银子还不哗哗滚进我的兜里！"

债主追问再三，阿三只是不肯吐露真情。

债主想到这事与红毛城有关，就去报告了郭怀一。

郭怀一马上意识到阿三可能到红毛城去告密。他立即去寻阿三，果然不见他的人影。

阿三在城堡大门口被卫兵堵住，又见郭怀一带人追来，只好转身逃往市区。他哪能逃得脱呢？

威特做梦也没有想到商船是被郑芝龙凿沉的。他正在自怨自艾。他在心理上已完全被郑芝龙慑服。他拣起刚才写的信，重新摊开看了一遍，又再揉成一团。他自我解嘲地笑着："好个海上国王，这个一官是不能开罪的！"

威特召见芝豹、郑泰，表示愿意赔偿十万两白银，并释放了商船上的所有人员。

郑芝龙陶醉了。他在安平商人的庆贺会上说，今后商船若在海上遇上荷兰人追击，尽管放心让他们俘去。他说，他可以从荷兰人手中加倍取回补偿。现在唯有盘踞粤海的刘香成了他的一块心病。

第十一章

安平声威

一、安平的"神圣之所"

　　她回来了。此刻,她和他站在安平城头,鸟瞰全镇。她好似躺在母亲的怀抱里,安全,舒坦。海风,吹拂着她的鬓发,好像在喁喁诉说。她翻转眸子,向他靠近了一些,带着羞赧,偷偷地拽住他的一个手掌。他对她报以一笑,她突突狂跳的心,慢慢平复了。

　　颜如玉从刘香处潜逃回来,当她见到郑芝龙时,既陌生又委屈,更隐藏着巨大的不安。她很可能成为一个弃妇,男人是不能容忍她这样经历的女人的。但是,她毕竟是她。她发怒着:"你这个没良心的,我冒死派人给你送消息,你倒好,仗打赢了,也把我忘到脑后去了。"他并没有忘记她。当阿狮来投奔他时,他便派人潜往刘香处,以搭救她。可是她已先期逃了出来。他的心情十分复杂,仅仅溜了她一眼,就再也不敢看她。各种乱七八糟的图景,在他思屏上闪现,闪得他心里酸溜溜地。他终于战胜了由忌妒而生成的嫌恶,邀她一道去观赏安平城。

　　这安平城不仅是城池,亦是他的府第,更是他的杰作。

　　安平城原为土城,始建于南宋绍兴年间,后来渐渐坍塌。郑芝龙踞有安平后,重新垒石建城。城围一千三百六十丈,高一丈三尺,垛三千有奇。有四座门楼,八个水关。真个是固若金汤。城内为郑芝龙府第,时人称:"亭榭楼台,巧工雕琢,以至石洞花木,甲于泉郡。""宅第弘丽,绵亘数里,朱栏锦幄,金玉堆砌。"

　　郑芝龙选择安平筑城置第,是颇具眼力的。安平港地处泉州湾毗邻的围头湾内,港湾曲折。入港处有白沙、石井两澳东西对峙作为海门。舟入海门,海面豁然开阔,港岸湾深,随处有避风良坞。其江海潮流平静,出入无风涛之险。两道港汊环流回抱市井,形如半岛,似半月伸出海面,故有"半月沉江"之雅称。其水道由晋江东南隅诸溪,南汇于石井以达大海,西北可扼九溪黄冈之险,南可航金、厦、澎、台、潮,以通天下之商船。

　　郑芝龙每每对自己的成功道路进行反思，而这座安平城，在他的心目中，是十分得意的一笔。他的一切活动都在海上，安平可进战退守，可通贩天下，无论为战，为商，均得天独厚。更为举足轻重的是，这里是他的家乡。他深谙此地风土人情之奥秘。此地民风强悍，畛域观念极为浓重。在对外时，且不说为朋友两肋插刀，就是为乡人也能掏心剖腹。他，郑芝龙何等地乖巧，他在安平筑城置第，有如一块磁石，将乡土势力牢牢地吸附在自己身上。而且，中国是家族主义统治的国度。他在此像一棵擎天大树，庇荫着石井郑氏家族，郑氏家族的人还不拼着命供他驱驰？他在明政府与荷兰势力间游刃有余，又借助乡土与家族势力拥兵自重。因而，杨禄、杨策、钟斌、李魁奇这些逐浪海上的枭雄，一个个被他剪灭，并非历史的偶然。郑芝龙下一个猎取的目标，自然是称霸粤海的刘香。刘香不除，终是心腹之患。刘香的势力亦不下于郑芝龙。刘香是漳州海澄人，他远离家乡，失掉乡族为依凭。他的部属多为杀人越货者，时聚时散，缺少凝聚力。他虽也经商以养兵，但抢掠却是家常便饭，与官府、百姓的关系形同水火。郑芝龙自信可以把刘香掀进海里。

颜如玉俯视着郑氏府第，眼里流露出满足和幸福。过去的就让它过去，我疲倦了，该重新安排日子。我需要平静，平静。

芝龙紧挨着她，问："刘香佬知不知道你是我老婆？"

她撅起嘴，说："我们分开这么久，你就不能讲点别的？"

"别的？刘香佬这人怎么样？他有没有讲到我？"

"够了，够了，我讨厌听到什么'刘香、刘香'"。她用手指堵住耳朵。

他开怀大笑，笑得她莫名其妙。

他俩走下城楼。郑氏府第，处处流淌着富贵。重檐叠阁，龙凤翔翔；复道回廊，幽房曲室；楼台突兀，画栋雕梁。闽南民家建筑，原本就是宫殿庙宇式，郑氏府第几同一座缩小了的紫禁城。但是，他的宽敞明亮的客厅，则是地道的西式模样。厅的中墙上，横挂着一幅复制的油画，画上一个少女，一手支额，动人的眼睛微微下垂，沉浸在理想的王国中。在大厅的中央，有个用贝壳制的椭圆形水池，内有喷泉。南边是十二张花梨木椅子，当中摆着长形云石桌子。壁上挂着四条行书屏条。东边靠墙有一个玻璃柜子，里面陈设着碧玉、玛瑙和珊瑚之类东西。北边有两只大沙发，茶几上放置着一个玛瑙花瓶，插几枝弯弯曲曲的珊瑚树。光线从两个又亮又宽的窗台间射进来，全室很明亮。北壁有一只自鸣挂钟，金光闪闪，玲珑剔透，奏出悦耳的的的嗒嗒声。西面放着六尺高的一座穿衣镜。客厅的陈设，是郑芝龙在澳门的母舅馈赠的。建筑设计则是出自荷兰人之手。

他俩从穿衣镜后面启门出去，有一条花岗石砌成的小径，通往一个荷塘。塘上九曲回廊，朱红栏杆。曲廊尽头，是一个月门。进了月门，便是"神圣之所"花园。为何称为"神圣之所"，现已不可考。

这花园景致非常。一座假山，嵯峨怪石，叠嶂层峦。假山前后，各有一座亭台。绕过假山，有一片草坪，绿草绒绒，煞是可爱。草坪四周，环绕着各种花木，争奇斗艳，香气流溢。穿过草坪，则是一座日本式住宅。很显然，这是准备给田川美子住的。那小郑森回国以后，日日思母，郑芝龙便让人陪他住在这屋里，并延师课读。郑森十分聪敏，喜读《春秋》、《左传》，对孙吴兵法亦十分感兴趣，课余则舞剑驰射。

颜氏初见到这座屋子，见到这个从日本回来的小孩，产生了一种本能的嫌恶。可是，这小孩十分乖巧，极有孝心。他每天早起，都到颜氏睡房请安，一口一个"阿母"，叫得她心里暖烘烘地。

"阿爸，阿母。"郑森见父母进来，放下书本，规规矩矩地站立着。

"大木，你小小年纪，不可过分用功。"她抚摸着孩子的脸腮。

"你呀，纵子废学。"他用手指点点她的头，"书中自有黄金屋，书中自有……"他收住话尾，望着她笑了。接着，两人相对大笑不止。

"想不到这郑府书香味这么浓。"她不由地感叹着。她暗自将他与刘香反复对比。他们同样起自波涛，现在是何等地不同。她在刘香军中呆了一阵子，闻到的尽是腥风酒臭。刘香的后人们，也只有承继父辈的衣钵，父盗子寇，一脉相承。她凝视着芝龙那冷峻生动的面庞，一股强烈的爱意，使她心旌摇曳：他是个开基创业的男子汉，郑家必将显赫于世。没说的，自己的运气不算坏，不枉一世人生。她想到他小时本是个顽童，现在居然如此看重后人的学业，禁不住噗哧一声笑了。

"你又笑什么?"

"我想到一句话，'万般皆下品，唯有读书高'，看来，这话千古不变。"

"不，什么千古不变，我就不能苟同。我就不读书，我也是人上人。"

"你嘴巴硬！哼，你怎么不让大木当野孩子？"

他愣住了。是呵，这是怎么回事？

他俩从"神圣之所"折向东去。这一带是郑家各兄弟的住宅区。他俩回到芝龙的卧房。卧房的物品，很能显示主人的后者。壁上悬挂着两条轴画：郑和下西洋图及俞大猷战倭寇图。他那把征战用的大刀，挂在房门近处的壁上，宝剑悬在挂衣架上。他的床头，放置着一把手枪，这是从荷兰人手中缴获来的。他一头栽在鹅绒被上，舒适地摊开四肢。海浪汩汩声，在他耳膜轻轻摇荡。那声音极为轻微，只有他这闯荡波涛的人才能听出。在设计府宅时，他就自行添了重要的一笔：开通海道，直至府内。现在，大海船可以直驶进安平城，以达他的卧房近处。这，大概是天下无双的。当他添这一笔的时候，他想到当年从日本平户仓惶出逃的情形。这安平城虽然坚固，若陆上大军压境，终有破城之时。海船直通卧内，他就可以随时扬帆出海。这安平港的地理形势，可使他一到海上，则高枕无忧。安平港的潮水一日夜两次起落，潮退港底水尽，如船欲入，必乘潮头初动时即随潮而入，至潮平方得到岸。去必待潮大平时，即转船头，亦随汐渐出，汐尽得到海门。若稍缓，则两头俱不得到岸。石井、东石乃安平之两巨螯，两边到海，内宽外窄，为安平港出入之门户。如敌船一入，则兵船把守汊口，敌船便休想逃脱。

"老爷。"管家伊大器在房门外呼叫。

颜氏开了房门，从他手中取来一封大红请柬。

"蔡善继六十大寿。"郑芝龙看了一眼，将请柬随意扔在床上。

二、郑芝龙的黑人卫队

蔡善继已经告老还乡了。他觉得身心都很疲倦。郑芝龙控制了海疆，他这个巡海道还有什么戏好唱？他并不迷恋这个职位。回乡几个月来，他成天价日蛰居在家中，看书，练字，消磨时光。他原以为离开了宦海风波，心境可以得到休憩。他错了。他已经习惯于人家叩头、巴结、逢迎；习惯于吆五喝六，盛气凌人。而如今，门前冷落车马稀。一股浓浓的寂寞，紧紧地包裹着他，压迫得他直想一个人大喊大叫。更叫他忍受不了的是，他昔日的威严，已经成了过期的银票，一个铜板也不值。一次，他上安平镇闲逛。过去，他出门总是前呼后拥，实际上远离人间烟火。现在，他可以看一看人间的真面目了。他看到镇上贸易丛集，洋货充斥，感到十分酸楚。海禁早已名存实亡了。他在一家经营洋货的商号前驻足。他要了一串玛瑙，玩赏了一阵，便交给跟随的管家，转身便走。老板将他喝住。

管家恶眼相问："你不长眼？这是前巡海道大人，要你一串玛瑙，算是给你赏脸。"

老板冷笑道："我只认钱不认人，一手交钱一手交货。"

蔡善继气得胡髯直颤抖。这是什么话！钱，钱，钱！等级，门第，出身，还抵不上一个臭烘烘的"钱"字？糟透了，纲纪败坏到何等田地！听说还有人辍儒从贾哩！从古至今，末流的商贾，竟然如此盛气凌人，本末倒置，世道真是大变了。不，不是世道变，而是郑芝龙这个海贼，把安平搅翻了天。郑芝龙，郑芝龙，他在心里诅咒着郑芝龙。一个好端端的天地，被他弄得不伦不类。男耕女织，日出而作，日落而息，鸡犬之声相闻，老死不相往来，老幼有序，尊卑分明，官是官，民是民，忠孝礼义，三纲五常。他的脑海跳跃着这些不相连接的词句，好似追回了一张美妙和谐的生活图画。生活本该是这样的啊！

蔡善继为了驱除寂寞，欲大肆排场一番，庆贺六十大寿。他也给郑芝龙下了请柬，虽然他不太想见到郑芝龙，但地头蛇是不能得罪的。每当他想到郑芝龙，利害冲突虽然使他愤然作色，但也夹带着一丝伯乐式的快慰。当年郑芝龙还是个掷石顽童，他不就认定这孩子有出息吗？现在果不其然。按这趋势下去，郑芝龙当有权倾东南的一天。他躺在太师椅上，让丫头给自己按摩。梁上掉下来一撮积年的灰尘。他猛一抬头，好似有影子从梁上掠过。他大叫："来人呐！"再细瞧，什么也没发现。几个家奴拥进厅堂，他有点发窘，挥挥手说："没事了。"

郑芝龙带着黑人卫队，威风凛凛地穿过安平街，朝蔡善继府第所在的灵水村而去。街上人流熙熙攘攘，敬畏地给他们闪开一条通道。

这安平镇已成为明代后期国内外商品的集散地，中外经济交流的中心。这是郑芝龙创造的一页历史。其时，安平包括附近的村落，已逾万户。时人称安平"屹为东南巨镇，阛比阓联，万有余家"，"桥店初投南北客，港湾未断来往舟"。安平桥上更是"行旅纷纭日满桥"。

郑芝龙浏览着市容，面带得意之色。

安平街有店面数百家。经营进出口的大牙行有三益行、晋安行、顺发行、义冒行和致和行。他们将海商从国外贩回的胡椒、木香、象牙、明珠、翡翠等等，批发往两京、苏杭、临清、川陕、江广等处发卖，又从河南、太仓、温州、台州等处贩回棉花，供安平妇女织缕成布，运交趾、吕宋等国货利，更从江南各处采办生丝、绢绸等远销日本。除了郑家为海商之首，还有陈、柯、黄、杨四姓大海商。向安溪、永春、德化内地推销海产干味的二盘商比比皆是，有源隆、益泰、振利、源兴、鸿泰、复利等商号。此外，如干果行、粮食行、药行、金纸行、杉行、绸庄更是充斥街面。为了方便往来商人，大小客栈就有几十家，分布在顶街、塔脚、海口等处。开设在顶街一带的有复春、复兴、复利、泉发、永合和、自来成、祥记、联记等，开设在塔脚海口一带有三星馆、合利、益记等。各客栈常设床铺三十多张，还常要临时加铺，足见往来商客之盛。

　　街上的小商贩十分活跃，卖饼、卖鱼虾、卖香蕉鲜果者，熙来攘往，声满街衢。郑芝龙好不容易才走出安平街。

　　一路上，肩挑的，骡驮的，络绎往来。居住在镇内，以当挑运工为业的温州人就有七八百之众。他们均是往来内地贩运货物的。

　　有两个脚夫，担着海产干货，紧随在郑芝龙的马队后面。他俩一前一后走着，不时靠拢交谈几句。

　　在镇北关，有一家规模可观的纺织作坊。郑芝龙行到这里，下马进去探看。在这个作坊里做工的，全是郑氏家族的人，约有二百人。他们原散居在澳门做工，为郑芝龙招聘回乡。安平成了明末的对外贸易中心后，这里随之也成了闽南的手工业生产中心，冶铸业、染色业、煮糖业、打石业、焰火鞭炮加工业、水果海产加工业等均十分繁茂。最为发达的是纺织业，与江苏松江齐名，共享"衣被天下"之誉。因为，南洋地热，当地居民最喜葛布、水纱布。纺织业的发展，又促进了安平附近苎麻、木棉的生产。安平的妇女，人人从事纺织、刺绣。时人何乔远在《咏安平》中曾有诗句：

　　"灵岩山下万人家，古塔东西日影斜；巷女能成苎麻布，土商时贩木棉花。"

　　郑芝龙从纺织作坊出来，重新上马。马蹄声脆，和风熙熙，他好不怡然自得。田野上，红肥绿瘦，各种经济作物，十分茂盛。这一带的农民，为适应海外贸易的需要，主要种植甘蔗、桑、麻、棉花、茶、灯心草。近海的盐滩地则种蓝靛。

　　当他们穿过一片甘蔗林时，悄悄尾随在后面的两个挑夫闪进了地垅里。他们并非什么挑夫商贩，而是刘香手下的人。他们从筐里掏出短刀，伏在地垅，在甘蔗的遮掩下，窥视着路上的行人。

　　有一乘轿从路上经过，后面尾随着两个跟从。他俩互相对视了一下，无可奈何地摇摇头。又有两个纨袴子弟模样的后生，衣冠华丽，互相吹牛着走来。他俩喜形于色，窥视来路两端，虽有行人，但均距这两个纨袴较远。此时不下手，更待何时！其中一个，捏着鼻子，装出嗲声嗲气的女人腔："好哥哥，放开我，使不得，使不得。"两个纨袴听到这声音，乐呵呵地钻进蔗林。两个纨袴被猎获了。刘香的喽罗从他俩身上搜出了蔡善继发出的请柬，并把他俩的衣服剥了下来，用绳子将他俩捆得严严实实，又堵紧嘴巴。这两个喽罗穿上簇新的礼服，虽不那么合身，却也面目一新。他俩身藏短刀，兴致勃勃地朝灵水村的蔡府走去。

郑芝龙在灵水村头勒住缰绳。这里种了一大片的番薯。沿海地带，地少人稠，雨水不足，稻谷种植有限，粮食一向紧缺。灵水村人经商吕宋时，发现这番薯是耐旱高产粮食作物，前两年引进回村种植。经一两年试种，已在灵水村广博美誉。郑芝龙早已听说此事，只是尚未见过。他扒开泥土，露出粉红色的肥硕块茎，好不逗人喜欢。他为家乡人庆幸。他当然没有想到，这番薯后来成了中国的主要粮食之一。烟草、南瓜、茄子，这些都是海商从南洋引进的。他突然悟出，通贩海外还能带来种种额外的益处，以造福桑梓。天外有天，海外有洋，若谨守家门，只能是可怜的井底之蛙。他暗自感叹咨嗟不已。

黑人卫队停驻在蔡府门外。郑芝龙昂首阔步，同管家伊大器走进大门。蔡府内宾客如云，喜气洋洋。蔡善继这阵子被寂寞折磨得够呛。他满面春风，与本地的头面人物谈笑周旋，心灵上得到莫大慰藉。

"郑将军大驾光临，屈尊寒舍，老夫不胜惶恐。"蔡善继目光倏地黯然，凝视着郑芝龙。

"老公祖何出此言。前辈请受晚生一拜。"

郑芝龙毫不客气地坐到首席的上座。

筵席开场了。郑芝龙感到有一束异样的目光，在自己身上扫瞄。他环眸左右，突然发现了两副似曾相识的面孔。那不是刚才路上见到的两个挑夫吗？怎么摇身一变，成了蔡府的座上客？他正待离席，那两个刘香的喽罗已操起短刀扑了过来。郑芝龙一把掀翻桌子，跳起来迎战。

蔡善继吓得抱头鼠窜。来客惊叫着往外奔逃。门外的黑人卫队闻变欲往里冲。无奈失去理性的客人，互相挤撞，在大门上挤成一团，堵住了他们的进路。

两个喽罗一时没有得手，梁上早已飞下两个武士，朝郑芝龙头顶，一个"饿鹰扑食"俯冲下来。这两个"梁上君子"，亦是刘香的刺客。

郑芝龙面对这四个亡命之徒，不禁有点怯意。他已许久没有练拳脚了。

三、"石井郑氏"令旗

　　郑芝龙的客厅。郑泰坐在沙发上，品赏着壁上的油画。郑泰非常地不安，一会儿站起，一会儿坐下。郑泰不仅统管郑氏家族的商行和商船，又暗中兼负"提塘"之责，即敌后特工工作。芝龙就抚后，"提塘"的着眼点，便从官府转向荷兰人及各帮海上武装集团，以配合郑芝龙统一海上的战略目标。刘香派了四名刺客潜进安平，他居然事先没有掌握一点蛛丝马迹，他感到十分内疚，甚至恐惧。

　　郑芝龙手臂上被刺中一刀，没有伤到筋骨。一个在刀剑丛中闯荡的人，这并不算一回事。他吊着膀子来至客厅。

　　郑泰伏在地上，磕头如捣蒜，口中喃喃有词："老爷，小的该死，小的该死。"

　　这情景与这西洋式客厅很不协调。

　　"泰儿起来。阎王被小鬼欺，活该。不关你事，不关你事。"

　　"老爷。"郑泰感动得声音哽咽了。他知道，郑芝龙历来赏罚严明，这次竟如此宽容自己，足见他对自己的厚爱。内外有别，义子毕竟不同旁人啊！此刻，郑芝龙就是让他赴汤蹈火，他也绝不会皱眉的。

　　郑泰禀告了近来刘香内部的一些动态。郑芝龙半卧在躺椅上，两眼瞧着天花板，没有作出丝毫的反应。

　　郑泰最后怯生生地说："老爷，我想出去走动走动。"

　　"去哪里？"郑芝龙突然朝他侧过脸来。

　　"我那屋里的，成天闹着要到海外去开开眼界。我想随船到吕宋、占城、暹罗走一走。"

　　"泰儿，你好像有点惧内。"

　　郑泰脸红了。他岂止有点惧内！那采莲本是茶楼的姐儿，两片薄嘴尖刻，一点不饶人。郑泰则是市井上的混混儿，也是唇枪舌剑。两人每天都有一阵好吵，那架式，外人见了都替他们捏一把汗。可是，那争吵如同夏日的雨云，来时风急雨骤，去时阳光灿烂。当然，郑泰每次的主动退却，是争吵的消弭剂。谁愿意成天受气？他自然到外面去寻花问柳，可十有九次会被她侦悉，每次都有一场大闹天宫。他也曾想过休了她，可是她已深深地介入了他的"提塘"秘密，而且培植了自己的党羽，她有办法叫他脑袋搬家。因此，休妻之念他再也不敢萌发。久而久之，那每天的例行争吵，似乎也吵出点味道，如同是生活的调味品，假如有一天没争吵，倒觉得生活缺了点什么。况且，她的容貌和风姿，也很可他的心。就这样，他在她面前，越来越处于被动状态。

郑芝龙对于郑泰的要求不置可否。他又询问起发放出海令旗的情况。郑芝龙取得实际上的制海权后，便开放了海禁。最初，他只是自己垄断海上贸易。后来，开放的范围从郑氏家族扩展到乡人，允许安平港的所有商船出海，但必须向他缴纳关税。其交换条件是，只要取得"石井郑氏"印记的牌照，便可获得放行及受到郑军水师的保护。若遭到袭击受损，可获得赔偿。时人曾记载道："自就抚后，海舶不得郑氏令旗，不能往来，每一舶例入三千金，岁入千万计。"

"每船收三千两银，会不会过重了？"郑芝龙问。

"人总不愿做蚀本生意。他要出海，总得算盘拨一拨，看看合算不合算。一条出海洋船，多寡不等，总有几千两银子的货。一来一往，获利数倍。三千两银，不过占他两三成利钱。"

"噢。那有没有洋船不来领取令旗？"

"若从安平港出，没有令旗不得放行，自然要来领取印记、令旗。若从附近小港澳偷偷出海，遇上我们的水师，他能不补缴？就是让他偷溜了，可一遇上盗贼，找谁去补偿？花点钱，买个保险，大家还是乐意的。"

郑泰又问起自己打算去一趟西洋的事。郑芝龙若有所思地问："你同采莲一道去？"

"她非要去，我只好陪她走一遭。"

管家伊大器进来禀报说，韩宝在外等候求见。郑芝龙示意郑泰暂离客厅。

韩宝也是个商场上的大将。他在大陆与台湾之间贸易，是荷、郑贸易的居间人。他既是郑芝龙在台湾的商业代理人，又是荷兰人在大陆的代表。

韩宝这次所乘的台湾开往安平的商船，乘员有三百零五人，载有现金和各种商品。其中丁银三百箱，胡椒十四万二千四百七十斤，没药三百六十斤，钉子四千六百三十斤，呵仙药九千七百四十八斤，象牙八千四百七十七斤，香一万零一百二十斤。以此足见，这条商船载货量十分可观。本月芝龙也有三艘帆船抵达台湾，所带货物有白生丝三百二十九斤，白色绉绸二千零九十九斤，赤色厚地纱绫一百二十八斤，各色厚地缎子三百二十九斤，平织素花一百十九斤，白色绫七十斤，白蜡九十担，金二十斤。可见郑芝龙运往台湾的货物不是太多。

根据早先郑荷双方订立的对日贸易互惠协定：郑芝龙不直接派船到日本贸易，同时也不让其他中国船只去日本贸易。郑芝龙供给荷兰东印度公司合适的中国丝绸和其他货物运往日本。资本由公司贷给一百万佛洛林金币，月息二分半。为了酬谢他，在公司的船上，给芝龙带运五万元的货物和五万元黄金，一切风险由公司负担，芝龙可得百分之四十的利润。

如今，这个"海上国王"能认真对待这个协定？现在，他直通日本的贸易船每年近一百艘。荷兰在日本的商馆，曾记载了郑芝龙一艘商船所载货物有：白生丝五千七百斤，黄生丝一千零五十斤，捻丝五十斤，丝线一百斤，白纱绫一万五千匹，缎子二千七百匹，天鹅绒五百匹，花绣珍八十匹，麻布七千五百匹，红地毯三百枚，鹿皮一百五十枚，茶壶四十七个，茶碗一千四百个，白蜡六百斤，土茯苓一千五百斤，苏枋木六百五十斤，口木皮一百张，白绉绸七千匹，花绸子八十匹，红绸五千匹。郑芝龙对日本的出口量是十分惊人的。

郑芝龙对荷兰人有强大的威慑力。荷兰《巴城日志》有一则记载，"5月19日，船主Jocho的帆船抵台，搭载各种商品及芝龙给韩宝的信。其中有芝龙的白麻布四万匹，他不愿交换货物，而要现金。他的权势很大，他说什么，大家都很听从。该船还载有白蜡一百担，芝龙提出欲送来二百担，要求每担十三瑞尔，若每担只给十瑞尔，今后将中断送货。"

郑芝龙与韩宝寒暄数语后，打趣地说："我的商船川航于日本平户，荷兰人有没有骂娘？"

韩宝一笑置之。他是来同郑泰结算一年来的账目的。他告诉郑芝龙，公司欠郑芝龙十五万三千八百四十六瑞尔的债，并决定从即日起，每月付息2.5%。他还告诉郑芝龙，荷兰台湾长官威特，派通事何斌为使节，前来向郑芝龙颁授王杖，现已随船到达安平。

"还不快唤他进来？"

"是。"管家急忙传令，"快传荷兰使节。"

韩宝知趣地告辞了。

何斌走在前头，后面随着一名荷兰军曹。那军曹手里捧着一个盘子，上面放着一顶金冠。何斌手里提着一枝王杖。

"将军阁下，我受荷兰东印度公司台湾长官威特阁下的派遣，特向将军阁下奉献金冠一顶，王杖一枝。"何斌献上金冠与王杖。

"何先生，请向长官阁下转达我的致意。"郑芝龙接过金冠看了一眼，交给管家接着。他又接过王杖，不免仔细端详起来：弯弯曲曲的藤体、镶金盘龙的扶手。

"公司期望与将军阁下建立正式邦交关系。"何斌说。

"噢？"郑芝龙感到意外，他挂着王杖，在地板上"笃笃"两声，咧嘴笑着：他们希望我自立为王。他禁不住嘿嘿笑出声来，摇摇头说："此事不妥。本人不过是大明国的一个武臣。我们中国尚无建立邦交的先例，即使是朝贡关系，也只限琉球一国。不过，公司若谨守和平，我们可以成为贸易上的长期伙伴。"他转向那位军曹："你能听懂我的意思吗？"他讲的是葡萄牙语。军曹点点头："将军阁下，我明白。"

当郑芝龙送何斌与军曹出门时，他用乡土话对何斌说："何先生，你的后者对我们十分重要，别忘了父老乡亲。"

何斌说："我永远是将军的部曲。"

郑芝龙回到客厅，郑泰正等着他。

"泰儿，你和采莲要去西洋的事，我想好了。这次刘香佬对我下毒手，来而无往非礼也。你和采莲都有胆有略，定能替我报仇。"

"老爷是说……"郑泰惊愕地望着芝龙。

郑芝龙微笑着。郑泰心脏怦怦直跳，脸上麻辣辣地，好似脑袋失血，几乎要晕倒。

"老爷，采莲就不必去了。"郑泰知道刘香是个淫魔，采莲落在他手中，不死也得脱层皮。

"不，她得去，她行事方便。"郑芝龙依然微笑着。

郑泰不敢正视他的目光。

"泰儿，男子汉大丈夫当血洒疆场、马革裹尸。"

"老爷，响鼓不用重锤，我知道该怎么办。"

郑泰抛弃了犹豫，摒弃了怯懦。他必须报答郑芝龙的知遇之恩。

四、海峡最后的遗患

船过了南澳。

郑泰躺在铺上，有点魂不守舍。船老舣那疑惑的目光，顽固地滞留在眼前，使他很不自在。这条航线不是经常有海贼出没吗？那是老皇历了，这条海道现在最宁静不过。当他用谎言欺骗船老舣时，内心受着痛苦的煎熬。对于船上众人的安危，他倒不在乎。要在海上讨生计，风暴、海贼还能少得了？采莲却是无辜的。她，将通过我的双手，送进虎穴狼窝。他受到良心的谴责和爱的折磨。她睡得很安详。玲珑小巧的耳朵，细长白净的脖子，几绺散乱的头发衬着微红的两颊，在他眼里越发动人。他相信她能保存自己的生命，她的美貌、机警、干练和泼辣，可以使任何屠夫对她放下刀剑。但是……

"撞上贼网了。"甲板上传来惊呼。

大海沐浴在黎明的黛色中。两艘悬挂着"刘"字大旗的战舰，迎面堵住了他们。郑泰躲闪着船老舣愤恨的目光，躲闪着船员们无告的神情。

商船进行了毫无意义的抵抗，终于被对方俘虏了。

采莲紧紧地拽住郑泰，哽咽着说："都是我害了你，怎么办，可怎么办？"

郑泰眼圈潮湿了，说："别说傻话。你要想法活着。你包袱里的绣花鞋别丢了，鞋底的夹层里，我藏有毒药。你要想法除掉刘香，以报老爷的大恩大德。我是必死无疑的，采莲，我们到阴间再相会吧。"

鞋底怎么事先藏有毒药？她觉得蹊跷。此情此景，不容她过多地思索。生离死别，只在瞬间，他俩唯有放声恸哭。

刘香手下的大将李虎三登上了商船。全体船员被集中到甲板上。李虎三一眼瞥见采莲。

"哟，还有个'消晦气'的美娘子。好，你别害怕，站出来。"

立即有两个兵勇，将她拉出队列。

她跪在李虎三面前，哭道："大王饶命。"

李虎三拧着她的脸腮，轻薄地说："不会亏待你的。我们大王走了颜夫人，闷气还没消。你来得正好，去顺顺他的气。"

李虎三端详着一个个船员。凡是二十多岁的后生，都被他点了出来。当他的目光触到郑泰时，郑泰的心脏快从嗓子眼跳出来。李虎三的目光移开了：这个脸孔白净的家伙，干不了什么事。被他点出来的人，将被带走充实队伍。按过去他们的做法，是杀掉所有的人，连船带货拉走。近来，他们的残忍有所收敛，只掠走货物和年轻后生，放走余下众人及船只。

郑泰目送采莲被押上刘船，忧喜参半。

李虎三带着采莲去进见刘香。

守卫的挡住了他，说："大王正在对进宝发脾气。"

进宝是刘香的独子，已十六岁。刘香自下海后，纵欲无度，再也没有养下孩子。

进宝高挑个子，虽然像他父亲一样皮肤黝黑，但眉目却十分清秀。他侧身对着老子，显得十分不耐烦。

刘香虽然一脸怒容，目光则充满怜爱。真是恨铁不成钢。

"看见你就叫我肺都气炸了。你也照照镜子，你这副书生样还能成大事？要想坐我这把交椅，就得能喊能叫，能打能骂，就得对着风浪不皱眉，就得杀人不眨眼。四书五经、孔夫子，在我们这行里没饭吃，擦屁股也不用它。"

"我才不想坐你这把交椅。"儿子嘟噜着嘴。

"什么，什么？你这没出息的货。我挣下这份江山还不就是你的？都是你中了这些纸片的邪魔。"他把散乱在地上的线装书，恶狠狠地踢了一脚。"你别自作斯文。你老子是干什么的，你也就是干什么的，这是命里注定的。你还是给我学好十八般武艺，学好水上的功夫。功夫不到家，大家就瞧不起你，就是这把交椅传给你，你也休想守得住。"

昨天，进宝首次参与行动，同一位头目上岸掳掠。别人抢财宝，他却夺了一箱书。他刚才正在如饥似渴地阅读，被父亲撞见，才引出这番父子矛盾。先时，刘香也曾掳来一位秀才，给进宝开蒙。待进宝略有长识，他便让进宝辍学。在他看来，不识字不行，但绝不可多读书。多读书必然糊涂。他期望儿子能同自己一样。在他看来，他自己才是个真正的男子汉，做人就要做自己这样的人，这才够英雄气派。可是，儿子身上总有那么股"正人君子"味，不磨掉它，这小子成不了气候。他已经满丁了，该让他去闯荡。

儿子极不情愿地将书收进箱子。刘香令他亲自把书箱投进大海。进宝走出舱门，与采莲打了个照面，急忙侧过脸去。

李虎三带采莲进去。

"大王，今天又有'鱼'撞到我的网里，是安平开来的。怎么样，这个货，好水灵，送给大王消消气。"

刘香乐了。好标致的女人，哟，那双眼睛闪亮闪亮的，像宝石发光呐！自从颜如玉逃走后，他生了好一阵闷气。他第一次尊重女性，就被骗了。他至今还不知颜氏是郑芝龙的夫人，更不懂阿狮出走是她策动的。在他看来，她是为先夫李魁奇守节。到嘴的肥肉居然滑走，在他还是头一遭，他能不气闷？

他的凶悍和丑陋，使采莲直想翻胃。他的两眼，充满了对人的仇视。她担心自己驾驭不了他。想到这家伙嗜血成性，她不由地提醒自己：千万小心。进宝从外面进来。她见到进宝，心里升起一线生的希望。她目不转睛地瞧着进宝。他在她目光的大胆注视下，不敢抬头望她。她非常吃惊：这恶棍的儿子，竟然这么憨厚。

刘香见她对儿子频频传情，咧嘴哈哈大笑。

"好哇，美女爱少年嘛。进宝，你也十六岁了，该懂点人世。我给你配个丫头，这女人就归给你了。你玩出味道，才不会想去念什么四书五经。"

儿子羞得脸呈酱紫色。

刘香乐呵呵地令人将采莲送进儿子的舱里。

采莲长长地舒了口气。她这才想起郑泰怎么事先在包袱里藏有毒药的事。莫非是专为我……一定是！郑泰这小子好毒呀！不过，他也豁出来了。他也是九死一生呀！她谅解了他。她对于自己目前所处的境地很满意。如果除掉刘香，我可就成了侠女，说不定多少年后，台上还要演我的戏呢！

进宝被强送进舱。她见他勾着头，噗哧一声笑了。他抬眼望望她，心脏像进军的鼓点，咚咚直响。他心情十分矛盾。他像一切尚未涉世的青少年，对异性有着强烈的渴慕，又有着莫名其妙的恐惧。父亲这种野蛮行径，使他的纯净的心受到蹂躏，他非常反感。可是，采莲那窈窕的风姿，又使他心旌摇荡。他鼓着勇气，坐到她身旁，捏住了她的手。她闪开了，说："少爷，别急，我又飞不走。"他气喘咻咻地又扑上来。

她轻而易举地驾驭了这只小牛犊，她要想溜走并不难了。但她始终无法接近刘香，找不到下手的机会。刘香嗜酒如命，如能把毒药放进他的酒壶，只要他喝上一口，他就别想活命了。

她挖空心思，寻找机会。

这天，刘香与众头领在甲板上开庆功筵，并特地将潮州城里一家名菜馆的厨子、跑堂全部"请来"。她要求陪进宝一道进席，进宝哪有不允之理。她坐在进宝的背后，殷勤地给他递手巾抹嘴、擦手。

进宝与父亲、各大头领同坐一桌。

跑堂的不断来进酒、进菜。

刘香望着儿子和采莲，心里非常得意：进宝迟早会被染黑的。

当跑堂的又来进酒进菜时，采莲轻轻地使了个绊。跑堂摔倒了，采莲眼疾手快，替他接住托盘。酒壶稳住了，一盘炖猪蹄却倾到跑堂身上。当跑堂只顾擦拭身上的油渍时，她已将准备好的东西倾进了酒壶。刘香的弟弟刘金拎起锡酒壶给各位斟酒。她的身子有点发抖。刘香和他的大头目们就要全部进西天了。她就要成为彪炳史册的大侠女！

刘金给各位斟满酒后，索性把壶嘴对着自己的嘴巴："来，喝他个痛快。"

"乓当！"酒壶掉到甲板上。

大家正端起酒杯准备干杯，不禁都一齐放下，朝刘金张望。刘金眼神呆滞，摇晃了两下便栽倒了，嘴巴不住地向外涌泡沫。

刘香一把掀掉桌子，大喊："给我把潮州厨子全宰了。"

采莲脸色煞白。进宝把她扶进舱里："你别怕。"她懊丧极了。眼看就要出现的奇迹，竟这样告吹，唉……

刘香担心进宝出意外，就把他同采莲及武功师傅，送到人迹罕至的昆仑岛上去，要进宝专心练好武功。

第十二章

统一海上

一、祭海出征

安平郑府，到处张灯结彩，一派喜气。人影憧憧，歌乐飘荡。

夜色知趣地褪去了黑色的羽衣，换上了珠光宝气的华服。笃行楼周围灿若白昼。经过一天机械性的忙碌，一切又安静下来了。郑芝虎的婚礼，所有该履行的繁文缛节，所有该表演的地方民俗，都结束了。

今天最为兴奋的是黄夫人。她穿着深红色镶花边的衣裤，头上插着大红绒花。虽然颇缺乏审美感，但只有好命人才配如此装扮，她的心里充满了喜悦。这个媳妇是她亲自选定的。她真正享受到当婆婆的权威，当母亲的快慰。芝豹、鸿逵的媳妇，虽说也是她聘定的，但他俩毕竟是庶出，不是自己亲生。芝龙虽是她亲生的，可他的媳妇算什么，全是路边的野花，田川美子也好，颜如玉也好，管她俩哪个算正室，都是一个样。那颜氏也算女人？啧啧。芝龙，她管不了，也不想管。这郑府，除了芝龙的势力范围，其余兄弟部分的大小事务则均由她裁定。这座楼取名"笃行楼"，就是她的主意。芝龙懂得什么叫"笃行"？哼！

芝龙、芝豹、鸿逵兄弟三人，正在芝龙的西式客厅里高谈阔论。他们兄弟平素难得如此聚首清谈。今日一则是芝虎婚媾大喜，二则鸿逵进京考取武进士刚回到家。双喜临门，平添了谈兴。"海寇"家里居然也出了进士，郑芝龙好不得意。他延学栽培的功劳，自然不可泯灭。

"大哥，我们蛰居海滨，对北方情势所闻甚少。我这次进京，耳闻目睹，真叫人寒心。陕西连年灾荒，流贼蜂起。朝廷连年劳师无功，贼势愈演愈炽。高迎祥、李自成、张献忠把中原搅得天翻地覆。辽东的局面也是岌岌可危。女真人在关外建立了清国，他们长于骑射，向关内步步推进，数度直逼京畿。国家真是多灾多难了。"鸿逵说。

"乱世出英雄，我们武夫正可大显身手。"芝豹不像鸿逵那样悲天悯人的。

郑芝龙看看鸿逵，又望望芝豹，哈哈大笑："进士到底是进士啰，同我们草莽出身的就是不一样。依我看，什么贼呀寇呀的，不过是官逼民反。活不下去，要么等死，要么造反。太祖还不就是活不下去才竖旗造反，打出个明朝天下？朱家支撑不了这个天下，就该让别的能人来坐龙廷，这就叫皇帝轮流做嘛。陕西'流贼'也好，关外女真人也好，谁能治天下，都是好样的。这明朝的气数早就衰了，要不的话，我们还想堂堂正正地坐在这里？我信奉这句话：'世无君子，天下皆可货取耳。'哈哈，我们都是朝廷臣子，这似乎未免太不忠了。唉，忠君忠君，一个'忠'字，使多少英雄糊涂一世！"

大哥的谬论，使鸿逵不胜惊异。郑芝龙见他那付惊恐的模样，心里有点不痛快，教训他道："我这话只是在家里讲讲，断不会张扬于外。鸿逵，我是要你们学聪明一点，遇事不要认死理。芝豹说得对，乱世出英雄，天意成全我们，能不能建功立业，就看我们自己。"

芝豹向鸿逵眨着眼睛，说："二哥，可不要把我们卖了。"

"那也说不定呢，各为其主嘛。"鸿逵笑道。

"大哥，你说'世无君子，天下皆可货取耳'，皇帝不也可轮到我们家？"芝豹对大哥向来钦佩至极。

"四弟不可胡言。咱家的龙脉只有诸侯气，这是上帝的旨意。从古至今，只有马上得天下，哪有舟中得天下者？哦，二弟，你现在分派到江西赣州统军，这没多大意思，一定要设法调到海滨地带统领水师。无海即无家，我们郑家的天下在海上。"

弟兄们的话题又转到芝虎身上，戏谑着洞房种种……

他们怎么也不会料到，新郎新娘还在"分庭抗礼"。

芝虎独自一人坐在矮椅子上，百无聊赖地擦拭着宝剑。新娘头上罩着红头巾，在床上正襟危坐。芝虎心里很不痛快，他甚至不愿去撩开她的头巾。鬼知道这娘们是个什么丑模样。都是阿母，她总是说要找个能侍候自己的媳妇。不是有丫头侍候你么，何必还要媳妇来侍候你。这娘们是要和我同床共枕的，若是个歪七扭八的，岂不是叫人难受一辈子！他瞅了瞅新娘，新娘仍然低垂着头。新娘出身于仕宦人家。在黄夫人看来，这个陈氏是再标准也不过的淑女。新娘自然没见过新郎的面，但她风闻郑家兄弟个个赛猛虎，早已自怨自艾，一下花轿，她就横下一条心，若不称意，就一死了之。经过一整天折腾，她觉得十分疲惫。新郎迟迟不来揭头巾，使她惊异非常，看来并非想象中的那么粗鲁凶恶。她偷偷地撩开头巾，窥视了新郎一眼。果然是个慓悍男子，不过长得还端正，英武的脸上还有着一股憨气。第一眼的印象不算坏，她悬着的心总算落地。

"郎君，我要睡了。"她实在支撑不住，两条盘坐的腿早已麻木。

"你睡吧。"他瓮声瓮气地说。

听了这话，新娘好生委屈，禁不住暗自啜泣。最后，她只好自己拉下了头巾。鹅蛋形的脸上扑闪着大眼，蹙着眉头，秀颜明眸越发惹人怜爱。见到她的庐山真面目，他立时转恼为喜，情不自禁地上前托起她妩媚娇好的脸腮，用粗糙的大手为她揩去泪水……

翌日，又有一件大事来叩郑府的大门。两名兵弁快马加鞭，从福州驰往安平。他们赍持巡抚邹维琏的军令；令郑芝龙所部入粤剿灭刘香。两广总督熊文灿，鉴于刘香肆虐有增无减，粤军屡剿失利，他想到了郑芝龙。唯有郑芝龙可以与刘香匹敌。他飞檄福建巡抚邹维琏，商调郑芝龙入粤会剿刘香。郑芝龙自然可以猜到邹维琏的用心：正可乘此机会拔除眼中钉，让郑、刘火并，以坐收渔人之利。尽管如此，郑芝龙在接到这份军令时，还是很高兴的。机会终于来了，有粤省水师助战，总比自己独个远征更能稳操胜券。但是，也不能让邹维琏如意。

郑芝龙向邹维琏要出征的粮饷、军械、火药和船具。

邹维琏回说郑芝龙所部已有例定的军饷，不过，酌情补充。

"我不过是个小小的'游击'官衔，例定的军饷只够养活名册上的十几条船。就靠那十几条船去打刘香？"

"你的编外战舰及军士有多少？"

"大小战船数百，军士二万有奇。卑职不敢谎报。"

邹维琏知道他没有夸大。如此庞大的舟师，其军饷全赖海上贸易，这郑芝龙的生意手面该有多大！

"郑游击，不足军饷可向两广总督熊大人请要。"

"抚院大人，卑职是受大人之命出征的，怎么让卑职去向熊大人请饷？好吧，卑职只好带'游击'辖内的船只去听候熊大人调拨了。"

邹维琏无奈，只好忍痛调拨粮饷、军械诸物。

郑芝龙大军齐聚厦门，择日祭海出征。此时，已是三月下旬，南风正发，只得逆风行驶。船艨刚驶至镇海，却见芝虎驾着一艘战舰横插过来。芝虎靠近芝龙旗舰，隔船向芝龙大声禀告："将军，请让我随军出征吧！"郑芝龙还有什么可说的？这二弟勇猛过人，兄弟们称他"蟒二"，每次交战都是打先锋，为郑芝龙立下了汗马功劳。可他燕尔新婚，此次怎忍心叫他挥戈上阵？可是他到底还是追来了。

郑芝龙离开安平之前，芝虎就向大哥要求同往参战。

"大哥，扫平海上，在此一举，你怎能叫我在家里干着急？不是我芝虎吹牛，那刘香凶狠难制，没有我这员猛将，大哥要吃亏的。"

"三弟，大哥自会小心调度。你已实授南日寨守备，当谨守汛地，以防不测。再则，你刚刚大喜，该在家里多呆些日子，让阿母多高兴高兴。此事我主意已定，你不必多言了。"

芝虎悻悻快快地回到笃行楼。陈氏见他垂头丧气的样子，心里乐滋滋的。她关上房门，一下扑到他怀里："你的心肠真硬，咱俩结婚才几天，你就要走。打仗有多危险，你干嘛要争着去？""女人家懂得什么？男子大丈夫，就该去建功立业。""你要有个三长两短，叫我可怎么活呀？你，你还不如先勒死我。"她白嫩的粉腮在他的颈脖上摩挲着，他感受到她的抚爱和忧伤。女人的泪水是一种很强的腐蚀剂。他的心软了。

芝虎在家里又住了五天。简直是度日如年。这天，他终于不辞而别了。他独自走出郑府时，心里默默地说："娘子，对不起你啰！"

郑芝龙船綜过了铜山，开始重新编队。郑芝龙共出动了战舰百艘，快哨二百，军士万名。他令芝虎、芝豹为先锋，各领战舰十艘、快哨五只为第一程；郑芝龙自领中军，同芝鹏、芝蛟等十名将领率主力为第二程；芝彪、芝凤等十名将领，各领战舰一艘为援剿殿后。熊文灿得知郑芝龙已经出师，亦调拨粤军水师合剿。

刘香接报，召集众将商讨对策。李虎三、杨韬、陈玉、林武、康钟、李飞熊、张斌等几员大将，因从未与郑芝龙交过手，个个求战心切。

唯有谋士洪云蒸力谏暂避其锋芒："主公，郑芝龙舟师久经战阵，此次倾巢而出，来势汹汹。我部不如暂退琼州海外，同郑芝龙在大洋周旋。郑芝龙若知趣退师，战祸自然消弭；若他一意寻战，时日一久，其军士必然怠倦，届时我师再行反扑，可收全功矣。"

刘香早知郑芝龙是自己唯一的对手，迟早总得一决雌雄。他听不进洪云蒸的规劝，怒发冲冠道："郑芝龙是什么东西！一样皮毛，何苦为人作鹰犬！如暂避其锋，他更洋洋得意，不可一世。"他说着，猛地拔刀出鞘，狠劲削掉一个案角，斩钉截铁地说："老子要把郑芝龙的心肝取来下酒，方解此恨！"

刘香急令李虎三、杨韬、陈玉、林武带船前去零丁洋防御；令康钟、李飞熊、张斌带船来往救援；他自领大队准备决战。

芝虎、芝豹船行十日，来到零丁洋。李虎三见郑船到来，求胜心切，传令接战。双方互相冲击，展开了接舷战。没有硝烟，没有炮声，唯有战鼓咚咚，喊杀声声。自巳时战至申时，双方军士各有损伤，真是两虎相争，各不相让。夜色融入大海，双方俱各鸣锣收军。次日，双方又展开拼杀。中午时分，刘香率大队船綜到来，立即挥师出击。芝虎、芝豹陷进重围，欲胜不能，欲退不得。正当紧急关头，适芝鹏、芝豸、芝麟、芝燕船到，冲綜救出芝虎、芝豹，退十里，停泊在赤湖。

芝龙率大队船舲到来，询问情况后急传诸将到旗舰上。

芝龙环视罢诸将，说道："刘香惯习海战，各位需用心用命，不负此行。今晚我船泊在下风，半夜水转，刘香必乘潮水冲来。芝豹，你带大舰十艘，往来飘驶，以防不测。芝虎，你可带舰十艘，在前椗寄碇。如遇有警，可放连珠火箭，以便前往接应。"他又发令："所有船舰浮水寄碇，头帆勿落，火炮预备，军士衣皆在身，不得有误。"

诸将纷纷离开旗舰，按令执行。

刘香船泊零丁洋。李虎三过船见刘香，说："郑芝龙恃强，今晚停泊在赤湖，正是自寻死路。主公可点齐船舰，多设火器，待夜半水起，乘潮顺风冲去，芝龙可擒。"刘香沉吟良久，说道："你有所不知，郑芝龙惯能海战，曾屡破红毛番。"李虎三说："郑芝龙出没闽海，在自家窝里他当然十分了得。可是在这里，他摸不透这里的海情。"刘香点点头："你说的也是。好，传令各船预备。"

二更时分，潮起，微风徐来。刘香仰天祈祷："苍天助我，诛此狂奴！"千帆竞发，浩浩荡荡趁潮驶去。行至半途，前队瞭望节节传报："前面有一派黑影，恐有船来。"李虎三思忖，郑船泊在赤湖港，如何此处有船？他急传令前队："各船提防，听我炮响一声，一齐杀进！"芝豹见水涨二分，即令碇起浮水，徐行而进。他远望前方晃动似船状，说道："果不出大哥所料。"他传令："碇帆俱起，安炮守候，听我掌号，一面攻打，一面放连珠火箭。"李虎三冲在最前，喝道："前方何船？"芝豹即令开炮。芝虎望见火箭连起，速督艨前来。

　　郑芝龙遥见连珠火箭映红了黎明的夜空，他一连喝下几盅酒。刘香也不过这么几手！他为自己预见的准确而感到几分自豪。

　　郑芝龙忙督师进击。双方展开了激烈炮战。郑军船大炮巨，击中了刘香许多船只。一阵炮战过后，郑军乘势抢占了上风上流。随之双方互相冲犁。郑军占了上风，刘军被迫处于守势。可是，刘军的近炮却不逊于郑军，其驭船之娴熟，军士之勇猛，更不在郑军之下。近战，接舷战，海上混战一团，战势空前惨烈。郑军的战舰已损失了小半。郑芝龙心痛欲裂。苦心孤诣建立的水师，竟然一艘艘折桅沉海。每看到一艘船舰被打中起火，他的嘴角都可怕地抽搐一阵。

　　芝虎的坐舰被李虎三击中尾舱火药桶，船上火势蔓延，抢救不及。杨韬、陈玉等又施放数炮，击中芝虎坐舰。

　　郑芝龙紧咬牙关，亲自挥动令旗，令快哨救援芝虎舰上人员。

　　监军吴化龙见局势危急，走至郑芝龙身边，说："将军，战局不利，不如暂驶回闽，再图良策。一旦有失，官府居心不良，我等则难以在闽海立足。"郑芝龙眼里喷射着火苗：粤军水师都死绝啦！他叹了口气，喃喃自语："想不到刘香果然厉害。"吴化龙盯视着他，说道："下令吹螺退师吧。"郑芝龙闭上眼睛，说："再等一等。"

芝虎等人已被快哨救出，上了郑芝龙的旗舰，他嘴里还在骂骂咧咧，"太晦气了，阎王爷竟被小鬼耍！娘的，老子歇口气，再来拼个高低！"芝龙说："看来刘香真个调度有法，李虎三也着实勇猛。"芝虎跺着脚："大哥，你莫长他人威风，看我逮住刘香佬这条老狗！"

郑芝龙叫侍从拎来一桶淡水。他把头伸进水桶泡了一会。他决心亲率旗舰与刘香的旗舰决一雌雄。擒贼先擒王，摧毁了刘香的旗舰便可收全功。进军的战鼓敲得更急促了，郑芝龙的旗舰鼓着风帆直朝刘香坐舰猛扑。郑芝龙的旗舰，乃仿造荷兰夹板船，高大坚固，拥有二门巨炮，数十门小炮，军士六百，并持有火枪数百。刘军见郑军旗舰出动，蜂拥包围而来。郑芝龙一路横冲直撞，直逼刘香。刘香接战，两舰互相轰击。

这时，粤军水师方到。他们见海上战火炽烈，哪敢卷入！他们在上流列开战阵，擂动战鼓，偶尔发射几响斗头烦，可就是不敢出击。虽是虚张声势，倒也助了郑芝龙一臂之力。郑军受到鼓舞，越战越勇，刘军见退路被阻拦，一时乱了阵脚。

就在此时，芝鹄的坐舰横冲过去，发一门斗炮，竟穿刘香船尾楼，打死舵公，透入官厅火药桶，桅边斗头大爆炸，其船立即发火。芝鹄的船同时被李虎三船的横身烦击中，裂开沉下。芝龙船抛出许多火罐，掷中李虎三船。李虎三大叫一声，抱烦跌入海中。

郑芝龙船上火枪"砰砰"地向刘香船发射。郑芝龙正用千里镜观察刘船。突然，他惊呆了。只见芝虎一手执藤牌，一手操鬼头大刀，正在与刘香厮杀。刘船军士一片混乱，火势越燃越猛，桅帆皆着火呼呼燃烧。郑芝龙急令停止发射火枪。他想起来了。适才打算与刘香船碰靠时，隐约见有一个人影跃向刘船。是了，一定是芝虎的虎劲发作。这，这，这如何是好？如何是好？他急得手足无措。

芝虎适才见郑军失利，自己的坐舰又被击沉，浑身毛孔上下好似插满了雷管，一触即发。芝龙无意中说的"看来刘香真个调度有法，李虎三也着实勇猛"的话，使他恨得牙根咬得咯咯响，他终于觑准一个机会跃上刘香的坐舰。

正当刘香为粤军水师的到来而惊慌时，芝虎犹如飞将军跃到他眼前。他不禁为之一震，一种不祥的预感嵌入心窝。芝虎声若巨雷，一招一式，挥刀紧逼。刘香的护兵一齐拥上来拼杀，被芝虎一个个劈倒，非死即伤。芝虎像一只饿虎，不，简直如一尊恶煞神。刘香气昏了，大喝道："谁也别上来，我自己来收拾这条疯狗！"

"香佬死贼，你的死期到了！"芝虎睖睁环眼，大刀呼呼有声，一个"饿鹰扑食"朝刘香砍去。刘香握着九环大刀，卖个破绽，顺势倒地一滚，让芝虎扑了个空。就在这时，刘香坐舰被芝鹄船击中起火。刘舰军士急急救火，顾不上刘香了。

刘舰上火势熊熊，浓烟、火舌在空中翻卷飞舞。芝龙试图驾舰靠上刘舰救芝虎，但此时已完全不可能了。芝龙令军士们齐呼：

"郑芝虎——，快跳海——"

"郑芝虎——，快跳海——"

芝虎听到了喊声。他此时只有一个念头："不能放过香佬贼！杀死刘香，大哥便海上无敌了。千秋功业，就看我手中宝刀！"他越战越勇，把刘香逼得步步后退。

刘香旗舰像一团火球在波浪之中颠簸晃动。军士们像一条条飞鱼，纷纷跃进海里。郑芝龙痛苦地闭上眼睛。

刘香被芝虎缠住，想跳海亦跳不成。

"我要你死——"刘香气红了眼，猛地大抖神威，一刀刺进芝虎下腹。"啊——"芝虎一手抓住刺进腹部的九环大刀，一手挥起宝刀将刘香连头带臂削了下来。芝虎拔出九环大刀，双手捂住挤出来的肠子和鲜血，踉踉跄跄地走了两步。他倒下了。火舌舔着他的身躯。母亲、大哥以及娘子陈氏的面容在他眼前闪动着。一切都消逝了。他不住地抽搐痉挛的躯体凝固不动了。船渐渐地沉了下去，在海面上形成了一个大旋涡。

三、金山银山归郑氏

海上静寂下来了。战鼓、螺号、炮鸣、呐喊，依然在郑芝龙耳畔回响。他独自一人在甲板上来回急促地走着。胜利的喜悦，丧弟的悲哀，掺和在一起，他欲笑不能，欲哭无泪。空气中还弥漫着刺鼻的硝烟味，海上漂浮着残损的船板和尸首。受惊的海鸥，重又飞回，在桅顶盘旋。它们俯视着海战场，像在寻找着什么。他的意念追逐着海鸥滑翔。当初，他起自台湾时便立下了统一海上的大志，那时还不过是一场朦胧的迷梦。敢于做"梦"的人，才是精神富有的人。当初的迷梦，如今不已成了现实了么？一个个逐波追浪的海上枭雄，全被剪除。若不是芝虎遇难，他不知该有多得意！

"蟒二！蟒二！"他在心里呼叫着，眼睛湿润了。从孩提时代起，兄弟间相处的情景，一幕幕涌上思屏。三弟的好处，他没有做太多的回顾。倒是他对三弟的亏欠之处，特别清晰地浮现出来。那是七八岁时，兄弟俩到五里桥去玩，他开玩笑地把三弟推入水中，差点没把他溺死。一次在家门口打野仗，他失手一棍击中三弟的脑袋……这次出征，他竟然没能拦住三弟，能说没有私心么？这一切的一切，如今都已无法补救了。泪水从眼角流下来，流入他的嘴。他将咸涩的泪水咽了下去。人生自古谁无死，留取丹心照汗青。文天祥不就是在这零丁洋吟咏这诗句么？不过，芝虎并不一定想要留取什么丹心，他不过是一时气愤，他不过矢志欲除刘香这条海上大虫，以助我成此大业罢了。人生一世，来去匆匆，就该如此慷慨壮烈，一切按自己的意志去做。我行我素，何虑人言？哎呀，我若一命呜呼，后人该如何毁誉呢？后人，怎么想到后人！身后毁誉自有公断。今天，该权衡的是今天。

郑芝龙军屯虎门。他令诸船广捞寻找芝虎尸首。五天过去了，依然没有找到。他延僧念经七昼夜祭奠芝虎、芝鹄及阵亡诸将士。他个人是信奉上帝的。但他始终把这种信仰局限在自身之内，而绝

第十二章　统一海上

不施及旁人。芝豹建议立庙为芝虎塑像。郑芝龙不置可否，只是说："你们看着办就是。"后人传说，芝虎常在零丁洋显圣。粤东虎门外，群奉祀之，据说十分灵验。

祭奠罢阵亡将士，芝龙便让芝豹率舟师到甲子所等候，自己带着一艘战舰驶入珠江到广州去见熊文灿。芝龙军屯虎门时，总督大人曾派人送酒肉犒劳军士，并连下三道请柬，请芝龙进省城一叙。

郑芝龙乘马上岸，卫队紧紧追随。春风得意马蹄脆。他能有今日，与熊文灿的招抚戚戚相关。芝龙没有忘记这一点，否则他是绝不会进广州城的。自从遭到刘香刺客的暗算后，他显得多疑。在他看来，官僚们容不得他，更瞧不起他。"飞鸟尽，良弓藏；狡兔死，走狗烹。"如今海上平靖，官府已无求于他。他明白自己更得处处小心。迎面一排婆娑起舞的椰树，好似在向他频频致意。他勒住缰绳，仔细欣赏着椰树，好像又置身于台湾。万不得已的时候，只好再回台湾。当初要不是熊文灿，自己不一定会想到大规模移民台湾。但他不相信自己会把事情弄得那么糟，以至于下野台湾。不过，将来子孙们万一在大陆栖身不住，倒是给他们预备了一个退身之所。他从台湾岛又想到昆仑岛。郑泰已与芝鹏一道乘一艘战舰去寻找昆仑岛。郑泰此次随征，为的是找回采莲。郑泰在审讯俘虏时，从刘香手下的大将陈霸口中得知，刘香将儿子进宝和采莲一同送到昆仑岛。这个鲜为人知的岛屿是刘香埋藏金银财宝的地方，坐落在暹罗东部的海上。幸好陈霸曾与刘香一道去过昆仑岛，否则那批财宝将永无人知。郑芝龙揣测，昆仑岛上的财宝一定十分可观，但他不相信能够找到。因为，埋藏财宝的全部军士，均已成了财宝的殉葬品。

昆仑岛本是个无名小岛，"昆仑"二字，不过是刘香手下的人信手拈来的。在茫茫无际的洋面上，它是一颗被人遗忘的绿宝石。这里地处热带，树木参天，百卉烂漫，四时皆夏。采莲初到这里时水土不服，曾生了一场大病。留守在岛上的军士有二十多人，他们教她天天用凉水浇身，居然甩掉了死神。最初，她觉得这里的生活挺惬意。这小岛呈椭圆形状，环岛一周约有十多里。四周濒海处是嶙峋的崖石。岛内地势较平坦，唯中央有一座山丘，山内有一条清洌的小溪，溪水欢奔乱跳地流向大海。小溪入海处，形成一个小小港湾，唯有这里可以泊舟上岛，其余地带均为嵯峨绝壁。刘香在岛上盖的一座军营，就在小溪出海处不远的丛林里。这里简直是一个世外桃源。岛上五谷不种自生，热带水果触目皆是。这些水果虽然硕大丑陋，味道却是极佳的。采莲大嚼槟榔，满口牙齿红污，像抽鸦片一样，还上了瘾呢！上岛之后，军士们将她当成宝贝。不，她简直成了女皇。军士们都乐于受她颐指气使。那刘香的儿子进宝，痴情于她，武功师傅还和自己的徒弟争风吃醋呢！日子一久，新鲜感消逝了，她觉得精神太空虚了。每当中午，这里必定有一场急骤的风雨，海浪呼啸汹涌，一时间天昏地暗。这时，才深感到自己被人甩进了活地狱。有时她跑到崖顶，天水浩渺，四顾茫茫，不禁勾起思乡思亲的离情别绪。她常常想到，若是刘香突然送命，自己不就得老死在这弹丸小岛上吗？

军营是一列石砌平房，还有一座两层楼房与其紧邻，这楼房是刘香在昆仑岛的下榻所在。采莲、进宝和武师就住在这刘香的"行宫"里。武师是个腰圆膀粗的壮汉，四十岁左右，一脸横肉，凶相毕露。他满脑子的愚忠。刘香把教导儿子的重任付托于他，他对主子的知遇之恩感激涕零，便使出全身解数，要把进宝锤炼成钢。进宝被困在这孤岛上，也只得万念俱休，沉下心来练一身硬功夫。武师为了不让进宝与采莲胡搅，令进宝一人住在楼上。每到夜晚便把楼梯口的铁门锁了。

这天，进宝同武师练罢功回到楼房。采莲沏了一壶茶，端了一盘点心上楼去。

"采莲，你同师傅睡在楼下，他有没有进你的房间？"进宝将她拦腰抱住。

"哟，毛头孩子也学会吃醋啦？你是'太子'呀，他敢吗？"她扭动着腰肢，但并没有想挣脱的意思。

他手忙脚乱地解开她的上衣。

武师突然出现在房间门口。他两眼贪婪地盯着采莲高高隆起的雪白的乳房，骂道："小贱人，小心我抽你筋，剥你的皮！"采莲忙掩上衣襟，嘲弄似地乜斜了他一眼，走下楼去。她背后传来武师的叱喝声："少爷，你若再荒唐，可别怪我不客气了！临走时，老爷怎么说的？他当着你的面交待我，要我严加约束管教。女人是好玩的？等你功夫到了家，哼，那时我才不管你！"

"船来啰，船来啰——"

军士们的欢呼声传进楼房。

一艘战舰鼓满风帆，正向昆仑岛靠近。甲板上站立着芝鹏和陈霸。他俩都显得很兴奋。陈霸进入舱房，引导舵工驶入水道。芝鹏暗暗称绝：好个险要去处！

岛上的军士们毫无防备。他们盼船心切，又见挂有"刘"字帅旗，便一窝蜂涌下栈道来迎接大王。他们见到陈霸，大叫："陈头领，大王来了吗？""大王在这里！"芝鹏一声大喝，带着几十名胆勇冲下船。一阵突如其来的砍杀，将二十几名军士杀得只剩下五六人。他们将俘虏捆了，抢上栈道，一溜烟便上了军营。

武师及进宝见来势不妙，一时慌了手脚。进宝转身欲跑进丛林，被武师一把拉住，小声喝道："识时务者为俊杰，先降了他们再设法逃走。"

武师拉着进宝跪在陈霸面前。陈霸想起刘香昔日对自己的好处，便向芝鹏求告说："将军，留他二人一条性命吧！"芝鹏说："你们俩听着，你们的大王刘香佬已被郑芝龙将军剿灭。本将军不念旧恶，免你们一死，往后需改恶从善。"武师连连磕头，进宝却呆如木鸡，连道谢也忘了。他原以为是陈霸背主叛变，没料到父亲的性命已经完结，眼前来的是郑芝龙的人马。

郑泰也上了岛。采莲正揪住他，一面哭嚎一面拼命捶打着他的胳膊："你这个天杀的，好狠心呀，把我送进老虎嘴。你说，你说，你是不是有意把我送到刘香佬手里？不然，你为什么把毒药藏在我鞋底里？"

郑泰慌忙赔着笑脸："夫人饶命，夫人饶命！我把大功劳送给你，想不到你又没本事把刘香佬送上西天。好了，好了，也让你大开眼界了。"

"你就不心疼我死掉？"

"我知道你有本事，阎王爷怕你。"

武师和进宝听了，又是当头一个霹雳：这娘们竟然是郑芝龙的刺客！

第二日，随船来的一百多军士，在陈霸的带领下开始了寻宝活动。日复一日，他们已逐块搜索完岛上的每一个可疑之处，竟是大海捞针，徒劳无功。郑泰一次又一次地审讯俘虏，也是毫无收获。这天，他倚在床上，玩弄着采莲的头饰，突然悟道："刘香将大量财宝埋藏于昆仑岛，无非是留给子孙，他将进宝送到岛上，一定有所嘱托，以防不测。"

他唤来门口卫士，准备上楼查讯进宝以及搜查他的房间。

"采莲，采莲。"他找不到火镰，急得大声叫唤。他的鸦片瘾上来，好不难受。卫士进房替他找到火镰，点燃油灯。她哪里去了呢？他吞云吐雾了一阵，又精神抖擞了。

"不好！"郑泰见楼上房门里面被拴住了，叫喊不开。卫士砸破了门。

郑泰一时傻了眼，双脚像被什么拴住，动弹不得。

进宝直挺挺地躺在地上，眼球可怕地鼓暴出来。采莲赤裸着歪斜在床沿，浑身血肉模糊。进宝的大皮箱被打翻，衣物散乱了一地。

"武师。"郑泰的直觉告诉他自己，一定是武师所为。

"快，快去捉拿武师！"郑泰拉过被子给采莲盖上，顾不得悲伤，急急地冲下楼去。

武师原本被关押在平房的一个单间里。房门上的锁纹丝未动。郑泰开锁进门，但见屋顶已开了一个"天窗"。恰好芝鹏正带领搜宝的军士归来，听郑泰一说，急令军土下海看守住战舰。

原来，采莲亦猜想到进宝身边可能有刘香留下的图纸。她想起曾见过进宝玩赏一个四方形的铜盒，进宝向她炫耀说，是父亲留给他的宝物。一个铜盒有什么稀罕，莫不是内中藏有什么秘密。她上楼来找进宝。进宝正懒洋洋地倚在太师椅上想心事。

"进宝。"她笑眯眯地走进房间。

他嫌恶地转过脸去。

"哎哟，火气还这么盛。你的老子已经归天，为姐的来看顾你，你还不快来叩个响头！好了，好了，你是太阳刚出山，来日方长。你不是想要读书去博取功名吗？为姐的一定成全你。"

他的脸色缓和了一些。

"我也不要你叩头，只要你把那个四方形铜盒送给我就行了，怎么样？"

"不！"他本能地反抗，重又恶狠狠地瞪着她。

"你真傻。我现在就是要你的眼珠子，你敢不给吗？"

他无可奈何地站立起来，很不情愿地打开箱锁，取出铜盒。

她接过铜盒。一条黑影从窗外飞了进来。

"武师！"她吓得失手把铜盒掉在地上。武师用手指朝她"天突"穴一点，她便一头栽到。武师又给进宝一个"毒爪锁喉"，进宝像一条布袋摔到地上。武师拣起铜盒，用布条裹好，斜背身上。他转身欲走，又回头看了看昏晕过去的采莲，把房门拴死。然后，将采莲抱到床上，蹂躏了一番后，又用刀把她戳了七八个窟窿。

芝鹏追至船上，果见守舰的军士正与武师格斗。

武师企图杀死守舰军士，夺取船只逃走，让芝鹏等人坐困孤岛。他没想到这么快被发觉。芝鹏等人追上船来。武师只好跳入水中，被芝鹏用火枪一枪打中。

芝鹏得了铜盒回到岛上。郑泰见这铜盒天衣无缝，砸又砸不开，熔又熔不得，好生纳闷。一个当过铜匠的军士自告奋勇前来帮忙，果然找到机关把铜盒开启。

在铜盒的夹层里发现了一张图纸。郑泰揣摸了一阵，认定是埋藏财宝的地形图。他与芝鹏一道勘察了全岛地形，终于看懂了图纸。这天清早，芝鹏、郑泰率领五十名军士来到埋藏财宝的地点。热带雨林地区，作物生长很快，刘香埋藏财宝不过数年，可是该处已是繁木参天。军士们将山坡的树木砍倒，挖去树根、表土，果然现出一座密封的石门。

"轰"地几声，石门被炸开。洞里阴森漆黑，军士们点燃火把，蜂拥而进。突然，"哗啦"一阵巨响，甬道陷塌下去，军士们全落入深坑。坑里盛满毒水，军士们无一幸存。

芝鹏等人无奈，只好暂回住所。翌日，他们又带了一批军士前往。军士们铺上跳板，顺利地通过了陷坑，小心翼翼地前进。突然，有人踩翻了一个踏板，洞壁里射出一阵乱箭，将这批军士射死、射伤。

芝鹏、郑泰等人一筹莫展。郑泰又仔细推敲了图纸。这图纸只标明地点，并未标明躲避机关的路线，莫非还有一张图纸不成？他亲自检查进宝遗物，发现了一对惹人注目的银桃子。在一个银桃子的肚子里果然又发现了一张小图。

按图索骥，终于敲开了"地宫"的大门。

简直是个金山银山。

原来，刘香早已看出自己的儿子生性懦弱，不能继承自己的大业。为防不测，当他离开昆仑岛时，就把这铜盒和一对银桃子交给进宝，叮嘱再三说："万一我不在人世，你的富贵就在这里面，就在这岛上。"

四、有钱能使鬼推磨

为剿灭刘香，郑芝龙的舟师损失过半。这批刘香遗下的财宝，使他很快地重建了舟师。但这并不足以填补他的损失。他原以为会得到破格升迁，弄个副总兵当当，虽无多少实际意义，面子上也会光彩一些，同那些官僚们打交道时心里也自在一些。可是，他非但没有得到升迁，却等来调防天津卫的敕谕。把他调离桑梓，远去渤海，这意味着什么？

难道熊文灿在同我玩把戏不成？我去总督府进见时，他是何等地热络。

"郑将军，闽省一别，又是数载。将军果然不负厚望。剪灭东南海贼，建万世之勋绩。东南海疆，从此可以太平矣……

"本总督当即上呈《剿灭刘香报捷疏》，将军功高劳苦，叙当破格升擢，余弁有功者皆应均赏……

"沿海数万移民，在台湾受红夷节制？台湾乃化外之邦，可以不必理会……哦，对对对，将军花费重金移民，反让红夷坐享其成，此事当斡旋调停。想当年，真个是饥情汹汹，将军助了本总督一臂之力……

"邹巡抚对你有成见？唉，此兄一向脑窍不开。海禁嘛，如今海上升平，似当开禁。吾若得便，当敲敲边鼓……"

不，熊文灿看来对我是格外垂青的。莫非邹维琏从中捣鬼？

不久，郑芝龙在省里的眼线，得到消息，果然是邹维琏呈文到兵部，从中作梗。而邹维琏此举的直接起因，却是曹履泰离任到省向邹维琏辞行时的一席话：

"……抚院大人，卑职尚有一言禀告。刘香一灭，海氛已靖，但并非可以高枕。当初招抚郑芝龙，本意是用芝龙以攻贼，借芝龙以修备，鼓舞郑寇攻杀其余海贼，令彼自相煎熬，我可坐收渔利。因此，郑寇虽已招抚，但所部蚁聚不散，又无讯地之责，非官非民。其时为了平靖海氛，尚可如此苟且。如今若让郑芝龙继续拥兵自重，将尾大不掉，悔之莫及矣。卑职风闻两广总督熊大人曾上疏奏请为郑芝龙叙功，为国家计，省里当呈文兵部，阐明利害。依卑职之见，调虎离山当为上策。若将郑芝龙调离闽海，其部曲将自行瓦解。从此，收拾海疆，严行海禁，闭关自守，东南半壁方可高枕无忧。"

邹维琏依计而行。于是，一纸调令便送至安平郑府。

郑芝龙闷闷不乐，在花园里踽踽而行。他突然听见一阵凄切的呜咽声，循声找去，却是芝虎遗孀陈氏在哭泣。

"大伯……"陈氏见芝龙走来，赶忙站立起来。

郑芝龙愧而无言以慰。呆立良久，才告诉她，兵部已给芝虎记了功劳，赠参将，荫袭总旗。他劝她自珍自重。

为了剿灭刘香，他几乎赔上老本，但朝廷只给战死者记了功劳。他明白，自己要改变朝廷异己的形象，才能得到合法的地位。但是，以俯首帖耳为代价去谋取所谓功名，在他来说是绝对办不到的。

郑芝龙召集主要将领商讨对策。

芝豹、芝鹏、芝凤、芝燕等十几员大将，齐聚郑芝龙的大客厅。

郑芝龙转述了兵部的调令，众人大哗。

"我等出生入死，为朝廷打了这许多胜仗，一个屁功劳都没有，还想遣散我们，想得臭美！"

"大哥，你不能走。你一走，群龙无首，我等定受官府挟制。要么解甲归田，要么被蚕食吞并。"

"大哥，我们不如反了。我们倾师北上，杀进京城，大哥坐了金銮殿，大家岂不痛快？"

"说气话没有用。大哥若不听调遣，朝廷敢怎么样？"

"管他个鸟！大不了再反下海去。"

"对，反下海！""反下海！""反下海！"

郑芝龙见众将反志未灭，略略得慰。是的，大不了再回台湾去。可是，他并不愿轻易丢弃好不容易得来的合法地位。看样子还得找门路，把关节疏通。如果天津卫一定需驻守水师，倒不如设法将鸿逵从江西调去改统水师。如此一来，南北呼应，这万里海疆，就是我郑家的长城了。

管家伊大器上路了。他带着郑芝龙的书信和海外宝物，取海道进京。京城里设有郑家的牙行，坐落在前门外，伊大器在牙行内住下，便打听大学士周延儒的府第。这周延儒乃是福建人，郑芝龙与他早有往来。

周府在天桥附近。伊大器到门房投递了书信，并送上礼单。周府管家见是福建郑芝龙的使者，格外礼待。伊大器也给周府管家送上一份厚礼，让其散发给周府家人。周府管家不由得暗自感叹：到底是海边的人，出手豪，气魄大。

伊大器一等等了十天，总算见到了周延儒。

伊大器试着用家乡话向他请安问候，得到了周阁老用家乡话回答的反应。伊大器胆壮了起来，忙把郑芝龙的为难和盘托出，求周阁老出面斡旋。

"周大人权倾朝中，又一向眷顾桑梓，定能为我家主公转圜。海边民众，一向以海为生，若我家主公一走，海禁定严，民生无着，必下海为虐。好容易挣来的海上太平，又将毁于一旦。周大人体恤民生疾苦……"

周延儒未等他说罢，便摆摆手。伊大器收住话头。周延儒慢悠悠地说："郑芝龙平靖海上，功在国家，有目共睹。调其北上，卫护京师门户，亦为大局计。你可回闽。叫郑芝龙听候调遣。"说完，便招呼端茶送客，转身进后厅去了。

伊大器脸上麻辣辣的。架子好大哟！万里迢迢，恭候一旬，就得这么两句话！他不甘心。翌日又找到周府管家，要求再见周阁老一面。管家劝他回省，周阁老自有道理。

伊大器暗中骂道："周延儒这个老滑头！如今去了油不见光，叫我有何颜面去见老爷？"他怀着负疚的心情悻悻地回到安平。

郑芝龙正与郑鸿逵在客厅里高声谈笑。伊大器惴惴不安，一时不敢进去。他从窗棂中窥见，二老爷鸿逵正摸着大少爷郑森的头，说道："我早就说过，大木是咱郑家的千里驹。"

原来，方才郑芝龙告诉二弟说，书塾老先生直夸奖大木聪明绝顶。一次，老先生出题让大木作对子，规定以"洒扫"对"进退"。大木用语惊人，一挥而就："汤武之征诛——洒扫也；尧舜之揖让——进退也。"老先生赞道："郑森小小年纪，对天下大势见解精湛，日后定然前程无量。"

郑芝龙瞥见了伊大器，叫他："你回来啦。"

伊大器硬着头皮进去，跪下禀告："小的该死。周阁老不肯从中转圜。"

郑芝龙与鸿逵相视大笑。伊大器被他俩笑得莫名其妙。

郑芝龙说："你看，二老爷不是已从赣州回来了吗？他就要到天津卫走马上任了。"他又转对鸿逵说道："二弟，北边战祸迭起，你需好自为之。"

第十三章

八闽长城

一、荷兰远征军出征海峡

台湾新任长官普特曼斯是个性情暴戾的人。他似乎不太讲究绅士风度，在第一次评议会上就大发雷霆。他诅咒他的前任，说前任的对华政策像一个神经衰弱者。

"我们荷兰国，是世界海上霸主。我们在全球各地，都是实行自由贸易的，难道中国的大门就轰不开？我不信！我们可以用大炮让他们明白道理。过去的对华贸易，听命于一个海盗郑芝龙，这简直是耻辱！只有无能、笨伯，才出此下策。我们应该以中国皇帝为敌手，敲开中国的大门，开放所有的中国港口。"

普特曼斯如此气盛，与他带来的九艘巨舰不无关系。他离开巴达维亚赴台湾任职时，荷兰东印度公司总督和总评议会，指令他率一支包括九艘战舰的远征队，去占领葡萄牙人占据的澳门。他认为巴达维亚方面的主张十分荒谬，中国有许多贸易良港，为何要与葡萄牙人争夺这么一块小小地盘？在他看来，荷印公司只满足于台湾的现状及其占有澳门的愿望，纯粹是可怜虫的狭隘胸襟。他要凭借这支远征军干出一番轰轰烈烈的事业，以震惊世界。到那时，荷印公司总督的席位就毫无疑义地非他莫属了。

"我提请评议员先生们注意，巴达维亚高贵绅士们关于进攻澳门的命令是非常重要的，我们非照办不可。不过，这应该以台湾的太平无事为先决条件。维护这美丽岛屿的繁荣的最好办法，就是在海峡对岸建立我们的权威。郑芝龙派来贸易的商船已越来越少，显而易见，他想垄断中国的对外贸易。我们不能坐视公司的商业利益受到损失。我提议，我们必须摧毁中国广东和福建的海军，直接与中国皇帝谈判，取得广东、福建各沿海口岸的直接通商权。请各位评议员先生发表意见。"

商务长牛文来律是老资格的评议员，他对新任长官的鲁莽见解很不以为然。普特曼斯年轻气盛，未免太天真了。牛文来律深深地

感到忧虑，说："请允许我坦率地说，长官阁下并不了解中国国情。中国过去只有朝贡贸易，这并不是商业贸易，实质是一种赏赐行为。我们的自由贸易的要求，很难得到中国官员的理解，我们的炮舰政策，并没有取得预期的效果。自从郑芝龙掌握了中国东南制海权后，我们才得以同中国发生间接的、但却是正常的商业贸易。我们与郑芝龙的关系，时而紧张时而缓和，但是商业往来未曾中断，以目前的情况看，我们并不是太缺乏中国的货物，倒是时常感到货币短缺。此时进攻中国沿海，不仅达不到我们的目的，反而白白耗资。而且，我们屡被郑芝龙击败，任何轻举妄动，只会大大扰乱本殖民地的平静和安全。葡萄牙占据澳门，对我们同日本与欧洲的贸易，危害极大。因此我主张按照原定计划立刻进攻澳门。这不仅符合荷兰本国的利益，而且也符合巴达维亚公司的紧急指令和强有力的建议，这是极端重要的事情，并将证明它是对公司有莫大利益的事。"

普特曼斯很不以为然，他耸耸肩膀，说道："请大家注意这一情况，郑芝龙在与刘香的决战中，损失巨大。是的，他正在重新武装海军，虽然他不缺钱财，但这需要时间。"

其他各位评议员先生并不想同长官先生唱反调。而且，这次新到的九艘巨舰正可一雪先前战败的耻辱。他们纷纷表示支持普特曼斯的进军计划。最后的表决，以多数票通过了长官先生的意见。

评议会刚结束，一个军曹便前来向普特曼斯报告说，派往厦门的侦探已经回来。这个侦探是临时收买的中国人。普特曼斯在盘问侦探时，恰好是由何斌担任翻译。

"感谢万能的上帝。好哇，郑芝龙的二十条大船正在厦门港烨洗，给他一个突然袭击，我不就稳操胜券了吗？"他得意地吹着口哨，扔给侦探一个金币。

何斌十分焦急。不能坐视旧主郑芝龙遭此灭顶之灾！他急急地出了热兰遮城堡，渡过海湾，来到赤嵌附近的士美村。他认识士美村长老郭怀一，并知道郭怀一也是郑芝龙故旧，而且两人过从甚密。郭怀一得了何斌报告，即派一位渔民阿丁，立即下海驶往大陆告急。

阿丁自己有一条单桅渔船，平素多在台湾近海打渔。他老家在海澄，在海峡来来往往亦是常事。他带另外两名水手，背着渔网绳索，来到渔船泊处。可是，已经晚了。荷兰人封锁了港口，严令渔船不准下海。

阿丁叫两个水手先回村，自己一个人在港口徜徉着。他深知自己使命的重大，如果消息送不到大陆，郑芝龙的舟师主力就要化为灰烬。虽然他并没有为郑芝龙效命的义务，但他憎恶欺压台湾人的红毛番，何况郭怀一是他的肝胆朋友。为朋友两肋插刀，没说的！阿丁正无计可施，忽见停在港口的一艘双桅商船正在升帆、起锚。这是大陆开来的商船，莫非商船可以出海？一艘荷兰人的快艇向商船驶去，几个荷兰人和中国人下了快艇，登上了商船。

阿丁慌忙隐在一片木麻黄树林里，只见商船甲板上齐聚着船上的全部人员。一个担任荷兰通事的中国人，正在协助荷兰人查点人数，核对进出港人员。阿丁心中暗喜，真是天无绝人之路。待荷兰快艇开走后，他便偷偷地溜下海。

商船上忙乱一阵后，便开始启航。阿丁凫水接近商船。商船满载货物，吃水很深。阿丁的手指、脚趾像搭钩一般，三下两下就攀上了船。上了船，他本打算躲藏起来，不料却被一个水手发现了。

"你是干什么的？"船主厉声问道。

"嘻嘻，你还看不出来，打鱼的，和你们一样，端大海的饭碗。"

船主虎着脸，说："谁不知道你是个渔仔，你这模样还错得了？我问你爬上船来干什么？"

阿丁扑通跪下："船主开恩。小弟是海澄人，月初到台湾来打鱼。只因我屋里的就要生产，急于回家去。可是不知红毛番闹的什么鬼，突然封海，不许渔船出入。我见你们的商船正要起碇，便想搭船回去，求大哥行个方便！"

船主见他说得恳切，加之已经核查过船员，便让水手给他一套干衣服换上。阿丁喜不自禁，脱口而出："到底是吉人，自有天佑。"船主以为他在叨念媳妇，怎知他是在为郑芝龙庆幸。阿丁处事谨慎，其实这条商船正是来自安平，他若说明真相，或许还会被待为座上宾呢。

帆船劈波斩浪向西航行。出港不久，荷兰的九艘巨舰，挡住了去路。一艘快艇从后面赶来，朝商船鸣枪警告。阿丁见势不妙，急忙对船主说："说不定又要核查人头，让我躲到货舱里去吧！"船主叫他快快躲藏。

快艇继续鸣枪，打旗语。原来是要他们驶回赤嵌。舰队和各有关人员已接到普特曼斯的新命令：严格封锁海面。

阿丁躲在货舱，感觉到船已掉头驶回。他完全绝望了：天意如此，怨不得我了！

快艇督送商船回港后，重又派人上船核查人员，并把众人赶下船去。船主担心阿丁被关在货舱里闷死，只好向稽查人员说明阿丁搭船的原委。阿丁被作为奸细嫌疑带进了热兰遮城堡。

普特曼斯立即警觉起来。他以自己的直觉认定阿丁肯定是奸细。由此推测开来，身边肯定有内奸。每位评议员以及通事翻译都在他的怀疑之列，他认为肯定其中有人过去受过郑芝龙的好处。当然，盘问侦探时所有在场人员更是嫌疑重点，通事何斌则首当其冲。普特曼斯把何斌与另一名通事一道传到刑房。阿丁被捆绑在条凳上。他瞥见何斌，记得曾在郭怀一家里见过他。何斌也认出了阿丁。他竭力掩饰住慌乱。

　　普特曼斯审视着何斌，又夹起一块烧红的铁坯，对阿丁大声呵斥："说！谁派你去向郑芝龙告密的？说出来，赏你一千两银子。不说的话，就叫你吃烙饼！"何斌把话翻译了。阿丁苦着脸说："我家里穷得叮当响，我做梦都想要银子。只可惜没有人派我去干什么，叫我怎么说？"

　　普特曼斯叫另一名通事把话翻译了。他听罢，"哼"了一声，就把烙铁按在阿丁的脊梁上。刺鼻的焦味，恐怖的叫喊声，使何斌的心颤抖了。阿丁被凉水浇醒后，普特曼斯又夹起烙铁，咆哮着审问，阿丁的嘴唇咬破了，血流狼藉。他的脸因痛苦而扭歪了。

　　普特曼斯开始怀疑自己的判断了。他急急地走出刑房。刻不容缓，他决定立即出征。

　　何斌紧绷的神经松弛了下来。他浑身像散了架，感到十分疲惫，他不忍心再看一眼痛苦的阿丁。

二、郑芝龙厦门受重创

郑芝龙刚从澳门回到安平。他因母舅黄程病危而去澳门。他带回了噩耗。当他赶到澳门才半日，母舅便咽气了。黄程在弥留之际见到这个外甥，他失去光泽的眼睛，突然变得闪闪发光。他像一个艺术家临终时欣赏自己的最得意杰作。"一官，看到你有今日，舅舅便死而无憾了。"这句话，浓缩了他——一个晚辈引路人的人生理想。在这个以农为本、商贾为末的国度里，他是个被传统思想所鄙夷的人物。尽管他富有，但是并不体面。而他的外甥，走的是官商结合的道路，将权势与行商融为一体，不仅富甲全闽，而且威势逼人。在他的眼里，郑芝龙才是个真正的男子汉。郑芝龙守在母舅的病榻前，直到他最后闭上双眼。人生是如此的短促，几十个春秋转眼即逝，他心中滋生出一缕淡淡的惆怅。轰轰烈烈也好，默默无闻也罢，终归难逃一死。活着一天，就要按自己的意愿去行，才活得痛快。这样一想，他又觉得这种崇尚个人独立的精神，与抑制本能、节制欲望、克己内省的传统思想未免太格格不入了。忠孝仁义、顺从谦卑、温良恭俭让……难道这些统统一钱不值么？怎么，又是钱！他暗自取笑自己。管他哩，不论毁誉，我行我素。

他在澳门已风闻有一支荷兰舰队开出巴达维亚。葡萄牙人得到消息，这支远征军以澳门为目标，澳门当局正在紧张地备战。郑芝龙意识到，台湾海峡也许又不得安宁。他深知荷兰人对自己的和战态度完全取决于他们的实力。但他万万未曾料及，荷兰人已放弃了对澳门的进攻计划，转而向他开刀。

荷兰台湾长官普特曼斯率领休斯登号、厄克号、布列丹号、芳克号、迪马斯号、科克伦号、兰麦肯号、埃丹号和猎人号等九艘战舰，配以多艘快艇正向厦门扑去。

郑芝龙此时正在安平为家庭琐务烦恼。

从日本归来的商船捎来了田川美子的一封信。这勾起了颜如玉对名位的隐痛。郑森与弟弟郑渡正玩得高兴，忽见正在看着信的阿母神情有些异样。郑森偎到她身旁："阿母，你不舒服？"她摇摇头，把信塞到他手里，说："你日本的妈妈来信了。""妈妈来信？"郑森高兴极了。他一面看信，一面流着泪。然后跑去见父亲。颜如玉望着他跑远的身影，心里一阵刺痛。

"阿爸，我妈妈从日本来信了。"郑森跑进客厅。

郑芝龙正与郑泰谈论商务。他见儿子泪痕斑斑，心猛地受到撞击。他要想接来田川美子并不是太难的事，安平至平户的商船每年有上百艘，偷运个把人又有何难？他只是不想开罪日本，因小失大，他更不愿见到田川氏受颜氏的肮脏气。田川是弱者，她岂是颜氏的对手？他当然也不愿意颜氏屈居人下。颜氏是强者，让她屈居为妾的地位，不是叫她活受罪？

芝龙看着信。信中写道："……此地盛传夫君军势显赫，称霸闽海，对夫君甚为畏惧。我已屡向国王请求，放我前往中国，与夫君欢聚。国王慑于夫君威势，待我礼仪周全。国王言及，日本国定例不可破戒，否则难以服天下人。他对无法让我与夫君团聚深表遗憾。他已收我为义女，他要我，向夫君转达他的敬意，日本国愿与夫君永结友好。大森学业如何？每每念及你们父子，我便肝肠欲裂……

"阿爸，我要找妈妈！我要找妈妈！"他拼命摇着父亲的胳膊。

郑芝龙发现颜如玉站在门口。他按住太阳穴，说："大木，你先出去。你应当高兴才是呀，你已经是日本国王的外甥了。"

颜如玉接过芝龙的话茬，说："你也该高兴才是，何必装头痛？你已是日本国的驸马，何等荣耀。你别发愁，国王还能不让他的干女儿见驸马？"

郑芝龙瞟了她一眼。她的话也许有道理。他既喜又忧。

崇祯六年七月十五。普特曼斯与舰队司令郎必叽里哥，耀武扬威，率领舰队直扑厦门。这日正好是"鬼节"，厦门的居民，家家磨刀霍霍，宰杀禽畜，普度死者亡灵。厦门是游击张永产的汛地，他所辖管的十几条破船，懒洋洋地停泊在码头，军士们正乐融融地准备着晚宴。郑芝龙的二十艘大舰，全部搁在沙滩边，正在燀洗。

谁也没想到，荷兰人突然从台湾窜来。

九艘五桅大夹板船鱼贯而行，如狼似虎般地闯进海湾。旗舰休斯登号居中行驶，红、白、青三色公爵旗随风猎猎作响。普特曼斯和郎必叽里哥站在指挥台上，指指点点沿途的风光景色，似乎在作一次普通的航行。

正是傍晚时分，潮水已退。搁在沙滩上的船舰，高高地仰天翘首。焯洗的军士们正待收拾离去，突然发现了荷兰夹板船。他们知道大事不妙，但又无可奈何，只是乱哄哄地嚷叫瞎窜。荷兰船的大炮响了，霎时间如天崩地裂，沙滩上烈火熊熊，硝烟弥漫，沙土飞溅，残板乱飞。

炮声惊动了居民和城里的军士。张永产的军士刚要起碇升帆，早被荷兰人密集的炮火打得稀巴烂。不到一个时辰，郑芝龙和张永产的船舰全部报销。

普特曼斯在厦门得手后，即率舰队南下，转掠铜山、南澳、甲子等卫所，威逼澳门。闽、粤两省告急文书，像雪片一般飞往京城。澳门的葡萄牙人进入了战时状态。但是，荷兰舰队在虎门湾示威性地转了一圈后，便又折转回头，在沿海烧杀抢掠，于九月初，又来到闽海。

郑芝龙在安平得悉厦门事变，已是翌日中午时分。一股气憋得他喘不过来，他把饭桌上的碗碗碟碟一连摔碎了十几块，那乒乒乓乓的响声，像一帖消散剂，使他慢慢地将怒气压回丹田。这普特曼斯也太鲁莽了，要叫他见识见识：郑芝龙是谁！他将所有的战舰调至围头湾一带防守安平港的海门。同时广罗造船工匠到安平港，火速打造新船。

邹维琏闻报倒是十分冷静。他非但不着急，甚至还有点幸灾乐祸。郑芝龙与刘香火并，已经大伤元气，此番又遭到荷兰人毁灭性的打击，看他还能有多大后劲？是到了将这海贼连根拔除的时候了。普特曼斯同时向两广总督和福建巡抚致书，声称如果得不到自由通商的目的，他们就要继续进行武力活动，直至中国皇帝答应他们的条件。邹维琏对此嗤之以鼻。他自信荷兰人闹腾一番后，自然会退走。于是，邹维琏在给朝廷的上疏中，参奏郑芝龙容隐养痈，疏防招祸。你有本领赖在安平不走，我算服了。可这次被我参劾有纵夷之罪，看你还有什么咒好念。但是，邹维琏依然低估了郑芝龙。朝廷并未查究郑芝龙，却责令福建巡抚图功自赎。

邹维琏此时方才明白过来，郑芝龙太神通了，此人着实得罪不起。

朝廷在邹维琏参奏郑芝龙的劾疏上作了这样的批示："巡抚身任封疆，事权甚重，何云人微言轻？且既揣知事变，即应严饬将领，实图备御，岂弛防致误，饰称言验，便可卸责？邹维琏玩泄殊甚，著吏部并查道府等官议处。"

邹维琏不敢怠慢，急忙遣将调兵，准备与荷兰人作战。邹维琏移会海澄，坐镇调遣，这才觉察到武备弛废到何等地步，一旦要与荷兰人真干，郑芝龙则是不可缺少的擎天柱石。没有郑芝龙，这个仗可怎么打？可是，郑芝龙的军队基本上是私人军队，他会听从我的调遣吗？他意识到自己的处境是多么狼狈。

三、料罗湾大海战

　　当官自有当官的苦处。邹维琏那弥勒佛似的脸，失去了往常的光泽，布满了阴霾。随行来的爱妾，见他吃饭没滋没味，常常答非所问，就变着法儿想逗他开心。可是都无法换得他脸皮动一动。她知道老头子发了几封文书往安平请郑芝龙到海澄来。可是，郑芝龙总是"身体欠佳"一句以为搪塞。

　　"你就不能屈就一下？你们官场上不是常说，小不忍则乱大谋？"爱妾捋着他的胡须，娇滴滴地说。

　　邹维琏不是没有想过。可是，要叫他屈驾小小的安平，去拜谒一个绿林出身的芝麻小官，真有点叫他为难。等级序列和自尊心，这些谁人没有？如果屈就一下能打动这个海贼，倒还值的。就怕偷鸡不成蚀把米，请不动他反而白白地丢了脸皮。何况这些年来海禁与弛禁的明争暗斗，前次厦门事变参奏了一本，他不会不知道的。思前想后，着实踌躇。继而转念一想，屈就就屈就一趟有什么？还可以广延礼贤下士的美誉！这时，他又觉得走一趟也未尝不可。不过，他对此行的信心不足，眉宇间的阴霾并未消散丝毫。

　　安平镇轰动了。巡抚大人莅镇亲谒郑府，这给郑芝龙平添了荣耀。芝龙带着卫队驰往镇外迎接。

　　"卑职参见抚院大人。"芝龙翻身下马。

　　邹维琏笑容可掬地走下轿来："郑游击，贵体康复否？汝乃海上蛟龙，大敌当前，正是一展抱负、建功立业之机。只是汝偶染小恙，本院深为挂念。"

　　"卑职该死，有劳大人远驾而来。"芝龙嘴里虽是这样说，神情却是不卑不亢。一队人马簇拥着邹维琏的轿子往郑府而去。

　　邹维琏拨开轿帘，但见安平港内旌旗蔽天、桅樯林立。一艘艘新下水的战舰上，兵勇们正在演习厮杀，好不威武雄壮。邹维琏偷眼觑了一下骑马与自己并行的郑芝龙，心里一阵酸楚：大明国运衰

竭，才会冒出郑芝龙这样的怪物。官军反倒不如草寇，堂堂抚院封疆反要求助于一个海贼，这是从何谈起！

邹维琏进入安平城。这个实际上的郑家城池，真可谓固若金汤。当他进入郑府时几乎有点目不暇接。他早闻郑府十分堂皇，没想到竟是如此奢靡。郑芝龙似乎是有意让邹维琏见识见识，在府内七拐八弯，才进入客厅。邹维琏曾观赏过苏州城达官显贵们的园林胜景，郑府的规格亦不在其下。府内除了居舍之外，那山池花木、台榭亭廊，说不出的精雅。穿行其间，如入迷宫，难辨西东。

邹维琏打量着这西式客厅，浑身毛剌剌地，很不舒坦。他呷了一口茶："郑游击，汝部荡平海上，为国多建功勋，国人无不交口称誉。现今红夷屡犯海疆，涂炭我百姓，亦使汝部蒙受重创。当此危难之际，望汝捐弃前嫌，同仇敌忾，共惩顽敌。退敌之后，本院定当题功升赏。"

好个题功升赏！老子所部自给饷，东拼西杀，才当个"郑游击"，别给老子釜底抽薪，就算你有德性了！心里虽这么嘀咕，郑芝龙面上却是八分诚恳："既蒙抚院大人如此错爱，芝龙敢不用命？卑职即率所部舟师，听候大人调度。"

邹维琏大喜过望。士为知己者死。郑芝龙并非桀骜不驯，仅此一番安抚，他不就俯首帖耳了吗？他哪里知道，郑芝龙早就摩拳擦掌，誓与荷兰人决一雌雄，只不过是故意整治整治邹维琏。

郑芝龙一声传令，其麾下数十员战将一齐进来参见邹维琏。邹维琏乐得合不拢嘴，说道："只要各位为国用命，本院定当论功行赏。"

邹维琏回到海澄，即紧张地筹措军饷军械，并飞檄广东，借调乌尾船，以备军前听用。

九月十三日，邹维琏在海澄举行誓师大会。诸将歃血为盟，誓以一身拼死挡敌。邹维琏慷慨谕众："……红夷小丑，狡焉挟市，封豕长蛇，荐食闽疆，横掠于海上，势同连鸡，岂独八闽一大患，且为中国一大耻！维琏滥叨节钺，若不堂堂正正，声罪致讨，何以为生！"主帅字字火烫，烧沸了将士的一腔热血，海湾里弥漫着悲壮的气氛。

邹维琏又当众发布了军令："五虎游击郑芝龙手握重兵，部多骁将，应为前锋。南路副总高应岳为左翼，泉南游击张永产为右翼，澎湖游击王尚忠为游兵，副总刘应宠、参将邓枢为中军，分守漳南道臣施邦跃、分巡兴泉道臣曾樱为监军，漳州海防同知吴震元、泉州海防同知陈梦珠纪功散赏。"

邹维琏这番当众宣布，无非是突出郑芝龙，以鼓舞郑军士气。

九月十五日，郑芝龙在安平得报，荷兰舰队已驶至料罗湾。

九月二十日，五更时分，郑军及配合作战的官军，一道浩浩荡荡驶离围头，直插料罗湾。这是郑军与官军第一次真正协同作战。

荷兰台湾长官普特曼斯及舰队司令郎必叽里哥对于即将到来的会战充满信心。近两个月来，他们一直没有找到过瘾的战机。他们寄希望于这次会战，一举歼灭福建的海上力量，得以同福建巡抚直接对话。他俩站在旗舰休斯登号的驾驶台上，谈笑风生，把朦胧之中依稀可辨的中国水师舰队视若儿童玩具。炮击的命令下达之后，他俩又开始东拉西扯地玩笑闲聊。

郑芝龙令前锋落下船帆，待荷舰发泄了一大通炮火之后，郑军急扯起满帆，向荷舰飞驶而去。芝龙今日拟采用近战火攻的战术。芝龙的大型战舰已在厦门毁于荷军炮火，现在只能靠小船打大舰，以蚂蚁啃骨头的办法消灭敌人。芝豹、芝彪、芝鹏、芝莞、芝燕、郑彩、郑联、林习山、欧琏，陈鹏、郭熹，胡美、黄胜、陈麟、洪辉，林察，杨耿、苏成、郑然、蔡骐等二十位将领，各领五只战船，作为前队，漫天铺海般地向荷舰卷去。芝龙自坐中军大舰督战援救。

郑然率领五只战船，冲在最前列。他们向迪马斯号战舰逼近。蔡骐率领五只战船次冲接应。荷舰不仅配有远程巨炮，还有近射连环炮。迪马斯号上的密集炮火，很快就击中了郑然的坐船。郑然胸部受重伤，他睖睁巨眼，从指挥台上掉下，一头栽进了大海。蔡骐接应上来，指挥发射喷火筒和扔掷火罐。这时突然出现反风，喷火筒发射的硫磺火焰竟反吹回头，将自己的船帆烧着。蔡骐的坐船救火不及，终被焚毁，军士们个个跳海逃生。这天的海战，打得十分艰苦，郑军损失了三十多条战船。但也烧毁荷舰一艘。

夜色沉入海里，海水变得黑魆魆的，越发显得狰狞可怕。悲怆的退军螺号在海上回荡。郑芝龙下令舟退围头。荷军鉴于安平港的海门有郑芝龙的巨型炮台扼守，亦不敢贸然追击。

郑芝龙在大舱里自斟自饮。邹维琏派来的吴震元、陈梦珠二员欲求见郑芝龙，被芝龙的侍卫队长郭任功挡走了。生死存亡，在此一举。芝龙为这种决一雌雄的心理压迫着，对于今天的失利很不达观，一反平素的豁达大度，表现得焦躁难耐。好似内心有一个恶魔，迫使他欲大吼大叫。芝龙不敢将这"恶魔"释放出来，他怕自己的失态影响、动摇军心，令郭任功挡住一切求见的人。他久久地凝视着面前跃跳闪动的蜡烛火苗，"火攻"两字无数遍地在他脑海叠现。这次对荷作战，他在军力上并不占优势。他的大型战舰已经全部覆灭，唯有他自己的坐舰可以与荷兰夹板船匹敌。利用火船进攻，得有当年在旧镇港那样有利的海区。荷兰人决不会重蹈覆辙，再钻进安平港自取灭亡。他的思绪总是在"火船"中闯不出来。

舱外传来了争吵声。郑芝龙怒气冲冲地走出舱，见是芝彪被郭任功阻拦住。芝彪见到芝龙，不顾一切冲到他面前："将军，末将来向你辞行。"郑芝龙的神经受到强烈震撼。这算什么，我郑芝龙这就算垮了吗？瘦死的骆驼比马大，我郑芝龙还是郑芝龙，荷兰人几条夹板船休想把我挤出海道！

"将军，人说擒贼先擒王，待我领一船弟兄去把红毛番的旗舰俘来，他们便不战自乱。”

原来如此。郑芝龙的心平复了下来，他恢复了他的冷峻、镇定。芝彪手下有一帮武林高手，攀缘腾越，擒拿格斗，样样十分了得。但是，要去夺取一条夹板巨舰却是谈何容易！

“将军，命是我们自己的，告辞了！”

“芝彪。”郑芝龙的声调有些变了。舍命为主，他能无动于衷么？这芝彪是当年从台湾进军大陆沿海的十八先锋之一，东征西杀，倒是一位福将，从未受到损伤。这次——，这次的行动却非同以往。芝龙不由地按住芝彪的肩头：“你，你切不可蛮干。”

芝彪向他抱了个拳，一声不吭地走了。芝龙当然不会把宝押在芝彪的行动上，但是芝彪一旦得手，对战局确有决定性的意义。必须立即制订作战方案前往增援，并与荷人决一死战。芝龙来回急促地走动着，口里念叨道：“火船——，火船——。”

郭任功揣知主公的烦恼，忙献策道：“将军，依小人之见，我们可用铁链一头拴住火船，一头钉住红毛番的夹板船，叫他们甩也甩不脱。”

“好主意！”芝龙大为振奋，“不过，火船如何靠近夹板船呢？他们的炮火好不厉害呀。”

“可挑选水性强的兵勇，在海里托火船前行。待钉住夹板船时，便点燃火船，凫水回来，我们可多备火船，只要有几只得手就行了。”郭任功猛想起小时在水底托船行进的游戏，突然急中生智。

“好你个小子，行！”芝龙连声夸奖他。

芝龙急传令挑选上好水性的兵勇，同时令停泊在安平港内的火船速驶出海门待命。

黎明的曙光在海面上跳跃。芝龙刚下令吹响起碇出发的螺号，料罗湾方向便传来激烈的炮声，十有八九是芝彪得手了，芝龙以自己的直觉判断。

郑军水师联艟前进。当大海烘托起一轮冉冉红日时，一艘夹板巨舰迎面驶来，舰上飘扬着“郑”字大旗。芝彪的五十名武艺高强的水兵，将厄克号战舰生俘了回来。他们弄错了目标，否则普特曼斯的旗舰休斯登号也许会被俘虏。普特曼斯气急败坏地率舰追击上来，恰好与芝龙的船队相遇。

　　战况空前惨烈。芝龙的火船终于得手了。三百多只火船，绝大多数被荷舰发弹击沉。终于有十几只火船牢牢地钉住了四艘荷舰。荷兰的九艘战舰，昨日被焚毁一艘，今日被生俘一艘，又被焚毁四艘，于是唯存伤痕累累的旗舰休斯登号和埃丹号、猎人号。普特曼斯见大势已去，慌忙率舰逃之夭夭。海上逐渐平静了下来。芝龙还端着千里镜一动不动地凝视着海面。他的侍从队长郭任功，在参加火船攻击行动中丧生了。他的千里镜曾一直跟踪着郭任功的火船。他看见郭任功在钉住荷舰之后转身跳水时被荷军的一排火枪击中。胜利了，但海上却留下了多少尸骨！

　　关于这次对荷海战的战果，邹维琏在给朝廷的报捷疏中写道："此一举也，生擒夷酋一伪王，夷党数头目，烧沉夷众数千计，生擒夷众一百一十八名，馘首夷级二十颗，焚夷夹板巨舰五只，夺夷夹板巨舰一只。"

四、固守两岸力不从心

安平郑府一派喜气洋洋。

郑芝龙踌躇满志地与大小将领一一敬酒。府内有一泓方形大池，池内荷花盈盈，红鱼腾跃。宽大的长廊绕池四周，并有九曲迴桥通往池心的亭榭。长廊里摆下八十桌筵席，坐满了郑军大小头目。亭榭内独设一桌，坐着郑芝龙与其母黄氏及妻妾子女。三十出头的芝龙，显得英姿勃发。他已被升为南澳副总兵。其他兄弟、部将也封有相当的官位。二弟鸿逵因他之故被升为山东登州副总兵。其他芝豹、郑彩、郑联等从军族人和部将均升为参将、游击、把总、千户、百户等各级武官。这是郑芝龙受明朝招抚之后，其部属第一次得到大规模的封赏。当然，郑芝龙作为一个副总兵，在这官衔下的编制内的水师，可以得到官府的军饷。但他并不打算将编制外的水师裁撤掉。因为，海外贸易与他个人强大的水师是相辅相成的，他不愁军饷。

母亲黄夫人见众将如群星拱月般围绕着芝龙，喜得眉里眼里溢满了笑。她想起先夫郑绍祖，可怜他一生郁郁不得志，谨小慎微地仰人鼻息一辈子，何曾得意过一天？以往，芝龙虽然在人们心目中已是威名赫赫的人物，可是在黄夫人眼里这种威名只是一种灾难的化身。如今好了，郑芝龙已是堂堂正正的副总兵。在中国人眼里，官职是成功的标志，黄夫人感到从未有过的踏实和庆慰。

这种踏实感，也在颜如玉和其他将领的身上蔓延着。颜如玉有一种噩梦醒来是早晨的感觉。她对于冒险的生活，就像吃多了油腻，感到恶心。她不敢想象再次置身波涛的生活。她抚摸着郑森的头顶，说："大木，你长大了可不要像你阿爸，在波涛里讨出身。你要好好念书，日后状元及第，出仕朝廷，才是堂堂男子。"郑芝龙接着她的话尾说："不过可不要成了个腐儒。"他对于官职并不那么看重，他重视的是权力与金钱，他可以说是个彻头彻尾的现实主义者。他的实际权势已不在福建都督之下，如今，只有都督以上的职位对他才会产生吸引力。他特别需要正名，别看他傲视一切，内在却潜藏着一种自卑感，正因此，他在与上级官员接触中显得特别骄横。也许这是一种自筑的保护壳。颜如玉希望郑森日后状元及第，出仕朝廷，走文官的道路，他是赞同的。他儿子幼小的心灵也是这么希望的。不过，国内局势纷扰，乱世已见端倪，文官能有多大用场呢？他看待政治也总是用商人的眼光进行估摸掂量。

郑泰兴匆匆地来到郑芝龙面前，告诉他朝廷已罢免了邹维琏的官职，新任巡抚沈犹龙已到省城。

郑芝龙并不惊讶，好像是意中之事。

邹维琏在这次抗击荷兰人的战役中是卖力的。他以为如此至少可以"图功自赎"。他后来才知道自己在厦门事变后，弹劾郑芝龙反被严责，是因为郑芝龙早已同当朝首辅周延儒搭上了线。所以，这次在《奉剿红夷报捷疏》中，他很用了一番心思，对郑芝龙在战役中的功绩不敢隐瞒，还为郑芝龙请功升赏。此疏颇有意味，疏中奏道：

"……迨郑芝龙之剿钟斌、李魁奇也，夷颇有力焉，芝龙德之，情缘难割，于是岁岁泊中左。前抚诸臣以夷未易当，姑以不治治之，而夷益大胆无忌，奸民居奇恬不为怪，甚至酋长乘大舆常游安海（即安平）城中，有识之士无不寒心。臣观自古华夷混处，酿祸非小，何敢容允以养痈，不得不疏责芝龙与夷绝，而芝龙终狃旧缘，疏防召侮，则又不得不疏参芝龙剿夷以赎罪。总之，为国为闽，并为芝龙，以拂之者成之耳，无他赐也。芝龙慷慨男子，幡然悔悟，誓天剿夷，破家赏士，其持久之未发，实图谋于万全。虽借力于诸将，已拼死于前冲，劳苦功高，心迹已白。今既能为补过之孟明，臣当如王猛之待邓羌，请加显擢，以酬奇绩……"

不料，如此婉转陈词换来的却是一纸罢官文书。邹维琏几年来与郑芝龙的明争暗斗，终于以这样的结局告终，不能不使他感慨万端。这抗荷斗争的胜利，使郑芝龙名声大噪，朝廷上下，唯知福建有郑芝龙。邹维琏更明白，郑芝龙是运用金钱的老手。他能赚钱能用钱，出手豪气。金钱在他手中变成一根魔杖。周延儒可不像自己，他巴不得有人来孝敬，多多益善。邹维琏很悲哀，他一生最鄙夷不明不白的金钱，今日却恰恰败在金钱下。

邹维琏是江西新昌人，他在办好移交手续之后便回到桑梓闭门读书。当他把大印交给接任的沈犹龙时，话中有话地说："沈大人，兄弟当初一接此印，就担心安平尾大不掉，如今果不其然。沈大人，这把交椅不大好坐，你要善自珍重啊。"

此时，安平府里依然笙歌荡漾，杯筹交错。庆功宴还在进行。

郑泰正在向郑芝龙讲述京城的见闻。什么阉党呀，东林党呀的，郑芝龙对此没多大兴趣。他关注的是目前执掌朝政的周延儒。郑泰向他描摹周延儒的肖像：中等个儿，一张肌理细腻的长圆脸，细长眉眼，鼻梁挺直，略突的下巴上一撮花白胡子梳理得一丝不乱。他不胖不瘦，处处流露出优雅和风度。

"这么说，他年轻时还是个美男子哩。"郑芝龙对于仪表堂堂的人格外垂青，大概因他自己亦一表人才之故。

"他现在依然是美男子。"郑泰恭维着。

"唔嚄，我还以为他像只恶狼。泰儿，这些年朝廷里好像总是周延儒和温体仁轮流执政。对他们可要舍得下大本钱，懂吗？在那些正统仕途出身的人眼中，我们永远是'海贼'，他们只认得我们的舟师和金钱，一旦失去了这些，我们头顶的乌纱帽就会变成木枷铁链。金钱如流水，流去自然来。哼！那些正人君子总是貌似鄙夷金钱，我郑芝龙就是崇拜金钱！"

郑芝龙这番似醉非醉的赤裸裸的话，使黄老夫人一阵发窘。方才涨满胸怀的踏实感，又像船在大海中颠簸，摇摇晃晃了。到底不是资格正途，这种荣华富贵不保险啊！郑森亦觉得父亲的话不堪入耳，但在以忠孝治国的国度里，他不敢对父亲妄加指责。唯有颜夫人是芝龙的知音。大丈夫欲安身立命，唯有如此啊！到底是患难夫妻。

郑泰告诉郑芝龙，下个月初十是新任巡抚沈犹龙母亲的七十寿辰。郑芝龙眨眨眼，说："如此甚好。你速选购上好珊瑚树，镶以珠龙金。"大家都吃惊地望着他。他慢悠悠地用牙签剔着牙："我要去见识见识这个沈大人。"

后来，当沈犹龙见到这宝物啧啧称奇时，郑芝龙复又进献一件海外珍奇。是奇珍异宝发生了作用，还是邹维琏的前车可鉴？反正这位福建巡抚以后一直与郑芝龙相安无事。自此，郑芝龙完全控制了东南海面，直到十多年后清军入闽，海上的形势才发生变化。

庆功宴结束后，郑芝龙独自来到客厅。他想冷静地考虑一下台湾的前途。荷兰人经过这次惨败后，再不敢轻易向他挑衅，他深信这一点。但是要不要将荷兰人驱出台湾呢？他为开发台湾，花了大本钱，却让荷兰人坐收渔利，实在于心不甘。可是，荷兰人留在台湾也不是没有好处的，他们可以作为贸易的中继站。到台与荷人贸易较自己直接与西洋贸易更为合算。经营土地与经营贸易这二者，在他的秤盘上称了称，后者对他更有诱惑力。他想起昨日郭怀一对荷兰的愤懑之状，又有点犹豫。

郭任功遇难后，郑芝龙便捎信给任功的堂兄郭怀一。郭怀一闻讯前来，见了郑芝龙倒头便拜："老爷，任功死得其所。红毛番在台湾敲骨吸髓，众人皆有反志，老爷何不乘胜渡海，将红毛番一举驱除？"

郭怀一告诉郑芝龙，荷兰人已将台湾所有土地改为"王田"，每年每甲（合十一亩多）上田要缴纳租赋十八石，中田十五石六斗，下田十二石二斗。现在又添了新花样，凡七岁以上都要缴纳人头税，每月六便士。狩猎，捕鱼也得交税，"老爷，众人抛家渡海，不避瘴疠，无非想换点温饱。如此一来，众人皆有离心。台湾千里旷野，土地膏腴，物产富饶，老爷万不可舍弃这霸王之区。"

郭怀一希望郑芝龙将大本营移往台湾。芝龙为他的忠心所感动，宽慰他道："怀一，再忍耐一阵。到了一定时机，我自然要叫荷兰人滚蛋。"这个"时机"指什么呢？当然是指他自己在大陆立足不住的时候，但他不能明白地告诉郭怀一。郭怀一很失望。后来，当郑芝龙被清军挟持北上后，郭怀一在台湾领导了一场气壮山河的反荷起义。

郭怀一临别时那郁郁不乐的神态，在郑芝龙心坎上留下一道阴影。若论道义，应当乘势过海，那边数万垦民，毕竟都是自己的佃民。若论利益，则让荷兰人暂栖彼处，不无好处。况且，即使现在

将荷兰人驱出，难保他们不卷土重来。依自己目前的实力，要同时
经营并且固守海峡两岸，也是力不从心的事。如此一想，他便卸却
了精神上的负担。

第十四章

权倾东南

一、南明小朝廷平国公

郑芝龙的卫队出动了。几百匹高头大马风驰电掣般地冲出安平城，驰向通往福州的驿道。

"听说唐王朱聿键被郑鸿逵弄到福州了。"

"唐王说不定会在福州即皇帝位。"

"皇帝，皇帝，现今皇帝也太滥了，真是乱世啊！"

"你们有没有听说过扬州屠城？惨啊，老老少少都死绝了。我们福建要是也出个什么皇帝，我们也逃不脱当无头鬼了。"

郑芝龙的出动，在安平镇引起一阵骚动。人们惊恐地互相传递、评述这一动态。乱世啊，不能自主命运的小百姓，神经变得特别敏感。这是个竞争当皇帝的时代。初是"大顺国"皇帝李自成攻陷北京，崇祯皇帝吊死煤山。接着是大清国铁骑赶走李自成，北京换成大清顺治皇帝。与此同时，南京的福王朱由崧即位当了弘光帝。如今弘光帝又被大清斩杀，鲁王朱以海在浙江台州称"监国"，也就是准皇帝。谁知道明天哪里又会冒出个皇帝来。"吃他娘，穿他娘，闯王来了不纳粮。"那李自成当皇帝还使老百姓振奋了一阵子，除此，谁当皇帝与老百姓有什么关系呢？只要是真命天子，能化干戈为玉帛，管他赵、钱、孙、马。但是，小百姓最怕在自己近处冒出个皇帝，因为冒出个乱世皇帝就同时意味着：厮杀和流血，将在自己身边出现。

郑芝龙与儿子郑森并辔而行。老子不时地侧脸打量儿子。当儿子转过脸来，视线即将与他接触的那一刹那，他又急急地移开目光，依旧板着威严的脸。郑芝龙在生儿子的气。他叫儿子留在安平，但儿子到底还是跟来了。

"阿森，你二叔捡了个宝贝，我要到福州看看。"

郑森明白这个"宝贝"是指唐王朱聿键。父亲的口吻，使他听了心里感到很不舒服。这算什么话，唐王是皇族，阿爸怎么一点也不懂得上下尊卑！

"阿爸，我也去福州。大明江山势如垒卵，我岂能袖手旁观？唐王是个有中兴大志的皇族，他一定能有所作为。"郑森内心似有烈火在滚动。他对老子的冷静十分吃惊。什么"去福州看看"，这是什么时候了，他身任福建都督，位至南安伯，手握重兵，还不快奋起勤王，出师北进！郑森此时已二十二岁了，前不久还在南京国子监学习。他离开南京不久，南京便陷入清军之手。

"你以为福州有什么可捡的？"郑芝龙很不高兴。

"我认为那里有大义！"

"大义？你的什么'大义'是在南京国子监里学来的吧？"

郑森以沉默反抗。人们的行为不遵循大义，难道只讲利害关系？郑森在国难当头之时决心投笔从戎。好男儿应趁时建功立业。

马队在乌龙江边驻足等候渡船。郑森的坐骑，腾起前蹄，仰天长啸。郑芝龙为儿子的勃勃英姿而担心了。郑森从南京带回满腔愤懑。他对家人怒斥南京马士英、阮大铖等人的汉奸行径，他对福王的昏庸无能痛心疾首。他大有中兴大明、舍我其谁之概。老子哈哈笑了，年轻人的血性啊，可贵是可贵，若不加以引导，往往做出徒劳无益之举。现在，他看出来了，儿子身上有自己那种勇往直前的气质，但是他缺乏自己度时审势、权衡利害的本领，阿森奉行精神至上，被桎梏在圣贤们所炮制的传统道德思想的牢笼中。什么中兴大明，难道皇帝就注定是朱家人做的？当然，他并不希望南京政权垮台。从历史来看，不是也有过多次偏安江南的先例吗？只要南方能够偏安，就不会影响他的地位和海上贸易。可是，南京政权到底是垮了。福建要想成为独立王国，不过是痴人说梦罢了。可是，扬州的大屠杀和清朝剃发令所带来的强烈的反抗，却使他又看到一线希望：清军未必能占领南方。他并不在乎谁当皇帝，只要能让他保住闽、粤沿海的利益就行。他并没有带着野心去福州。他要到福州去寻求一种力量，使得八闽不遭受兵燹之灾。江南的战乱，中断了生丝的货源，他的海上贸易已受到威胁，他不能再让福建被拖进战火。

郑鸿逵早已在福州为芝龙安排好下榻处。鸿逵长着满脸络腮胡子，脸色黑里透青，令人望而生畏。他常常严厉地训斥他人，训起人来又气又急。但他的心同他的面孔很不一致。他的心极其慈善，慈善得不像个武官。在南京陷落之前，他与郑彩任镇江的正、副总兵。他的水师中了清兵的疑兵之计，被打得大败而逃。归途中，他遇到了逃难的唐王，奇货可居，于是将唐王带至福建。

"阿森，真是越长越帅了！乱世出英雄嘛，好，有志气，遇上这年头就该投笔从戎。"鸿逵乐呵呵地把侄儿拉到自己身边坐下。

"二叔，我就留在你的军营里吧。"

"怎么，大哥，你还想让阿森去状元及第呀？可惜遇上这年头，完了。这年头，一个父母官还不如一个草头王哩。阿森，二叔拨些兵给你带带，历练历练，你会有大造化的。"郑森作为一个混血儿，在郑氏家族里总是受人侧目，唯有这位二叔最疼爱他。

郑芝龙坐在紫檀木扶手椅上，示意郑森出去。郑森见父亲如此不信任自己，很不痛快。郑芝龙待他出去后，急切地问鸿逵道："这个唐王是个什么货？"

"这唐王比福王强多了，精明强干，又有中兴明室的大志，在皇族里倒是个凤毛麟角。"

"噢，他想不想当皇帝？"

"那还用说？他总觉得自己是天命所归哩。"

唐王朱聿键虽说是皇族，但他是朱元璋的第二十三子唐王柽的第八代子孙，离皇室正统的血缘已经很远。他是崇祯五年袭了唐王封号。崇祯九年，李自成的势力扩展到唐王的封地河南。唐王一腔热血，感到不能坐待皇朝的灭亡，擅自在南阳纠集了几千军士，亲自去攻打李自成的军队。但是，各地封王的皇族是不能擅自出兵的。朝廷将他废为庶人，被囚禁于安徽凤阳，由他弟弟聿镆袭唐王位。福兮祸之所伏，祸兮福之所倚。一点也不假。崇祯十四年，李自成军队攻陷南阳，聿镆被杀了。若他没有"擅自出兵"之罪，那么被杀的将是他而不是他弟弟。福王在南京即位后，他获释出狱。福王害怕唐王居留在朝廷附近对自己有威胁，令他迁往广西平乐村。就在他离开南京不久，南京城陷，福王也被清军捉去杀了头。他更坚信这是天意：中兴大明王朝，非我莫属啊！

郑芝龙得意地用手指弹着椅扶手。他已经打定了主意。

"鸿逵，我们把他扶上金銮宝座，你看如何？"

"好，我把他捡回来，就打算这么干。现在天下无主，人心惶惶。我们郑家雄兵数十万，此时不轰轰烈烈干一番，更待何时？"

郑芝龙诡谲地笑了笑。什么轰轰烈烈，他才不会如此想入非非。郑家军主要是水师，称雄海上自不必说，至于王天下，他从未想过。他的头脑太冷静了，冷静得容不下半点浪漫味。竖起唐王这杆旗，天下必定纷纷勤王卫护福建，他不就可以坐收渔利了么？若得以实现偏安南方，自己以拥立之功，好处自不必说。若大势不好，改旗易帜也不迟，只要不触动他在闽、粤沿海的霸王地位就行。郑芝龙在商场上和战场上都是十分了得的。他对待政治斗争也同样采用商人的手腕。他自以为明智，岂会料到历史是如此无情，到后来却使自己陷入悲剧之中。

布政司衙门改成了唐王的临时官邸。

当郑芝龙和郑鸿逵大大咧咧走进布政司大殿时，早已聚集在这里的高官们，都露出了轻蔑的表情。哼，海盗居然也同我们一道共商国家大政。郑芝龙从他们的神态上读出了这句话。一种自尊和自卑的混合剂，在他血液里奔腾。他轻轻地冷笑着：这些腐儒，到这光景还拿大。唯有福建巡抚张肯堂同郑芝龙打了个招呼。逃回福建的原朝廷大臣黄道周、何楷、吴春枝、路振飞等一班人，连正眼也不看郑芝龙一眼，虽然郑芝龙已于崇祯十七年正月擢升为福建都督，翌年又为福王朝廷封为南安伯，他已有相当的地位。但是他的绿林出身，是永远不能为正统官僚们所容忍。

黄道周首先提出了唐王监国的问题。关于称监国，还是登基皇位，私下里人们早已在酝酿着。黄道周是原礼部尚书，年近六旬。他身躯瘦小，脸上布满皱纹。他似乎摸到唐王的心事，唐王迫切希望称帝。但他认为，崇祯皇帝的太子至今下落不明，而且唐王的皇族血统似乎太远了，因此只有称监国才适宜。他将着齐胸的花白胡子，慢条斯理地说：

"诸位大人，唐王殿下来闽，这是八闽百姓之大幸。以老朽之见，大明江山，半壁沦陷，国已不国。如今，闽粤等地暂得安宁，唐王应作兴师北伐之举。待收复江北，再言立帝福州。若急于立帝，此东南一隅，难能独树一帜、深孚众望。"

原都察院的何楷连忙附和："黄阁老这番话乃智睿贤明之见。崇祯帝太子生死未知，称帝似乎不合时宜。"

郑鸿逵见那班原朝廷大臣喊喊喳喳的，不由怒打心头起，大声呵斥："末将有一言请教。崇祯皇帝太子至今生死不明，福王为什么可以称帝，而你们又为什么要在福王的朝廷里当大臣？"

那班大臣顿时面面相觑，十分发窘。

郑芝龙立起身，对唐王说："要想号召天下忠勇将士，末将以为还是称帝为好。不称帝，无法压后起。一旦有人拥立像福王那样的昏庸之辈，岂不令天下人寒心？监国也罢，皇帝也罢，不都是为了匡扶明室？何必如此拘泥字眼？唐王殿下乃皇室中的佼佼者，这是天命所归、人心所向之事。各位大人以为如何？"

唐王身披绛紫色团龙斗篷，足踏两只崭新的轻朝靴。清癯的脸庞，原本煞白，此时却因激动而泛红。他知道郑芝龙是福建的实力派人物，只要他肯拥戴，这事就算成了。他显得壮怀激烈，慷慨陈词道：

"诸位勋卿不必多言，吾意已决。想孤祖袭唐王，堂堂正正的皇室后裔，值此国败家亡、朝廷无主之际，愿挺身而出。力挽狂澜，复兴明室，铲除凶虏，舍我其谁？这登基立国之事，万不可再拖延时日，就请众贤卿相宜行事，择一就近吉日，礼行升典。"

称帝的问题解决了。大臣们又对年号和国都的名称展开了无休止的议论。郑芝龙感到无聊。他深知这些官僚们的恶习，在他看来无所谓的皮毛小事，他们却认真得不得了。

"我希望采用一个'兴'字。我们是为了复兴明室才聚集闽省。"黄道周提出自己的看法。

"'兴'字不错。不过，决不仅是复兴，我们还要把明室发扬光大。敝人以为最好有个'隆'字。"张肯堂也不甘沉默。

大家的肚子已发出饥饿的警报，但还在七嘴八舌地议论不休。最后，一致同意国都的名字用进"兴"字，年号中用进"隆"字，福州改称"天兴府"。

海峡枭雄

"还有年号呢?"有人问道。

郑芝龙早已不耐烦。他伸了伸腰,径自溜了出去。儿子郑森还在外面耳房等候。

"阿爸,都定好了吗?"郑森问。

"福州定为天兴府。现在在决定年号,恐怕要商议到天黑。"

"阿爸的意见呢?"

"我只盼他们快快议决。"

"阿爸怎么不说话呢?人家会误以为你对新朝廷没有诚意。"

"有什么办法?我不懂得咬文嚼字。你有什么意见吗?"

"一定要把'武'字加进年号。要复兴明室,目前需要的是'武'。"

"有道理。我进去说说。"

郑芝龙回到座位就打断众人的议论,道:"我想在'隆'字下面加个'武'字。只有武才能保得住隆。你们以为如何?"

是啊,这是个武的时代。大家顺利通过"隆武"为年号。

闰六月十五,举行了登基大典。唐王委黄道周、何楷等十一人为大学士。封郑芝龙为平卤侯,郑鸿逵为定卤侯,郑彩为永胜伯,郑芝龙的部将林察、张明振、周鹤芝、陈霜等均为伯。不久,复又封郑芝龙为平国公,领当朝太师职兼主兵部之事;封郑鸿逵为定国公,协同郑芝龙管领兵部。郑氏一族的威势可谓烜赫东南。

海峡枭雄

司礼太监敲过五更上朝鼓，文武百官自朝班房鱼贯而入。这是隆武帝登基后召开的第一次御前会议。殿前的丹墀炉中冒着袅袅青烟，两行锦衣卫手执威严的旗仗戎装而立。

郑芝龙、郑鸿逵两兄弟，挥着大蒲扇，嘻嘻哈哈谈笑着走上台阶。兄弟俩的举止，使黄道周及何楷等旧朝廷大臣们，目瞪口呆。

"满身海盗习气，不堪为伍。"何楷悄悄地拉了拉黄道周的衣袖。

"非资格正途，不屑教诲啊。"黄道周叹息着。

隆武帝见状亦皱起眉头。

黄道周正要站到东班首位，却不防郑芝龙已捷足先登，占了此位。他只好不尴不尬地缩在一旁。何楷以为郑芝龙不知文左武右的规矩，急急向他示意，暗示他的位子在对面。可是，郑芝龙佯装不见，愈发站得笔挺。何楷急了，只好说道："平国公，文左武右，这是大明祖制。"郑芝龙本是无意，如今见这班大臣如此看重这些虚节礼仪，便有意想给他们一点难受。他心里骂道：这些废物，逃命到这里来，还要如此拿腔作势。有本事怎么让北京、南京都丢了，还有脸再出仕朝廷！他见黄道周等人急得脸面发青，乐呵呵地说："文东武西，虽是古来定制，但也有破例的时候。开国之初，征虏将军徐达不也是站在东班首位吗？"

黄道周讥嘲道："徐达乃开国之勋，郑将军莫非以他自况么？"何楷忙接着说："待郑将军收复失地至北京，那时，首站未迟吧。"郑芝龙嗤之以鼻。他不屑与他们多言，依然摇着大扇子，转身径自回去了。

隆武帝的一腔热血，顿时冷凝了。

次日举行郊天大典，郑芝龙亦缺席。黄道周和何楷再也忍耐不住，两人相约密见皇上。

何楷说："启禀皇上，大明祖制是文左武右，可是郑芝龙藐视祖制，执意要为上首。皇上，以臣之见，郑芝龙拥立皇上，心怀叵测。他若有心复明，理应依尊祖法，尽君臣之本才是。皇上，微臣才疏学浅，唯观历代留都多被人挟制。臣不惜万死，但请皇上多加留意。一旦太阿倒置，授人以柄，久之必将是奸权当道，贻害无穷。"

隆武帝的朝廷是靠郑家军队生存的，他怎么能开罪郑芝龙呢？他只好委曲求全，说道："朕切志匡复明室，还望二位贤卿与郑将军弥合旧隙，互相提携，以完成光复失地之大业。"

黄道周见此，不敢多言，唯有叹息。

他俩走出大殿。黄道周说："你我两袖清风，一无军饷，二无兵将，纵有满腹经纶又有何益？郑芝龙与你我不同，他是闽粤霸王，手握重兵，皇上自然无可奈何。要想摆脱郑芝龙的挟制，唯有送皇上往湖南，湖南何腾蛟尚有数十万大军。"

何楷已十分失望。他说："黄阁老，浙江还有个监国鲁王，谁知道何腾蛟愿奉谁的旨。况且，此处通往湖南，雄关万道，谈何容易！我算是看透了。黄阁老，在下十分钦佩汝一腔忠义，然在下决计退隐林下，终此一生。还望汝善自珍重！"

"你……"黄道周言不成句，他内心痛苦地承认：大明气数尽矣！

郑芝龙蛰居在知府衙门临时改成的平国公王府里，直到听说何楷已经弃官回乡，这才去见隆武帝。君臣二人看不出有什么介蒂。但是，不久之后发生的一件事却在他们之间投下了一道抹不掉的阴影。

数日之后，监国鲁王的使者从浙江来到福州。

鲁王的家谱始于开国皇帝朱元璋第十子，现今的鲁王以海是第九代孙。而唐王是第八代，比以海高一代，算是叔侄关系。这是二百八十年前分开的谱系，血缘已相当远了。

一国不能有二主。唐王政权与鲁王政权自然是水火不相容。鲁王以为自己的政权建立在前，唐王政权是非法的。而唐王认为自己即位皇帝，鲁王再继续称监国就是非法。况且从血缘关系看，唐王比鲁王高一辈，唐王更是理直气壮。

鲁王的使者叫陈谦。陈谦敢于担当使者，是因为他和郑芝龙有旧交，否则他才不敢冒这个风险。

陈谦一到福州，便去拜访郑芝龙。

"恭喜恭喜，平国公。还记得吗？去年的阴差阳错，南安伯乎？安南伯乎？"

郑芝龙携住他的手，记起了往事，不禁敞怀大笑。陈谦亦大笑。

陈谦曾作为福王朝廷的钦差大臣到福建传达圣旨，封郑芝龙为南安伯。当郑芝龙焚香跪接圣旨时，陈谦刚念一句便打住了。原来，圣旨出了大差错，把"南安"二字颠倒成"安南"了。

"南安是个小地方，安南可是个大地方啊！你也不用回去改了，让我合算一点就是了。"郑芝龙戏谑道。安南即为现在的越南。

"哪有如此便宜之事？不过，回头我可以保奏你为安南伯。"陈谦亦玩笑着说。郑芝龙十分快慰，这个朝廷大员没有一点架子。

这次两人重逢，格外热络。郑芝龙与他对酌畅饮，谈得十分入港。

"郑将军，我有件棘手的事，还求你照应。"

"什么事？伯仁兄，尽管直言。"

"我是鲁王监国派来的，要交一封信给唐王。"

"哎哟，我这皇上精明是精明，不过——对什么名分之类的事却偏执得很。这封信讲些什么？"

"无非是要求双方同舟共济、齐心复明之类的话。但我担心唐王——"陈谦不无忧虑地说。未等他讲完，郑芝龙即挥挥手，端起酒杯："伯仁兄，没事。咱还喝咱的酒。有我郑芝龙在，保你伯仁兄无事。"

隆武帝一听是鲁王的使者，就表示拒绝接见。"陈谦是微臣的朋友，为商议复明大事而来，请皇上一定赐见。"在郑芝龙的求情之后，隆武帝总算接见了陈谦。

郑芝龙回到官邸不久，就有人来报："陈谦已被下狱，皇上已赐他死罪。"

郑芝龙像被人扇了一记耳光。

"什么罪名？"

"说是鲁王书信中称皇上为皇叔父。"

"这有什么不好？"郑芝龙十分恼火。"皇叔父？哦，皇帝的叔父。"郑芝龙明白了隆武帝的心事。

"这是鲁王写的信，与陈谦何干？就是两国交战，也不斩来使呀。"郑芝龙怒气填胸。他对来人说："你去告诉钱御史，请他转告皇上，说我郑芝龙愿免除所有官爵，以赎陈谦一命！"

隆武帝身边的这位钱御史，原是个落魄书生，屡试不第，后来到郑芝龙帐下当个幕僚。唐王即位后，郑芝龙将他派到隆武帝身边充个耳目。他万万料不到，就是这个钱御史把陈谦送进死地。

钱御史一生郁郁不得志。没想到当年的一切梦想，今日竟化为活脱脱的现实。他害怕别人认为他是郑芝龙的爪牙，从而动摇他现在的地位。他要改变别人的看法，自然要做出有损于郑芝龙的事。

钱御史见隆武帝看了鲁王的信大为恼怒，趁机火上加油："鲁王派陈谦来，其意在收买郑芝龙，以便扩充实力，登基皇位。如不杀掉陈谦，郑芝龙耳皮软，定然为其所拉拢。"

隆武帝被"皇叔父"三字激得肝火大盛。好个鲁王，你不臣服于朕也罢，居然还摆出个皇帝的架式，称朕为"皇叔父"！

"好吧，将他赐死。明日带出去斩首。"

"明日太迟了。夜长梦多，郑芝龙出身海盗，什么事干不出来！"

"那就在行所斩首吧。"隆武帝还在为"皇叔父"三个字而恼恨，竟贸然作出如此荒唐的决定。

郑芝龙估计隆武帝看在他的面子上不致加害陈谦。次日清晨，他正打算面见隆武帝，却得到陈谦被杀的噩耗。他气得一句话也说不出来。好哇，朱聿键这臭小子，我匡扶他为君，竟然一点面子也不留！

他亲自去收殓陈谦尸体，伏尸大哭："伯仁兄啊，为弟对不住你。虽说不是我杀死你，你，你却是因弟而死啊！……"

郑芝龙放声恸哭了许久。众大臣知事不妙，俱各远避。郑芝龙，堂堂铁汉，曾几何时流过泪？这恸哭，这泪水，其间的意味……

隆武帝只是一心希望北伐，没有过多地揣摩这件事的后果。

在隆武帝的一再催促下，郑芝龙派郑鸿逵、郑彩领兵北上。隆武帝仿效淮阴故事，令人筑坛郊外，拜郑鸿逵为大元帅、郑彩为副元帅，号称十万大军，北出闽浙交界的仙霞岭。但是，北伐大军行至仙霞岭一带却按兵不动了。

郑芝龙摆开了一个抗清的架式，不如此无以搪塞隆武帝，不如此无以为依托观望天下大势。他不想把自己绑在一个灭亡了的王朝的战车上，也不想贸然投身于一个尚未立足的新王朝。他在坐待行情的变化。

隆武帝对郑芝龙窝着一肚子火。他的中兴大志眼看就要流产。清军已从江南向湖广、江西挺进，而郑鸿逵、郑彩的北伐军却滞留仙霞岭一带，好似生了根，一步也没有挪动。

"缺少军饷、粮食，大军无法行动。"郑芝龙总是这样说。

隆武帝渐次醒悟，要想让郑芝龙自己掏腰包进行远征，这个海商头子是绝对不愿干这种不见收益的事。而朝廷的财政收入只能维持官僚机器的运转。若不是征收了寺庙田产的赋税，就连这项开支也无出处。尽管他对郑芝龙深感失望，但也不敢对郑芝龙过分责备，他的朝廷毕竟是靠郑芝龙的军队支撑着的啊。

"启禀皇上，平国公带他的儿子求见皇上。"

隆武帝正沉溺于一部善本书中。郑芝龙带儿子来见？他像误吞了一只死苍蝇，刚刚好转的心情，又变得十分恶劣。隆武帝是个书迷。在凤阳被禁闭时，他要求把他关进书库。当他获得自由时，他对那些书还恋恋不舍哩。现在，他可以运用他的皇帝的权威，大肆搜集珍本书。他在这件事上倒是充分使用了他的权力，获得了成功。

他的儿子来见我干什么？隆武帝有些费解。大概是为儿子弄个爵位吧！隆武帝这次倒是冤枉了郑芝龙。原来，郑芝龙拗不过儿子郑森的要求，才带郑森来的。对于这个小小朝廷的爵位，郑芝龙才不在乎。

父亲的遗传基因，在郑森的仪容上，留下明显的印记。他和父亲一样，魁梧而英俊。但是，父亲冷峻的性格，只遗传了一半给儿子。儿子像父亲一般坚毅果敢，不过，儿子的血液中却没有父亲那种独立不羁的成分，他内心蕴藏着一股炽热的火，流淌着忠义的热血。他早已看出，父亲并无意抗清，父亲像做买卖一样，正在观望政治行情。在政治局势没有明朗化之前，父亲是决不会轻易投放资本的。郑森决心跳出父亲的指掌，开创自己的人生道路。大明江山就要倾覆，作为一个血性青年，怎能坐视社稷沦落敌手？

钱御史告诉隆武帝，郑芝龙的儿子郑森曾就读于南京国子监。隆武帝颇感意外。一个海盗的儿子，居然有这等造化？国子监的权威性，使他对这个未见面的青年有了一点好感。

"这个郑森还是钱谦益先生的得意门生。"钱御史又补充了一句。隆武帝的眉心舒展开，心中的不快开始消散。

当郑芝龙父子跪在他面前时，隆武帝倒吸了一口气。郑森的英容使他浑身酥软，一时飘飘欲飞。他疑心自己是不是又回到凤阳的囚禁地。那时节，他常常用幻想来充实自己的生活，其中经常出现的幻象就是自己坐了金銮殿。但是，他的容貌过于清秀了，远不够英俊和威风。于是，在他的幻象中，自己的形象便不断得到美化。眼前的这位青年，与自己脑海中描摹的形象是那样的接近，他叹服了：我大明朝有这样的后起之秀，何愁中原不能收复！

"犬子郑森，叩请皇上赐教。"郑芝龙说。

"爱卿父子平身。"隆武帝喜笑颜开，"平国公，朕闻令郎曾在国子监就学，而今满虏肆虐，断送了多少有为青年的前程！"

"启禀皇上，国家遭此浩劫，有识之士当为国尽忠。不才郑森，素怀报国之心，愿投笔从戎，匡扶社稷，抗清复明。"

隆武帝如获至宝，喜不自禁地对郑芝龙道："平国公，令郎心高志远，有胆有识，朕心甚慰。只惜朕无女儿，若有，朕定招令郎为驸马。"

郑芝龙不知皇上为何如此器重儿子，只觉得这个皇帝有点儿莫名其妙，难道是为了笼络自己？对不起，我可是有一定之规的。他说："犬子无才，恐辜负皇上厚望。"

隆武帝像打量自己的爱子般地看着郑森，说道："朕遗憾不能招你为驸马，不过，朕要把朕的姓赐给你。卿本名森，依朕之意，今即改名成功。大明江山，借卿之名，成功复兴。"

"谢皇上圣恩。"父子一齐叩头。

隆武帝还意犹未尽："朱成功，朕得卿，复兴大业定能成功！"

此后，人称郑森为国姓爷，或为郑成功。

郑芝龙父子出了布政司大殿，郑成功情不自禁地低吟起岳飞的《满江红》词。天空中，乌云像破絮般地重重叠叠，时而叠成一只雄狮，时而又变成持剑的武士。乌云深处，不时传来声声闷雷。这阴沉的天气，非但没有压抑郑成功的喜遇之情，反而使他涌起一股海阔天空任凭驰骋的壮烈之感。时势造英雄，这句话在他眼前跳荡着。要不是这风雨飘摇的年代，他怎能如此的受到皇上的垂青？前途、奋斗，这是青年人心中最滚烫的字眼。他庆幸自己得天独厚，要不是有这么个父亲，也许他也会像国子监的其他同学一样，退居林下。现在，有一个广阔的舞台任他纵横，他感到太幸运了。成功，啊！大明复兴的重任，将由我双肩挑起，我能成功吗？这个刚刚涉世的青年，既兴奋又担忧。但是，有一点他对自己是放心的，那就是他将为抗清复明奋斗终生，矢志不移。

郑芝龙见儿子哼着《满江红》，走着走着竟窜到自己前面去了。

"阿森，马在这里。"芝龙又气又好笑。

郑成功拢住脚步，回身同父亲一同蹬上马背。

郑芝龙戏谑道："阿森，我看你神不守舍的。别那么当真，一个破烂皇帝的话，能值几个钱？"他看出儿子缺乏自己的精明，身上有一股傻劲。

"阿爸，你身为朝廷要臣，怎能说这样不忠不义的话。"郑成功洞悉父亲的肺腑，父亲并无效忠皇上之心，更无抗清大志。

郑成功继续沉溺在朝见隆武帝的情景中。这位皇上看去精明干练，又有雄心大志，只可惜身处如此逆境。若当初北京失陷，南京拥立的不是福王，而是由唐王登基，国内局势也就不至于弄到这般田地。他想起了自己的恩师钱谦益。钱谦益是东林党后期领袖，曾任礼部右侍郎，他的诗文在当时颇负盛名。一个瘦高个儿的长者的形象浮现在眼前：黝黑的脸膛，高耸的鼻梁，威风凛凛的大花胡子，一双眼睛炯然有神。钱先生是主张以贤明来推戴皇帝的。但是，阮大铖、马士英等权奸则坚持以血缘远近来决定。福王是个集贪婪、淫乱、残暴于一身的人物。他即位后的第一件事就是"选淑女"，使得民怨沸腾。如此非常时期，居然热衷这等事，岂有不败之理？

……秦淮河水如一面平镜，一只画舫犁破了一河静水。一个忧国青年，望着画舫激起的层层涟漪，喃喃自语：南京没有希望了，我必须回福建去，父亲有雄厚的实力，现在只有靠实力，才能挽救国运。不知什么时候，钱先生已伫立在他身后。"先生，我正打算向你辞行。""大木，你是该回去了。天高任鸟飞，海阔凭鱼跃，正是你施展抱负的时候了！"……先生那透着无限信赖的目光好似还在凝视着他自己。

郑成功又想到，钱谦益在南京失陷之后，竟然也投降了清朝，心里升起一缕怅然之情：他终于失了晚节。长期儒家学说的正统教育，隆武帝的知遇之恩，对父亲的商人习气的反感，以及恩师的失节，这一切都交错在一起，在郑成功的思想上形成一股强大的冲击波：精忠报国，青史流芳！

数日后，郑成功向隆武帝提出了救国四项方策："据险控扼；拣将进取；航船合攻；通洋裕国。"

隆武帝圣颜大悦，感叹道："成功，骍角也。"他封成功忠孝伯，赐上方剑，挂招讨大将军印。接着又封成功仪同驸马，受职在皇帝身边协理宗人府事。

就在此时，郑成功的生母田川美子突然从日本回到安平。日本幕府慑于郑芝龙目前的威势，不敢再扣留田川美子。

成功七岁离开日本回国，春去秋来转眼已经十五度寒暑了。十五年，他离开妈妈，离开生他疼他的妈妈已经十五年了。现在，朝思暮想的母亲终于从异国归来，他多么想立刻驰往安平。隆武帝听了他的禀告，眼里流露出明显的挽留之意。想到自己肩负的重任，他动摇了：忠毕竟大于孝。

郑芝龙面带愠色寻上殿来。隆武帝这才发话："成功，朕的复兴大业不能没有卿，卿速去速回，以全大义。"成功即跪下叩谢。

四、郑成功生母日本归来

田川美子终于同丈夫、儿子团聚了。

岁月的风波和不幸的际遇，吹皱了她细嫩腻滑的肌肤，但这并未完全消磨掉她那东方型倩女的风韵。久别重逢，芝龙对她自然殷勤热情，可是她分明感觉到，二十多年前那种情真意切的甜蜜已不再复返。他，已不完全是当年的那个"他"了。她暗自垂泪：我已年过四十，半老徐娘，难怪他呀！可是，我的大木，难道他也嫌弃我这个日本婆？不！不会的。

田川美子来到安平后，总是处在恍惚不定、郁郁不乐的状态中。颜如玉对她虽然彬彬有礼，可是她十分害怕颜氏那双顾盼自如的美目。她觉得在那热切的眼睛后面，似乎还有一双结满冰霜的眼睛。颜如玉照旧行使着她"第一夫人"的权力。田川美子无意与她计较，她似乎觉得自己在这里成了一个多余的人。

"一官，平户的旧唐人常常叨念你。"她想引起丈夫对美好往事的回忆。

"是吗？过去的都过去了。眼前的事够烦人的。"他没心没绪。

她挖空心思想出来的话题都引不起丈夫的兴致。

唯有儿子使她十分欣慰。大木已从垂髫的稚童变成了一个仪表堂堂的大汉子。她喜欢一遍又一遍地端详儿子的面容，用手抚摸他脸上的每个部位；她喜欢听儿子侃侃而谈，哪怕她并不完全听懂，她也好像在倾听世上最优美的音乐。成功见妈妈高兴，也尽心地讨妈妈的欢颜。

"大木，听说皇帝要招你为婿，是吗？"她把高过自己大半个头的成功拉到自己身边。

"皇上没有女儿。不过皇上封儿'仪同驸马'，就是当驸马看待，"他又小心翼翼地说："妈妈，当今天下纷纷攘攘，皇上把复兴大业的希望寄托在儿身上，儿只能在家小住数日。妈妈，您不会怪

儿吧？"

"你去吧。妈妈见到你有出息，便，便死也心甘了。"田川美子嘴里这么说着，脸上带着笑，可是大颗大颗的泪珠却从眼角滚落下来。

这一日，田川美子正闲坐在屋里，丫环匆匆跑来告诉她说："夫人，老爷和大少爷吵起来了。"

她不禁掩面悲泣。从几日来的父子对话中，她隐约觉察到他们父子有矛盾，如今果不其然。处处不顺心，事事不如意。她开始后悔了。思念虽苦，毕竟还有憧憬盼望中的美好画图。如今，虽无思念之苦，可是，美好的憧憬也破碎了。

郑芝龙父子间矛盾的爆发，是因为黄道周的死而引起的。

郑芝龙一再有意滞兵避战，激怒了黄道周。黄道周决心以死报国。他征集了数千义兵，亲自率军北上抗清。

这是一支奇特的军队。没有粮饷，没有足够的军械，士兵衣衫褴褛，唯有一面黄色旗幡是崭新的。旗幡上书八个遒劲有力的大字："抗清复明，复国还家。"

隆武帝不知道黄道周义兵的实情，他对黄道周抱有很大希望。因为，对郑芝龙他已经完全失望了。他寄望黄道周出兵江西，打通湖南，与湖南的何腾蛟会师。何腾蛟有雄厚的实力，并愿奉隆武帝为正朔。

隆武帝言词恳切："老世卿，此回北伐非同一般。朕自立朝以来，欲图振作，立意北伐，无奈事与愿违，朕心急如焚。老世卿亲征，正合朕意。"

黄道周忧愤交集地说："当今朝廷上下，无人不知平国公怀有二心。其麾下兵精马壮，然按兵不动。今日老朽为振兴朝廷，毅然亲征。为抗清复明大业，老朽虽肝脑涂地亦在所不辞！"

黄道周明白，以自己绵薄之力怎能抵挡得住雄劲的清朝铁骑！他决心用自己的义举去感动上苍，去激励世人。

黄道周率领义兵在江西婺源与清军相遇，一战即溃。黄道周被俘，在南京引颈受戮。

黄道周兵败江西，壮烈身亡，使郑成功肝胆欲裂。对父亲积蓄的不满，如炸药包被点燃引信，再也抑制不住了："阿爸，黄阁老兵败身亡，你该引咎自责。而今国难当头，若不图振兴，有何面目见容于世！"

"逆子休得胡言。难道你还看不出，明朝大势去矣，这个小朝廷亦不过苟延残喘罢了，你还图什么狗屁振兴！"

郑成功激愤地拧紧眉头："阿爸身为朝廷重臣，岂可抛却忠义大节，对朝廷存有二心！"

郑芝龙冷笑道："逆子，你懂得什么？狡兔尚有三窟，何况乱世英杰！"

父子俩唇刀舌剑，互不相让。直到管家伊大器进来对郑芝龙附耳说了几句，郑芝龙拂袖而出，这场争执才算结束。

原来，泉州乡绅黄志美找郑芝龙有要事相告。这黄志美可不是等闲之辈。其父黄熙胤，原为明廷礼部郎中，后来归顺清廷，现为清朝招抚福建御史，专司福建方面的事务。

黄志美递上他父亲致郑芝龙的函件。

郑芝龙的眼睛熠熠闪光……许我以三省王爵？我还图什么呢？还不就是为了保住东南一隅的权益！只要自己能坐镇闽省，管他金銮殿上谁当皇帝！想当初，自己孤鸿野鹤，只身浪迹天涯。这家业是我自己挣来的，又不是朱家皇上赏给我的。在朱明君臣眼里，我不过是个海寇，我何苦与朱家同归于尽……他思前想后，决定抛弃隆武帝了。以目前的局势看，清廷统治全国只是时间问题。他一直在观望，在待价而沽。现在是时候了。待到大局已定，那就跌价了，我还能值几个钱？

但是，郑芝龙对黄熙胤的许诺并不轻信。因为黄熙胤的地位尚欠权威性。

黄志美催问："郑将军，要不要复书？敝人可为将军送往浙江。"此时清朝平闽大军正云集在浙江衢州。

郑芝龙笑道："如此大事，总得让我思量思量。就是提篮买菜，也得看看秤头。"

数日后，郑芝龙的情报系统送来确切情报，许诺郑芝龙三省王爵是出自清廷摄政王多尔衮的旨意。郑芝龙放心了。

多尔衮是清廷实际上的第一号权威性人物，因为刚登基的顺治皇帝年方六岁。多尔衮在作出南进的决策后，便请洪承畴来商讨南征大事。

这洪承畴恰好也是福建泉州人，原为明廷要臣，文武双全，精明干练。他在关外与清军作战中被俘，最后归顺清朝。清朝封他为兵部尚书。满族大臣在占领北京后，多数人主张适可而止。洪承畴等归顺清朝的原明朝大臣反而主张南进统一全国。因为这些明朝旧臣最清楚：明朝已是推之即倒之朽木，非少数能人所能挽救的。多尔衮接受了南进的主张。

"南征的事已经决定。你看南征的最大障碍在哪里？"

洪承畴深知多尔衮办事不喜空发议论，于是便单刀直入地回答："是福建的郑芝龙。"

"郑芝龙？"多尔衮想起来了，这人是福建总兵，他不免有点疑惑："我们还没打过长江，远在福建的郑芝龙算什么！"

"江北四镇的刘泽清、高杰、刘良佐、黄得功都不是什么人物，他们实力有限，故攻取南京并非难事。难就难在攻取南京之后。这郑芝龙不仅是个善战的骁将，而且拥有实力雄厚的私人水师数十万，明朝官兵无法与之相提并论。况且，郑芝龙称雄海上多年，基础牢固，而我大清国又缺乏水军。故……"洪承畴连忙解释道。

"我懂了。"多尔衮打断他的话，"不是说郑芝龙是海商吗？"

"是的，他的军队就是靠通贩海外贸易来供给军饷的。"

多尔衮说："嗯，既是商人，一定重利，是吗？"

"这个自然。他这个人可以以利动之。"

"我给他个三省王爵总可以了吧。"多尔衮说。

清朝南征大军势如破竹，很快攻下江南，占领南京。之后，郑芝龙在福州拥立唐王称帝。洪承畴招降郑芝龙的计划只好暂时搁置。种种迹象表明，郑芝龙正在徘徊观望。

当此进军福建之前，作为招抚江南经略的洪承畴即向征南大将军贝勒博洛建议：立刻着手招抚郑芝龙。黄熙胤给郑芝龙的书信就是根据洪承畴和贝勒的指令写的。

郑芝龙弄清了这些内幕，决定向清朝"投资"。

第十五章

被挟北上

一、父子分道扬镳

安平城头，旌旗猎猎；安平港湾，舳舻蔽空。

这里的气氛异常微妙。清兵已抵达泉州，不用半日，他们的铁蹄就可以踏上安平街市。市面上阒无声息，商人们再贪利，也不敢同兵燹之灾开玩笑。但是，在小巷胡同，却可以见到郑军的一些下级军官，正在家里谈天说地，不像战事临身的样子。

郑府内的大客厅，成了临时的军事俱乐部。高级将领们，进进出出，或高声争执，或交头接耳。他们都在等待主帅郑芝龙。

郑芝龙正呆在"神圣之所"的花园内。他失去了平素的达观乐天，紧锁眉心，躺在一张藤躺椅上。凤凰树开满了簇簇红花，像烧红的云霞，在他的头顶飘荡。

不时有探子来向他报告。他始终没有睁开眼睛。每听完报告，喉结骨碌了一下，探子们才确信他不是在睡。

田川美子温柔地用手心在他额上摸了摸。他不耐烦地把她的手移开。

"一官，圣人云：忠臣不事二主。你千万别走错了路。你有精兵数十万，何惧清廷鞑子？万一不支，我们还可向日本借兵。"

郑芝龙的眼皮动了一下，但仍未睁开……田川美子难得向我进言，她这话倒值得斟酌斟酌。向日本借兵？借兵？不！不！什么忠臣不事二主，一定是大木在她耳边搬弄。当然，清朝若不端出真货，也休想得到我的合作。要是他们不守信用，把我惹火，哼，叫他们永世不得安宁，我大不了再回台湾……

什么，隆武帝在汀州被清兵俘获罹难？郑芝龙睁开了眼睛，毫无表情地望着探子。他似乎有点内疚。但是，这点内疚很快就消散了。这皇上也太偏执了，自己找死。他对隆武杀死陈谦还耿耿于怀。最后离别隆武帝的那一幕，清晰地再现在他眼前。

郑芝龙通过黄志美给洪承畴、黄熙胤回复了决意降清的信后，急急赶回福州。他下令郑鸿逵、郑彩从仙霞岭撤兵回安平。郑芝龙诡称海上不稳，上疏曰："海寇猝至。今三关饷取之臣，臣取之海。无海则无家，非偏征不可。"

隆武帝责备郑芝龙揽权逗兵。

郑芝龙不与反驳，干脆向隆武拜别："臣系一介武夫，赋性憨直，不能逢迎。今既见疑皇上，安敢负此重担？情愿角巾私第，以终圣世。"说罢扬长而去。隆武帝见此，知道在福建难以成事，便孤注一掷，取道汀州，试图穿越江西，去投奔湖南的何腾蛟。

可怜他的一场皇帝梦啊！郑芝龙有点感叹：隆武帝空有中兴大志，无奈大势已去，我郑芝龙总不能随他陪葬。

"清兵出泉州城，朝我安平驰来。"又有探子来报。郑芝龙从躺椅上翻身而起。

"传令，按原定部署，准备迎敌。"郑芝龙下达了作战命令。他十分懊丧：眼前的一切都将化为乌有，田园，府第，权势，通洋巨利，还有安宁。他将再次回到追波逐浪的生涯，蛰居于台湾弹丸之地。

"清军突然后撤。"

郑芝龙被弄糊涂了。这是开什么玩笑！一种预感腾地升起：大概是清廷圣旨到了。

果然，探子又来报告说，原兵部司事郭必昌，带来了清朝南征大将军贝勒博洛的招降书。郑芝龙长长地吁了一口气，立即亲自草书了降表，遣员同郭必昌送进泉州，交给清军正将达素。

郑芝龙像被松绑的囚犯，从心灵到肉体都极为轻快舒畅。他怀着失而复得的欢悦，走进了大客厅。

郑芝龙犀利的目光一扫瞄，众人那尴尬局促的神情，全都摄入他的眼帘。他的心往下沉。这是怎么回事？他的目光落在郑成功身上。他明白了，争夺军心的斗争，早已在自己身边悄悄地进行着。他痛苦地承认，自己二十年来形成的绝对权威，已受到强烈地撼动。都是那该死的隆武帝，要不是他，我又何至于此？看来这也是上帝安排的，怎么偏偏让鸿逵和阿彩半路上捡到唐王！要不是有这场变故，阿森又有何本事同老子唱对台戏！糟啦，阿森的勤王热已传染给我的部将，今天讲话还得费点神哩。

郑芝龙清了清嗓子。大厅里静得如同破败的古庙。一种压迫感紧紧地挤压着郑芝龙的胸廓。

"清军到了我们的眼皮下啦！天下大势已定，识时务者为俊杰，我们得想想何去何从。"

如果在平日，郑芝龙早就冲口说：为了保住我们的沿海利益，我决定投顺清朝。但是，今天的气氛已不容许他这样直截了当。若失去了军队，没有部将的拥戴，他一个人又何须投顺清朝？清朝也不买他的帐啊！

"弟兄们，我们郑家也总算为朱家朝廷出过力，已经问心无愧了。如今大势已去，靠我们一旅之师，要与天下抗衡，几同以卵击石。况且，我们擅长的是海战，以水师在陆上与清朝的铁骑拼杀，无疑是自取灭亡。我们自台湾誓师，至今二十年，好不容易挣来这个局面，难道我们要为天下姓朱还是姓什么爱新觉罗的，把老本赔光？我们面前现在有两条路，一条是抗清复明，其结果将是再回到大海漂泊，至多占据沿海几个蕞尔小岛，弄不好只有再回台湾。"

郑芝龙把话顿住，干咳了两声。他发觉自己的话已起了作用，大厅里的气氛开始活跃起来。郑芝龙趁热打铁，说："还有一条路，那就是归顺清朝。清朝答应我们保有现有的利益。我已派人给贝勒将军送去降表。这是一条没有风险的路。"

郑成功与叔父郑鸿逵坐在一块。郑成功见众将无人出面劝阻，感到非常失望。他又用手捅了捅叔父，郑鸿逵绷着脸不予理会。郑成功强捺住心头直往上蹿的躁火，起身向父亲行了礼，说道：

"父王手握重权，不可轻为转念。以儿细度，闽粤之地，不比北方任意驰驱，若凭高恃险，设伏以御，虽有百万，恐一旦亦难飞过。然后收拾人心，以固其本；大开海道，兴贩各港，以足其饷；选将练兵，号召天下。如此，进取不难，中兴大业，千古不朽。父王切不可一失足成千古恨。"

郑芝龙厉声喝道："稚子妄谈！不知天时时势！江北四镇雄兵，又有长江天险，尚不能拒敌，何况我僻居东南一隅！什么中兴大业，倘画虎不成，岂不类狗？"

郑成功恳切地说："父王，天时、地利各有不同。清朝兵马虽盛，但无法长驱而进。我朝委系无人，文臣弄权，一旦冰裂瓦解，酿成煤山之惨。迨到南都，非长江失恃，细察其故，君实非戡乱之君，臣多庸碌之臣，遂使天下英雄饮恨，天堑难凭。吾父若借其崎岖，扼其险要，则地利尚存，人心可收也。"

郑芝龙怒目而视："竖子藐视，慎毋多谈，为父自有道理，"他转而对众将说："今招我重我，就之必礼我。若与争锋，一旦失利，摇尾乞怜，那时追悔莫及。"

郑鸿逵亦不同意降清，他见芝龙主意已定，只好悻悻地说："若时事不可为，弟亦不敢虚鼓唇舌。现时，兄带甲数万，舳舻塞海，饷粮充足，若振臂号召天下，豪杰定当响应，何必委身于人？"

郑芝龙这才弄清鸿逵与成功所想的并不同。鸿逵还在做郑家独坐天下的迷梦。他走到鸿逵面前，说："兄弟所言，不过是眼前之事，非长远之计。甲申之变，天下鼎沸，清朝得而入主中原，天下三分有二。若以小丈夫之气，振一旅以敌天下兵，恐不量力。不如乘其招我，全军归诚。审时度势，择主而事，古来豪杰亦往往如此。"

郑鸿逵长叹了一声，说："吾兄已有成算，弟唯有洗耳恭听。"

郑芝龙见众将屏息静气，又说："非吾不为明朝尽忠尽力，实为大明气数已尽。朱姓江山完结，我等理应归顺新朝。此乃天意。我现拟往省城面见贝勒将军，再行定夺。诸位除防守安平城之外，余下均率部下海，固守围头、金厦一线，以壮声威。"

郑芝龙匆匆离开大厅。郑成功尾随父亲，往母亲的住所走去。

"阿森，你也得学聪明一点。你是郑家的长子，日后这份家业都得你来承担。像你现在这样拘泥于腐儒之见，将来何以称雄海上？"父子毕竟是父子，郑芝龙原谅了儿子。

郑成功见父亲重利忘义，自己再费口舌已是徒劳，他决心同父亲分道扬镳了。现在，他对父亲的命运不禁有点担忧，他拉住父亲的衣襟，跪在地上恳求道："阿爸，虎不可离山，鱼不可脱渊；离山则失其威，脱渊则登时困杀。万望阿爸三思而行。"说着说着，便流下泪来。

郑芝龙摩挲着儿子的头，说："人以诚心待我，我即以诚心应之。"他坚信清朝不敢对他无礼，他的强大海上力量是他的定心丸。

郑成功隐约地感觉，父亲一心钻进"利益"二字，以经商之道，处置残酷的政治斗争，难保不出意外。他目送父亲进入屋子，揩掉泪水，大步地回身走了。

郑芝龙令李业师、周继武两位将军，带着一支五百人的卫队陪同进省。他欲寻成功同往，管家伊大器说："大少爷已到厦门去了，他给老爷留了一封信。"

"……从来父教子以忠，未闻教子以贰。今吾父不听儿言，后倘有不测，儿只有缟素而已。"

郑芝龙看罢，将信撕得粉碎：好个狂悖逆子！他唤次子郑渡同行。

田川美子望着盛怒的丈夫，不敢吭声，唯有呜咽吞声。门外吹进一阵风，把碎纸片飘飘扬扬地卷起，她只觉得眼前的一切，也在天旋地转着。

二、脱渊之龙难逞威

经过两天的驰驱，郑芝龙来至乌龙江边。

达素将军一路伴随着郑芝龙。郑芝龙雄壮的黑人卫队及其使用的荷兰火枪，使达素惊诧不已。一路上，所过府县，途经驿站，早已接到命令，供奉接待得十分周全。现在，贝勒的使者，又渡过乌龙江，向郑芝龙递茶问候。郑芝龙连饮三杯香茶，满心欢喜：贝勒待我不薄，投顺的具体事项大概也不至苛刻。

乌龙江水打着旋儿，滚滚东去。郑芝龙顺手将马鞭投入水中，开怀畅笑。部将周继武、李业师，对主帅突然爆发出的笑，十分费解。他们哪里知道，郑芝龙经过旱路的跋涉，见到了滔滔流水，涌起了自强感。他十分欣赏自己驾驭人生风浪的本领。是呵，他一生闯过了多少大风大浪！

贝勒博洛是努尔哈赤的孙子。清朝征南大将军，豫亲王多铎在占领南京之后，便返回北京，让侄儿贝勒博洛挂征南大将军印，实际上担任清军南进军的总司令。贝勒从浙江挺进福建，基本上没有遇到什么战事。兵不刃血，便摧毁了福建的朱明小朝廷，少年得志，难免狂妄。

清军的总部设在原隆武帝的皇宫，就是过去的布政司衙门。贝勒在大门口迎接郑芝龙。见到郑芝龙，贝勒暗暗惊异。面前这个四十多岁的英俊汉子，每个部位似乎都在伸出爪子，勾人摄魂。他早已弄清了郑芝龙的身世。郑芝龙富有传奇色彩的一生，加上初见面的这一霎感觉，使贝勒有点透不过气来。

"郑将军，久仰久仰。"贝勒咧着嘴笑，大有相见恨晚之概。"郑将军堂堂一表，凛凛一躯，真天神也。"

郑芝龙作为一个降将，受到如此赞誉，自然浑身舒坦。他不能不表示一点谦逊："殿下，末将擅立唐王朱聿键，罪该万死。"

贝勒携着他的手，一同进入大殿，说："我们已是一家人了，将军何必说如此见外的话。本殿下敬重将军，就是敬重将军有立唐藩的气魄。将军顺乎潮流，可为则为之，不可为则另择明主，大丈夫就该如此处世。现在，广东、广西未平，需仗将军之力，将军熟识海滨，正可建功立业，报效大清朝廷。今日得见将军，乃我大清之洪福，将军休要多疑。"

我并无疑心呀，他为何说出"多疑"二字？郑芝龙心里不免咯噔了一下。在接风酒宴上，贝勒没有提及清廷委任他闽粤总督的事，只是一个劲地夸奖郑芝龙什么撤兵有功呀，什么郑家水师天下无敌呀等等。末了，贝勒还折箭为誓，说："郑将军，我大清朝绝不亏负将军。"

贝勒把芝龙原先使用的知府衙门归还给他。郑芝龙的卫队，在大院里筑起了简易工事。郑芝龙要周继武、李业师二人，加强防卫。他对贝勒防了一手。

郑芝龙的嗅觉的确很灵。郑芝龙离开清军总部后，贝勒即招来先锋达素将军和闽浙总督张存仁、福建抚院佟国器。

贝勒捏紧拳头，重重地敲击案几，说："我决定把郑芝龙带到北京去，你们以为如何？"

达素马上响应，说："殿下高见。我们很难使他乖乖听话。"

张存仁、佟国器大吃一惊。他俩亦是归顺清朝的原明朝官吏，不免有兔死狐悲之感。张存仁说："殿下，此举万万不可。现今四方未定，当以诚信待人。郑芝龙今既真心相向，一旦挟之北去，恐失后来慕义向化之心。"

贝勒坚持己见，说："郑芝龙平生桀黠多智，反复无常。他今只身前来，实有观望之意，并无诚心相向。将他挟走，其部将群龙无首，自然一击即溃。若任他行事，一旦反目，将后患无穷。本殿下主意已定，各位当努力配合，务使郑芝龙就范。"

第二日，由张存仁、佟国器出面宴请郑芝龙，席间又是一番恭维。郑芝龙因存疑虑，不敢开怀痛饮，并叫周继武时刻不离左右。

第三日，贝勒大办筵席，为郑芝龙庆贺。几十名高级文武官员出席。郑芝龙离开住所之前，要李业师亲带卫队，在沿途巡逻接应。

贝勒又亲自伫立门口迎接。他拉着郑芝龙的手，一齐步入大殿。

"郑将军乃称雄海上的一代英豪。我大清国的铁骑，驰骋大江南北，所向披靡。如今，郑将军率天下无敌之水师归顺，我大清国如虎添翼，何愁两广不平？此乃朝廷之洪福，天下之大一统，将唾手可得。来，为郑将军归顺我朝，干杯！"

贝勒的祝酒词使郑芝龙的心热乎乎了。杯光觥影，轻歌曼舞。面对一只只举到他面前的酒盏，他不由放开了酒量。他们奈何我不得，除非他们建立起强大的水师，但这谈何容易。贝勒与他并坐在一起，反复向他请教平靖两广的战略。郑芝龙十分得意：他们缺我不得！

"圣旨到。郑芝龙接旨。"大厅外响起了拉得长长的话音。

贝勒欣喜地对郑芝龙说："郑将军，总督大印送来了。"

郑芝龙跪在钦差面前聆听圣旨。

"闻郑芝龙久怀归顺圣朝之心，休兵罢戈，此实郑芝龙昭卓之功勋也。为褒其功，特钦封郑芝龙领闽粤督帅一职，帅印随旨送至。另赐皇封御酒五千瓶。其余众将，当另行封赏。钦此。"

郑芝龙谢恩后，贝勒对周继武说："将皇封御酒送至郑将军亲兵营中，让众军士同庆同乐。"

周继武望了望郑芝龙，没有移动脚步。

郑芝龙喝道："殿下有令，还不快去！"

红绸包裹着的闽粤总督大印，供在香案上。

贝勒邀郑芝龙重新入席，郑芝龙撤去了心中的一切防备。一杯杯酒，酒到杯干。这哪里是酒，这是荣耀与力量。酒量如海的郑芝龙，终于招架不住这种车轮战术。一副副凑上前来的笑脸，一樽樽举到眼前的酒盏，渐渐晃动起来，好似劈面而来的惊涛恶浪。他有点心虚了。他强睁着眼睛，望着香案上的总督大印。袅袅香烟，在红绸包上萦绕着。红绸包裹着的，也许是一块铁坯，一块砖头。这个怪念头蓦地钻进他的脑际，他再也支撑不住，颓然醉倒在椅上。

不知过了多久，他终于醒觉过来。脑袋好似要炸裂一般，浑身轻飘飘，软绵绵。他发现自己坐在轿里。周围马蹄声乱成一片。这是一支庞大的军队在行进。他惊出了一身冷汗。他掀开轿帘，但见星光点点，山影迷离。我被挟持了！宴会上的一幕幕，在郑芝龙脑屏上一一闪过。他猛跺一脚，揪住自己的头发："他娘的，我是个大饭桶！"他心里既像塞满乱草，堵得发慌；又像被人用刀掏空，鲜血淋漓，痛不可支。

"郑将军，你醒啦？"傍轿而行的骑马军官问候道。

"我们到哪里去？"郑芝龙有气无力地问。

"上北京。"

"我的卫队呢？"

"你的卫队？我们这不就是护卫你上京？"

"他娘的。"郑芝龙不知是骂自己，还是骂贝勒。他现在明白了：什么钦差、圣旨，通通是假的。我那忠实的黑人卫队，肯定被那"皇封御酒"麻翻了。"虎不可离山，鱼不可脱渊"，儿子郑成功的话在他耳旁轰鸣。他惭愧了。

贝勒过来了。郑芝龙走下轿，见自己被清军铁骑簇拥着，顿时打消了逃脱的念头。他潇洒自如地同贝勒招呼："殿下，我们是不是都喝多了，怎么走到这荒山野岭来？"贝勒也颇有幽默感地说："恭喜恭喜，皇上又下圣旨，招将军即刻进京，面商安邦定国大计。"

郑芝龙突然变色，说："大清朝廷将要对我那帮子弟们哀号哭泣！"

教堂传出悠扬的钟声。教徒们带着虔诚的心理，从小巷深处，从矮檐破屋，汇聚到教堂做礼拜。他们来寻求苦难的解脱，寻求灵魂的慰藉。郑芝龙和儿子郑渡亦在其中。随郑芝龙到京的还有周继武、李业师及家人李德，他们亦是被贝勒用轿"抬"出福州的。郑芝龙面容安详地唱着圣歌，几乎到了出神入化的境地。

郑芝龙被挟持到北京后，清廷赐了一座四合院给他居住，并且给他很高的俸禄。当然，自由是没有的。他曾经试图逃跑，但终于打消了这念头。他摔了个大跟头，无颜见江东父老啊。就是厚着脸皮回去，也休想指挥得动旧部。人生如梦，往事如烟，他既不回顾往事，更不瞻望前景。

但是，要斩断一切欲念，并不是那么容易的。当他走出教堂，呼吸到自由的空气时，世俗之心时常猛烈地狂跳。

一乘精致堂皇的坐轿，在皂吏、仵作的簇拥下，朝他迎面而来。坐轿与他相错时停了下来。原来是福建同乡黄熙胤。

"郑将军。"黄熙胤走下轿来，同郑芝龙拱了拱手。他面带愧色。

"黄大人，进皇宫吗？"

金碧辉煌的金銮殿，色彩灰暗的教堂，在郑芝龙的脑海里交替比较，他的心颤抖了。

要不是黄熙胤的招降信，他能那样果断地作出向清朝"投资"的决定吗？但是也不能全怪黄熙胤呀。他曾无数次地反省自己。儿子成功说自己重利忘义。是的，做生意讲的就是"利"。他承认"利"对自己的魅力。当他筹算着洋船如何出入，货物如何易手时，他觉得是一种莫大的享受。难道人世间不就是"利"字张成的网吗？什么"义"，"义"字后面也不过是"利"。那些臭儒们口口声声讲什么忠义，不过是弄一块遮羞布，包住赤裸裸的"利"字。

哼，我就讨厌又要做婊子，又要立牌坊的事！现在，郑芝龙似乎有点领悟道，世间的一切，似乎无法用一个"利"字来包容。莫非这就是自己栽跟头……他时常反省，但又不想深究。因为那一切毕竟是埋葬了的痛苦的往事。

"郑将军，你的大少爷郑成功把福建弄得鸡犬不宁。咳，当初要是能听我们这些人的话，朝廷也就不至为此弄得焦头烂额。郑将军，我黄某人对不住你啰，有什么难处，尽可派人来找卑职。"

郑芝龙目送黄熙胤轿子走远，心中越发怅然。他原以为，自己罹难后，郑家势力必定分崩离析，自己打出来的海上王国，早已化为茫茫大海。没想到郑成功居然干出了一番事业。莫非阿森继承了我的地位？不，不！他不相信自己的兄弟、部将，会听从初出茅庐的郑成功的统驭。难道我给阿森弄到的"国姓爷"的名号，真有那么大的威力？莫非阿森口口声声的"忠义"，还真的顶用场？反正阿森是叫朝廷头痛了。阿森啊阿森，你就不担心父亲的脑袋落地？好个大义灭亲！郑芝龙意识到自己可能很快就要进入天国，不然黄熙胤何必停轿招呼自己？

郑芝龙返回教堂去找牧师马卡尔墨斯。

"尼古拉斯·一官，你好像有什么心事。"马卡尔墨斯给他沏了一杯茶。

他和这个葡萄牙人似乎结下了不解之缘。当年他从石井家乡出走澳门，就是这位神父替他洗礼，为他取了教名尼古拉斯·一官。他跟从马卡尔墨斯学习葡语，走上了海商的人生道路，想不到，轰轰烈烈地兜了一圈，又回到了马卡尔墨斯的身边。当他第一次步入这座教堂，马卡尔墨斯一眼就认出了他："尼古拉斯·一官，久违了。"他已多年没听到别人称他的教名。这声音像从深邃的地底下冒出来。"神父，是您？"他折服了，上帝太神奇了，一切都不过是一场梦。他对自己所栽的跟头，不再耿耿于怀。

马卡尔墨斯已届古稀之年，一大把漂亮的胡须，掩住了他的嘴。

"神父，我们的一切罪过，主都会宽恕吗？"

"我的孩子，我主的宝血是为我们流的，他为我们赎了罪。只要我们忏悔，我们就能得救。"

他跪倒在十字架前，忏悔了自己的渎神罪。

那是他随颜思齐的船到达日本平户时的事。日本在丰臣秀吉时代就开始禁基督教。庆长十七年，德川幕府亦明文规定禁止基督教，把高山右近等四十八名天主教徒驱逐到马尼拉和澳门。颜思齐在船上发现一官有一本葡语圣经，警告他说："你快给我扔掉。日本是禁教的。"颜思齐告诉他，年前就在平户发生了"大殉教"事件，处死了五十五名不放弃信仰的教徒。平户海边有座名叫立山的山冈，那里就是经常处决教徒的刑场。

一官毫不犹豫地将圣经抛入海中。

船只进港了。洋事厅官员登船检查。他们把一块写着法令条款的大牌子挂在桅杆上，同时在甲板上摊开了一幅刺绣的耶稣蒙难像。所有船上人员，都必须在像上践踏，以鉴定是否是教徒。一官见水手们一个个上去践踏，手心捏出了汗。怎么办？难道我也要成为殉教者吗？不，信不信主，不在于形式，我可不能傻乎乎地把头丢到什么立山上。他松开了紧攥的拳头，坦然地踩着画像。

这件事，郑芝龙早已置之脑后。现在，他从记忆中搜寻出来，才发现自己是彻头彻尾的务实主义者。郑芝龙是信仰上帝的。但是，只要需要，他也可以向"妈祖"呼叫，向各式偶像膜拜。他随颜思齐等人逃出日本到达台湾后，成为十寨中的一寨之主。他第一次单独率船出海为盗时，遇到了飓风。船只出海，都要祭海神。可是郑芝龙偏偏不信邪。他的部下原先怒而不敢言，现在果真遇到飓风，他们神气了：这不是报应吗？郑芝龙明白了：众怒不可犯。他决定做戏给大家看。他杀牲、烧香、焚纸钱，一丝不苟。可是，心里却在骂：多么荒唐！后来，他不再固执，一面逢场作戏，一面却默默求上帝恕罪。

需要就是一切。

郑芝龙知道自己这个做人的准则，一定触怒了上帝。刚才，他从黄熙胤口中得知郑成功在福建竖起抗清旗帜，他知道清廷一定会迁怒到他头上。他在马卡尔墨斯面前作了一次人生的回顾和长长的忏悔，目的是为了死后进入天国。还是为了需要。唉……

"尼古拉斯·一官，上帝会饶恕你。"马卡尔墨斯在胸前划着十字。

郑芝龙与马卡尔墨斯过从甚密，引起了清廷的疑惧。当郑成功派王裕入京，探听父亲的生死被清廷发觉后，郑芝龙的这一点自由也被取消了。

他的行动自由现在只局限在四合院内。他又纳了一个妾，生下一个孩子。他把日子打发在书堆里。他不读文学书，对于弄文舞墨的东西，他毫无兴致。他通读了历朝正史，可以称得上半个历史学家啰！

这种平静的生活持续了几年，到底平静不下去。

四、血溅闹市魂归大海

顺治十一年十月二十六，郑芝豹护送母亲黄氏、嫂嫂颜氏及芝龙四子郑荫到达北京。自四月十二日从安平动身，翻越千山万水，整整走了半年。

郑芝龙惊得目瞪口呆。这不是自投罗网吗？

"一官。"颜如玉扑向前去。

"国桂。"黄老夫人抽抽泣泣。

"阿爸。"四子郑荫跪在父亲的面前。

"大哥。"芝豹眼圈红了。"大哥，阿母、嫂嫂说，死也要和你死在一块。我见你去年写信给阿森，要他投顺。后又见朝廷封大哥为同安侯，二哥为奉化伯，又封兄弟我为左都督，我想朝廷一定厚待大哥，怎想到是这种情形。"

八年了，在这八年中，郑芝龙竭力要忘却往事，母亲，妻儿的面容在他脑海里已非常淡漠。我真是罪孽深重呵！他心里惨叫着，脸上却挤出笑容，说："来了也好，热闹一点。老家战事频频，难保没个闪失。这里自然安定些。"

北方的初冬，寒风凛冽，深夜听来如同虎啸猿啼。新从南方来的人，觉得格外惊心动魄。颜如玉望着烛台的火光，凝眸不动。

"一官，他们把你作为奇货可居，你怎么还劝成功归顺？"

"这事由不得我啊！况且，阿森会听我的吗？骗来骗去罢了。"

去年，朝廷对郑芝龙的约束突然大大放宽。原来，郑成功在福建取得了几次重大胜利。清廷决定对郑成功改剿为抚。一天，清廷内院大学士叶成格来见郑芝龙。

"郑大人，皇恩浩荡，廷议赦免郑成功之罪。今皇上派卑职赍持敕谕，往福建招抚郑成功，并封郑成功为海澄公、靖海将军。请郑大人亦寄书一封，由卑职一并递交与令郎。"

郑芝龙要过致郑成功的敕谕。他看着看着，嘴角浮现出讥嘲的

神情。

"……许以赦罪、授官，听驻扎原地方，不必赴京。凡浙、闽、广东海寇俱责成防剿，其往来洋船俱着管理、稽查奸宄，输纳税课……"

既有今日，何必当初！当初若将这些条款同我兑现，又何劳兴师动众，以致战火不熄？现在，用这条款去诱惑阿森，阿森可不会重蹈覆辙，自投罗网了。

叶成格得了郑芝龙致成功的劝降信，彬彬有礼地告辞走了。郑芝龙冲着他的背影，意味深长地一笑。

郑芝龙想向颜如玉打听田川美子临死前的情形，几次话到嘴边，都吞了回去。郑芝龙被挟北上后，清军即向安平发起进攻。田川美子就在那时自尽了。她虽柔弱，却有股"日本气"。

"没想到阿森竟成了大气候。"他对郑成功能够接管郑家势力一直觉得是个谜。那些惊涛恶浪中闯荡出来的弟兄们，怎么会拜服在一介书生手下呢？哦，最初跟随阿森的才九十多人？甘辉、施琅兄弟、洪旭、林习山这些后生干将，血气方刚，忠义二字会让他们着迷的。后来呢……后来，后来他到南澳竖起救父报国的旗号，接收了南澳的水师。郑彩、郑联兄弟拥兵金、厦，奉鲁王监国。阿森可狠啦，在厦门谋杀堂兄郑联，一时兵势大盛，郑彩老朽，害怕祸及自己，拱手出让金门。后来，后来清军袭破厦门，可惨啦！阿森夺回厦门后，把误事的芝鹏、芝莞斩首示众，鸿逵害怕了，也把兵权交给阿森，躲进白沙，足不出户，一心经营通洋生意。阿森可是铁石心肠，不像你……颜如玉说起成功，总带着点后娘的味道。她以为芝龙听了会气愤，没想到郑芝龙却说："阿森有王者气派，只可惜天下大局已定，他不过徒劳一场罢了。"他自愧不如儿子。他骨子里是软弱的，自卑的。儿子则是坚强的，勇往直前的，有着强烈的使命感。是的，阿森不像我！

清廷与郑成功的和议，讨价还价，持续了两年。当郑成功利用和议，争得了时间后，便断然拒绝了清廷的招抚。

郑成功在写给父亲的信中说："大抵清朝外以礼貌待吾父，内实以奇货视吾父。今此番之敕书，与诏使之举动，明明欲借父以胁子。一胁则无所不胁，而儿岂可胁之人哉？且吾父往见贝勒之时，已入彀中，其得全至今者，亦大幸也。万一吾父不幸，天也命也，儿只能缟素复仇，以结忠孝之局耳……儿此时唯有秣厉以待，他何言哉？"

郑芝龙读完了信，半晌没有出声。母亲和妻早已抱头痛哭。她们哭骂成功不孝。她们意识到，和议一破裂，在京的一大家子极有可能上断头台。郑芝龙悄悄地离开女人们，独个躲进书房。他并不怨成功……我一日未受诏，父一日在朝荣耀；我若苟且受诏削发，则父子难料也……阿森说得对啊！他把头深深埋在一叠线装书上。他冷静地纵观历史，认定自己是不能见容于新朝廷的，他的死是注定的。若不是郑成功在沿海抗清，他早已身首离异。朱明朝廷厉行锁国海禁，他这个大海的游子，本不容插足国门之内，只是朱家大厦将倾，他才得以孳生。如今这个新王朝，更是畏海如虎，岂容他独占东南，敞开海门？

一大队清军悄悄地包围了郑芝龙的住宅。

一队凶神恶煞的捕快冲进大门。郑芝豹本能地进行了反抗，终于被铁镣牢牢地铐住。

"阿母、大哥，我先走了。虎落平阳被狗欺，气煞我也！"芝豹睄睁环眼，大喊大叫。他首先被拖走了。清廷将他单个关进宁古塔。

郑芝龙眼里津出了泪水。芝虎、芝豹身经百战，同他患难与共，一个早已战死，这个也没逃出厄运。都是我，都是我连累了你们，我的好兄弟啊！

郑芝龙与母亲、妻小全被投进了监牢。

又过去了整整七度春秋。

顺治十八年（1661 年）十月的一天，一个牢头悄悄地告诉郑芝龙：郑成功渡海东征，杀到台湾去了。

郑芝龙嘴角浮出了一丝微笑。

"我们的牢期满了。"他惨然地对家人说。

几天后，芝龙、芝豹兄弟在北京街头相会了。全家十一口，血溅闹市。

"该死的海寇。"看热闹的人们，漫不经心地评论道。

翌年正月，噩耗传到台湾。

郑成功望北而哭："若听儿言，何至杀身！然得以苟延今日者，亦不幸之幸也！"

他攥拳握剑，立在崖边。

惊涛裂岸。

一艘艘战舰、商船，飘扬着猎猎作响的"郑"字大旗。郑成功凝视着那一个个篆文"郑"字，好似看到了父亲从中走来。

郑成功心潮汹涌，按剑而跪，朝北磕了三个响头。

海
峡
枭
雄

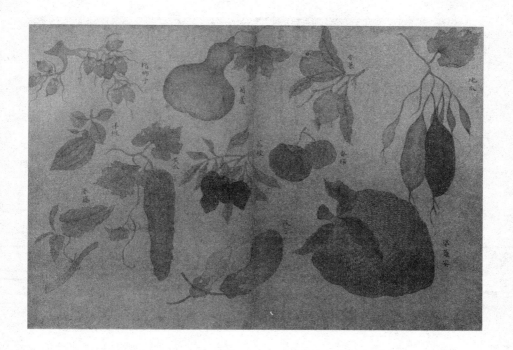

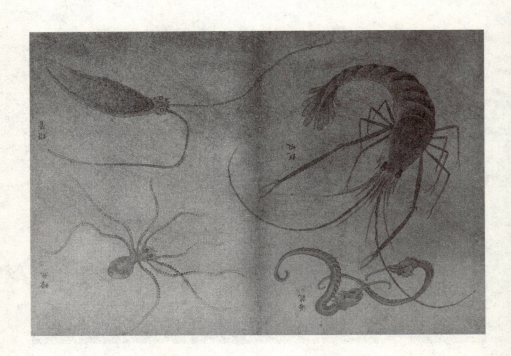

当我们掩卷退思，似可为郑芝龙勾勒出这么一副脸谱：

他是一个出没波涛的海盗；他是一个强有力的海上贸易商；他是一个基督徒，懂葡萄牙语，曾与荷兰人过从甚密；他是一个旅日华侨，娶了一个日本姑娘，在日本平户生下赫赫有名的民族英雄郑成功；他是一个移民台湾、开发台湾的先驱者；他是一个打击荷兰侵略者的英雄；他是一个先后为明、清两朝招降的贰臣。他称雄海上，后为明朝招降，累官至福建总兵，继而又为清朝招降，封为同安侯。

这个人物很难将他归入什么类型。不过，在封建史家及近代人的心目中，他向来是个不太光彩的人物。

但是，他又并非不足挂齿，因为在谈到郑成功收复台湾的业绩时，便不能不谈到郑芝龙。

当我们透过历史表象透视这个历史人物时，史学家们惊呼了：郑芝龙的功绩是不可抹杀的。连外国学者也深感不平：他应当得到更高的评价。

著名明清史专家傅衣凌先生对郑芝龙作了这样的评价："他狠狠打击了荷兰东印度公司的殖民事业，削弱了他们的侵略力量，使他们不敢再肆无忌惮地骚扰我们沿海，暂时阻止了西方殖民者的东来，这对于保护我国的私人海上贸易极为重要……他又消灭其他的海商集团，如李魁奇、钟斌等集团，阻止他们与荷兰殖民者的互相勾结（据中外记载，皆记刘香与荷兰勾结的事情），稳定了东南沿海（闽浙粤）的局面，有利于海上贸易的进展，也有利于闽粤两省的大量移民台湾，开发台湾。这大量的移民和商人，也为后来郑成功收复台湾，得到岛上居民如郭怀一、何斌等人的间接和直接的支援做出准备。他们都是郑芝龙的余部。"

郑芝龙之所以受到人们的贬斥，他的"海盗"出身，是一个授人口实的问题。

其实，郑芝龙是海商资本初起阶段的代表人物。明末著名的"海盗"、"海寇"大多是海上商业集团武装化，海上武装集团商业化的产物。这二者在反对官军衙门，进行海上贸易的共同基础上逐渐融为一体，成为同明朝海禁政策作斗争的新兴的海上商业资本阶层。而郑芝龙集团又有别于其他股海上武装集团，著名台湾史专家陈碧笙先生指出："芝龙所以聚众起兵，绝不是为了劫掠一些财物，而是含有很远大的政治动机，那就是用武力胁迫明王朝放弃海禁，开放贸易，让他们有生意可做。"

郑芝龙的反复无常，也历来深受旧史家的责难。

陈碧笙先生对此有一段精辟的论述：

"从芝龙的一生行事来看，不论是对明清王朝也好，对荷兰殖民者也好，都是尽可能加以利用控制，为海商资本的利益服务。他在十七世纪二十年代所以不追不杀，百计求抚，主要是因为当时明廷尚是一个统一的政权；在四十年代所以不听子弟劝阻，决计弃明投清，主要是因为清朝已经具备了统一全国的形势，而没有这个王朝的合作，要想独占通洋是不可能的。可是，这种意图并没有为清朝所理解，终至被挟北上，并以身殉。这对芝龙说来固然是一大悲剧，即就清朝切己利益而言，也未必是上策吧。"

郑芝龙的海上活动，是明末社会一个不可忽略的历史现象，是积极向海上活动的海商阶层，在反对明朝锁国政策及反对荷兰殖民者外来侵略斗争中，不断取得胜利的记录。没有郑芝龙的海上活动，很难想象会出现郑成功渡海东征、收复台湾这样的伟大壮举。

《海峡枭雄——开台先驱郑芝龙》是在《混世龙王》（鹭江出版社1986年8月版）的基础上补充增订而成。当年初版时，郑芝龙的历史地位尚有争议，一个有争议的人物作为长篇作品的一号人物，在当时算是一个突破，也因此受到读者的青睐，初版后不久即重印数万册，其时最当红的文学评论家林兴宅教授在《文学报》上还以《为东西文化冲突造影》为题发表了评论。如今随着学术界对历史现象多视角的观照，郑芝龙在台湾历史上的地位已得到充分肯定，而且读者对图书形式的取向与21年前相比也发生了翻天覆地的变化，因此催生了这本插图本的郑芝龙传记。此次增订，变动了书名，并较前增添了许多历史印记。本书传主郑芝龙是真实的历史人物，也是艺术加工后的历史人物，是学术与艺术嫁接、磨合后的历史艺术形象。

作者

2007 年 8 月于厦门大学